都市の憧れ、山村の戸惑い

——京都府美山町という「夢」——

田中　滋　編著

晃洋書房

美山町の人びとと西田厚子さんに捧ぐ

まえがき

「豊かさ」とは何なのであろうか。貨幣が人を豊かにしないことはすでに多くの人が心の中では知っている。しかし、世界はますます貨幣という空虚なものを中心に動こうとしている。かつて人びとは、家族や親族、地域社会あるいは宗教や自然などといった〈存在〉に親しみや畏怖の念をもって接してきた。これに対して、近代の人々は、近代が求めるままにそれらの〈存在〉を手段化しつつ、がむしゃらに〈行為〉し、その〈行為〉自身に振り回されてきた。その結果、自分自身が拠って立つ〈存在〉を見失い、さらには自分自身をも見失ってきた。われわれが貨幣に支配されているのもその結果の一つである。

すべてを貪欲に呑み込む貨幣に私たちはどう対抗すべきなのか。芦生や美山町の人びとの生き方は、この問いに対する答えを私たちに示してくれている。芦生や美山町の人びとは、今そこにあるさまざまな「もの」や「人びと」との繋がりを大切にすると同時に、外部の見知らぬ「人びと」との繋がりをも大切に育てていった。しかし、なぜ彼らにそれができたのか。この問いに答えるのは本当にむずかしい。本書は、その答えを探る営為の中間報告である。

芦生や美山町では、多くの個性豊かな人びとに出会うことができた。それらすべての方々に、芦生や美山町というフィールドで多くの学生や研究者が育っていったことを報告するとともに、心からの感謝を込めてこの本を贈りたい。

田中　滋

2017年2月

目次

第Ⅱ部　「都市の憧れ」と山村の戸惑い
――山村とポストモダンとの出会い――

序章　山村と近代、山村とポストモダン

1　山村と近代との出会い

1―1　灰野の廃村物語

芦生は、美山町（現・南丹市美山町）を貫流する美山川の最源流部にある。その芦生からわれわれの研究は始まった。1999（平成11）年のことである。芦生の集落の奥には緑の尾根が重畳する4200haの京都大学芦生演習林（現・芦生研究林）が広がっており、まさに行き止まりの集落である。芦生は山奥の美山町のさらに最奥の集落である。

芦生にはかつて三つの集落（口芦生、須後、灰野）があった。灰野は、須後に隣接する芦生演習林事務所を通り抜けてさらに2km ほど奥にあったが、今では小さな祠を残し廃村となっている。それは、1961（昭和36）年に電気が手前の民家までは引かれ、灰野は取り残されたからだという［鈴木 2004：14―16］。芦生の戸数は戦前の61戸（1935年）から戦後には17戸（1961年）にまですでに減っていたが［同］、1960年代には燃料革命の影響で製炭業が衰退し、残された二集落（口芦生、須後）も廃村の危機を迎えていた［井栗登追悼集刊行委員会 2000：152―153］。廃村の流れをここで食い止める――これが芦生の人びとの切実な課題であった。

1―2 「意味」を掌握する都市、「資源」を奪われる農山村

日本の近代化は、〈農山村―都市〉という軸で考えると、「意味」が都市から農山村へともたらされ、農山村からは「モノ」や「人」あるいは「エネルギー」が都市へと引き寄せられていく過程であった。都市は自由で豊かで華やかで魅力的な職場に溢れ、一方、農山村は封建的で自由がなく、衣食住は粗末で、就労環境は厳しいという「意味づけ」が農山村でも当然のこととして受け止められてきた。たとえば、蕎麦は山村の貧困を象徴する食物と見なされ、かつては都会の人に蕎麦を振舞うことが躊躇われたほどである。「意味」を掌握した都市は強い。

優位な〈中心〉としての都市の経済や文化などの「意味」システムが劣位な〈周辺〉としての農山村に一方的に流入し、モノや人あるいはエネルギーなどの「資源」が農山村から都市へとやはり一方的に流出していったのである。農山村の過疎はこうして起こった。仕事を奪われ、「意味」を奪われ、農山村の人びとが、特に若者が都市へと流出していくのも当然であった。

過疎は、そこに残された者たちに過酷な現実をもたらす。顧客の減少による各種商店やサービス業の衰退がもたらす利便性の後退、少子化による複式学級化や学校の統廃合問題の発生、就労場所・現金収入の少なさや道路事情の悪さがもたらす教育費や医療費負担の重圧、災害（水害や雪害など）復旧の遅れ。これらは過疎を深刻化させ、就労場所の確保をいっそう困難にし、それがまた過疎を加速化させる。まさに悪循環である。

学校の統廃合は農山村の人びとの心を挫く。子供たちが学校で学び遊ぶ姿は村の人びとにほほ笑ましく、心安らぐ風景であった。地区対抗競技などで子供以上に大人たちが熱を入れる運動会は近代以降に新たに村にもたらされた一大イベントであるが、その喪失がもたらす寂しさは格別のものである（記憶の中で生き続ける学校については、本書第12章西田論文参照）。

過疎に苦しむ人びとはこれらの多様な困難に直面し、そこに住み続けることが不可能に思え、一家を挙げてあるいは村を挙げての離村も起こる。高度経済成長期の１９６０年代には全国各地で廃村化が急速に進んだ。しかし、次々と降

りかかってくる困難が逆に人びとを鍛え上げていくこともある。芦生ではまさにそれが奇跡的に起こった。共有林の経営改善、生活道路の改良、小さな生活協同組合の立ち上げ、なめこ生産組合の設立、分校の教員定数確保運動への取り組み等々が芦生では行われた［井栗登追悼集刊行委員会 2000］。そして、それらの取り組みの過程において美山町内や京都府下さらには全国の人びととの繋がりが生まれ、それが芦生の人びとの活動を支えていくことになる。芦生のリーダーの一人・井栗登の追悼集には、「彼はあまりにも多くの仕事をこなしてきた。そうして、仕事を通じて全国の仲間と交わってきた」［井栗登追悼集刊行委員会 2000：41］と語られている（芦生と外部世界との繋がりについては、本書第6章田中論文参照）。

1─3　過疎に苦しむ山村とダム開発

なめこ生産組合の設立は1961（昭和36）年であるが、そのなめこ生産組合の経営にまさに四苦八苦している最中に降って湧いたのが挙原揚水発電所計画（関西電力）である（1967年）。美山町の北に隣接する福井県名田庄村（現おおい町名田庄）に下部ダムと発電所、芦生演習林内の上谷に上部ダムを置くという計画である。これは、福井県若狭湾沿岸に立地する原子力発電所の夜間余剰電力の有効利用を目的としたものである。

ダム建設は、それが電力会社によるものであれ、また建設省（現・国土交通省）や農水省のものであれ、過疎の村の苦境につけ込むようなところがある。挙原揚水発電所計画は芦生の人びとやその支援者たちの粘り強い反対運動によって結局は頓挫する。その根強い反対運動の結果であるのかどうかは分からないが、関西電力は、1990年代はじめに滋賀、岐阜両県に跨がる国内最大級の揚水発電所（金居原水力発電所）建設に向けて動き始める。関西電力は滋賀県木之本町（下部ダムと発電所）と岐阜県坂内村（上部ダム）に調査の申入れを1992（平成4）年に行い、1995（平成7）年には両者とも建設に同意している。逸早い同意である。

ところが、関西電力はなんとその5年後の2000（平成12）年に金居原水力発電所の着工を延期し、2002（平成

14）年には中止を決定している。「電力需要動向」の「様変わり」がその理由として挙げられている（関西電力・プレスリリース2002年11月19日）。注目すべきなのは、延期や中止を受けた木之本町の戸惑いである。『京都新聞』は、延期が生んだ木之本町の戸惑いを次のように報じている。

今年八月の本体工事開始予定が着工延期、総額十八億五千万円の電源三法交付金は先送りに。交付金を当て込んだ地域振興策を検討中だった同町は「計画全体をもう一度見直さなければ」（町発電所対策室）と戸惑いを隠せない。完成後は、固定資産税など年間六億円の税収増を見込んでいるが、これも時期的な思惑が外れた形だ（『京都新聞』2000年3月3日）。

木之本町がそうであったように、過疎に苦しむ市町村はいずれも電源三法交付金やダム・発電所などの固定資産税収入を望む。木之本町や坂内村の逸早い同意表明の理由はまさにそこにある。そして、美山町も同様の願望をもっていたはずである。

美山町では反対派と町長を筆頭とする推進派が激しく対立した。日本各地のダム建設計画は、その多くが地域社会に大きな亀裂を残した。反対、賛成の対立はもとより反対派内部の運動戦略をめぐる対立、さらには切り崩されていった反対派の人びとと留まった人びととの対立、補償金額の差をめぐる対立等々。まさに地域社会は四分五裂し、親兄弟の間でさえ疑心暗鬼が渦巻くことになる(1)。それは、原発反対運動が展開された地域が陥った状況に酷似している(2)。原発反対運動にしろ、ダム建設反対運動にしろ、その地での聞き取り調査はむずかしい。

また、ダム建設反対で地元自治体がまとまる、あるいは反対派首長が選出されるといった場合には、中央省庁や府県による「行政圧迫」が待っている。道路改修などの公共事業の意図的な遅延や下流の受益市町村からのさまざまな圧力である(3)。

芦生演習林は、旧知井村の九ヶ字（芦生を含む九集落）の共有林であり、京都帝国大学が1921（大正10）年より99

年間の地上権を設定するという形で九ヶ字から借り受けたものである。すなわち、芦生演習林内のダム建設には九ヶ字の同意が必要なのである。しかし、ダム建設反対の立場を表明したのは芦生だけであった。芦生と他の八ヶ字との対立については美山町でも多くが語られることはない（反対運動の経過については、本書第1章田中論文参照）。

ダムができていたならば、芦生はそして美山町はどうなっていたであろうか。２０１６（平成28）年、芦生演習林と北集落（旧知井村）の茅葺き民家群を核心とする地域が国定公園（丹波高原国定公園）に指定された。この国定公園指定が芦生や美山町さらには南丹市に何をもたらすのかは今後検討していかねばならない重要な課題であるが、ダムができていたならば、国定公園指定はあり得なかったであろう。ダム建設に伴って工事用道路が演習林内に設置され、多くのトラックが行き交うことになり、芦生演習林は荒れ果て、ダムの巨大な提体とダム湖が谷や森を埋め尽くしていたであろう。これらは現在芦生演習林内で展開されているエコツーリズムも成り立ちえなかったことを意味している（芦生の森でのエコツーリズムについては、本書第8章井戸論文参照）。

美山町はどうなっていたであろうか。たしかに一時的には財政が潤うかもしれないが、それはまさに一時的なことでダムがもたらす固定資産税収入は毎年減り10～20年ほどで地方交付税をもらっている状態と変わらなくなる。しかも電源三法交付金の使途が限定されていたがゆえに作られた豪華な施設（ハコモノ）は、その維持管理だけでも膨大な費用がかかり、「それが自治体の財政を圧迫」することになり、「自立から遠ざかる」（『福島民報』２００２年5月29日）ことになっていたであろう。

ダム建設は、芦生の森を破壊し、10年や20年では消えない心の傷を残こし、さらには美山町を自立から遠ざけていたということになろう。

2 山村とポストモダンとの出会い

2―1 蔑視される「過疎」と忘れ去られる「過密」

過疎の問題を考えるのには、農山村と都市との関係を問う視点(関係論的な視点)が不可欠である。近代国民国家の形成は、学校教育の普及や法制度の統一などを通して国民国家内部の〈均質化〉を図ると同時に、国内地域分業によって各地域の〈差異化〉をも押し進める。(4) たとえば、江戸時代の幕藩体制下の藩内部の分業は、明治以降はるかに大規模な国内地域分業によって取って換わられることになる。〈農山村―都市〉という分化や分業もその〈差異化〉の一つの現象である。

〈農山村―都市〉の分化や分業が進めば、農山村は農産物や林産物を生産するだけの場所となり、農機具や肥料さらには食料品もその多くが都市から商品としてやって来るようになる。村には鍛冶屋がいなくなり、里山での刈敷(肥料)採取の農作業もなくなり、普通の農家が食用の鶏を飼うこともなくなる。しかし、村人たちは現金収入を必要とするようになる。

国内地域分業の下で、農山村は農林業に単一機能特化していく。裏返して言えば、農山村における多様性が失われていく。社会は、その内部に分業がある限り、多様な人びとの存在を必要とする。しかし、国内地域分業の発達は農山村の単一機能特化を押し進め、従来そこで働いていた多様な人びとが必要ではなくなる。単一機能特化は、多くの人びとを余剰人口として都市へと吐き出し、農山村に過疎をもたらすのである。

そして、人口減少によって農林業さえその営みを続けることが困難になっていく農山村に新たに求められたのが電源・水源地域への機能特化である。先に述べた芦生の場合がそうであるように発電用ダムや多目的ダムの建設が求められるのである。また、農山村が産業廃棄物の処分場にしばしば機能特化することも忘れてはならないであろう(たとえば、奥谷［２００２］を参照）。

農山村と都市の関係を問う視点（関係論的視点）の下では、農山村と都市でそれぞれに起こる「過疎」と「過密」は、同一現象の二側面であるにすぎない。しかし、都市の「過密」は、戦後の都市の人口急増期においてこそ注目されはするが、ほどなく当たり前のこととなり、やがて言葉としても死んでいった。過密がもたらすさまざまな問題が解決されたわけでは決してないのだが……。

これに対して、農山村の「過疎」は、その悲惨さゆえに近代化の影あるいは裏面などとして語られ続け、しかも都市中心主義的な近代主義のバイアスの下で不合理な「因習」と結びつけて語られた。こうして都市の人びとは、因習に塗れた農山村を蔑視すると同時に、「過疎」という問題に対して冷淡ですらあった。

２―２　故郷の商品化――農山村へのノスタルジー――

ところが、高度経済成長の果てに社会全体が生産型社会から消費型社会へと移行していくと、農山村に対する都市の人びとのまなざしは大きく変化し始める。１９６０年代以降の大気汚染や水質汚濁などの都市公害の社会問題化は「環境」に人びとの目を向けさせ、消費社会化の進展と相俟って１９８０年代には「環境の商品化」が起こった［田中２００５］。

再生紙の利用をことさらに謳った商品、無農薬野菜などの市場の拡大、１９９０年代初めに起こったアウトドア・ブームに便乗した商品等々である。癒しをテーマとする商品もそれらの多くが自然との親和性を強調した商品となっている。

こうした現象を「環境の商品化」と呼ぶとするならば、環境の商品化は今やほとんどあらゆる領域において見られる現象となっている。かつて灰野を廃村に追いやった電気の欠如は文明の欠如ではなく、環境との調和を象徴するようになった。

そして、環境の商品化とほぼ同時並行的に進んだのが、「伝統の商品化」である。たとえば、古くて不便なだけと見なされてきた家々の作り出す街並みが重要伝統的建造物群保存地区に指定され観光資源となるといった現象である［田中 1998］。

環境や伝統が商品化されるとき、農山村に対する意味づけはほとんど180度転換することになる。自然が残り、「古き良き伝統」が残る農山村は、「心の故郷」というまなざしを都市の人びと（＝「故郷喪失者」［Berger et al. 1974＝1977］）から受けることになる。農山村へのノスタルジーの形成である。そして、そこに始まるのが「故郷の商品化」であり、「田舎暮らし」ブームである（農山村へのノスタルジーについては、本書第9章中井論文参照。また、故郷の商品化については、本書第10章湯川論文参照）。

美山町には農山村へのノスタルジーの受け皿となるものがたしかに多く残されていた。美山町の各所に点在する茅葺き民家や里山が生み出す景観である。特に北（旧知井村）、南（同）、下平屋（旧平屋村）の各集落には数多くの茅葺き民家が残されていた。ここでは茅葺き民家が作り出す農山村景観が美山町に多く残された理由の一つについて述べておこう。

2―3 「周回遅れのトップランナー」――行政圧迫と景観保全――

それは蜷川京都府政にまで遡る。蜷川虎三は、戦後まもない1950（昭和25）年から1978（昭和53）年まで7期28年にわたって革新知事の座を守り続けた。保守・自民党は知事選挙のキャンペーンにおいて蜷川府政における道路行政の遅れをしばしば批判したが、行政資料を駆使した近年の研究［朱 2014］によって、道路整備と圃場整備においては中央省庁による革新府政への「行政圧迫」があったことが明らかにされている。事実、1970年代には車でも京都市から美山町さらにその奥の芦生に行くのは山道の連続で危険ですらあったが、現在ではトンネルなども整備され、道路事情は様変わりしている。

中央省庁の京都府への行政圧迫ゆえの道路整備と圃場整備の遅れは何を美山町にもたらしたのであろうか。それは、一つには〈開発の停滞＝農山村景観の保全〉であり、もう一つには公共事業依存体質の相対的な弱さである。これらは貨幣という尺度でみれば、貧困をもたらしたということにもなるのであろうが、まさに北集落の茅葺き民家群の重要伝統的建造物群保存地区指定（文化庁）を可能にした。地元の人にとってはまさに貧困を象徴する恥ずかしい限りのものであった粗末な「草屋」葺きの家が突然その文化的価値を認められることになったのである（本書第3章寺田論文参照）。「周回遅れのトップランナー」というのは、美山町の人びとからたびたび聞かされたフレーズであるが、美山町の人びとの努力もさることながら、中央省庁（建設省や農水省）の行政圧迫も手伝って結果として残された昔ながらの農村景観をその当の中央省庁が競うかのように何度となく表彰することになる（本章補論「美山町の概要」参照）。まさにうれしい皮肉である。

2―4　Iターン移住者への戸惑い

農山村へのノスタルジーの形成と「故郷の商品化」は、農山村に対する意味づけが負から正へと逆転したことを意味するのであるが、都市の人びとにとってはその意識の転換は不自然なものではない。しかし、農山村に住む人びとにとっては都市の人びとのこの意識の転換はほとんど青天の霹靂である。農山村を否定的に見る都市の人びとの意識をみずからも引き受け、みずからが住む農山村を否定的に見ることに慣れてしまっていた人びとにとってこの変化は理解しがたいものである。「一体この何もない田舎のどこがいいのか」というわけである。

農山村の人びとは、農山村に憧れて都市から移り住む人びとを初めは「変人」としてしか見ることができなかった。好奇の目がIターン移住者（以下では、Iターン者と略記する）に注がれ、それが彼らを苦しめることにもなったし、無農薬・有機農業を志して農業を始めたIターンの人びとに対する農山村の人びとの対応は決して好意的なものではなかった。農協の多農薬・多肥料のマニュアルに従って農業を営んできた農山村の人びとは当惑するしかなかったからである。美山町も例外ではなかった（美山町における初期のIターン者については、本書第4章柴田論文参照）が、現在では多くのIターン者が住み着き、農山村と都市の橋渡し役として美山町活性化の重要な一翼を担っている（Iターン者の観光産業への貢献については、本書第7章寺田論文参照）。

2―5 「異質なるもの」への受容性

過疎に苦しむ市町村のIターン者への期待は大きい。しかし、Iターン者の定着や活躍にどの市町村も成功するというわけではない。美山町におけるIターン者の定着や活躍は、なぜ起こったのであろうか。それは、美山町自体の魅力もあろうが、大きな要因の一つとして考えられるのが、美山町の人びとの「異質なるもの」への受容性の高さである。

町おこし・村おこしの基盤としてしばしば強調されるのが、地域の人びと自身による「地域固有の文化」の再認識である。そして、そこに暗黙裡に前提とされているのが、文化的な「同質性」や共通性が地域内部の連携を生み出すという論理である。

しかし、そもそも文化や宗教あるいは風土の同質性や共通性が自動的に連携を生み出すと言えるのだろうか。たとえば、宗教や民族の相違は地域紛争の原因となるとしばしば考えられているが、実はそこには、なんらかの社会問題の原因を異宗教や異民族に帰属し、人びとの目を社会問題から逸らせるというメカニズムが働いている［田中 １９９４］。

このように紛争や対立の原因はしばしば「異質性」に帰属され、「同質性」や共通性は連携や協調の基盤であると見なされる。しかし、同質性は人びとに同一の目標を設定させるがゆえに、その目標の達成・獲得をめぐる競争が対立の原因となりうることは明らかなことである。〈異質性―同質性〉の軸と〈対立―連携〉の軸とは、基本的に相互に独立した軸なのである。

すなわち、連携や協調は文化的あるいは宗教的な共通性によってのみ生みだされるものではなく、対立を契機とする相互作用や対立の調停過程を通しても得られる。さらに言えば、対立を契機としてこそ確固たる連携や協調が得られると言うこともできよう[5]。異質性は、どのような地域においてもそれがあって当然であるし、むしろ異質性を相互に認めた上で時間が掛かっても調停していくことが真の（市民的な）連携に繋がると言えよう。美山町で起こっていたのは、ダム問題にしろ、Iターン者の定着にしろ、まさにこの「異質性の相互承認にもとづく対立の調停」過程であったのではなかろうか。「意味」や「モノ」あるいは「人」の〈農山村と都市〉の間の流れの逆転が美山町において他の農山村よりも顕著な形で起こったのは、まさにこの過程の介在ゆえなのではなかろうか。そして、その先駆けとなったのが、「多くの町民から『何アホなことやっとんねん』と白い目でみられ」［井栗登追悼集刊行委員会２０００：１６５―１６６］ながらも続けられ、後には美山町の一つの重要な産業となった芦生なめこ生産組合の事業であり、ダム反対運動であったのではなかろうか。

残念ながら美山町という地方自治体は、２００６（平成18）年に八木町、日吉町、園部町と合併し南丹市となり、もはや存在しない。美山町に限らずであるが、全国で展開した平成の大合併はあまりにも拙速であった。今回の合併劇では、市町村が対立を納得のいく形で相互に調停する時間的余裕を与えない合併スケジュール（期限付きの優遇措置）が設定されたが、これは中央省庁の論理、言い換えれば、都市の論理が農山村を踏みにじるという従来のパターンをなぞるものであったと言えよう（南丹市成立に到るまでの合併劇については、本書11章湯川論文参照）。美山町の人口は合併前には減少から安定・微増へと推移していたが、合併後は再び減少へと向かっている。美山町の人びとが持ち前の粘り強さでこの苦境を乗り切っていくことを切に願うのみである。

注

（１）たとえば、徳山ダム（揖斐川・岐阜県）の反対運動については、朝日新聞社岐阜支局編［１９８６］を参照。しかし、このような地域社会の四分五裂は反対運動の弱体化を望む建設側からすれば歓迎すべきことである。

（２）たとえば、芦浜原子力発電所建設反対運動については、朝日新聞津支局［１９９４］を参照。

（３）たとえば、徳島県木頭村の事例については、藤田［１９９９］を参照。

（4）近代国民国家内部での〈均質化〉と〈差異化〉の関係については、田中［2012］を参照。
（5）たとえば、中山［2003］は、「水不足は国際紛争をもたらす」との考え方に対し、「水の逼迫はむしろ自制が働いて、国際協調に向かわせる」ことがあると指摘している。

参考文献

朝日新聞社岐阜支局編［1986］『浮いてまう徳山村』ブックショップマイタウン。

朝日新聞社津支局［1994］『海よ！――芦浜原発30年』風媒社。

奥谷和夫［2002］『大和ゴミ物語――国のまほろば奈良はいま』遊絲社。

朱然［2014］「蜷川京都府政の開発政策の理念と実践」（京都大学大学院博士論文）。

田中滋［1994］「国際的相互依存の中の国家、政治、そしてエスニシティ」金屋平三編『変貌する世界と社会学』法律文化社。

田中滋［1998］「行政と都市文化――市場型文化とパトロン型文化」間場寿一編『地方文化の社会学』世界思想社。

田中滋［2005］「公害から環境問題へ、そして環境の商品化へ」宝月誠・進藤雄三編『社会的コントロールの現在』世界思想社。

田中滋［2012］「近代日本の河川行政史――ナショナリゼーション・近代化から環境の事業化へ」牛尾洋也・鈴木龍也編『里山のガバナンス――里山学のひらく地平』晃洋書房。

中山幹康［2003］「世界の水紛争」嘉田由紀子編『水をめぐる人と自然』有斐閣。

藤田恵［1999］『ゆずの里村長奮戦記――峡谷の里から自然保護を訴える』悠飛社。

Berger, P. L., Berger, B. and H. Kellner［1974］*The Homeless Mind: Modernization and Consciousness*, Alfred a Knopf:（高山真知子・馬場伸也・馬場恭子訳『故郷喪失者たち――近代化と日常意識』新曜社、1977年）.

（田中　滋）

補論　美山町の概要

1　美山町誕生から平成の大合併へ

1―1　美山町誕生

美山町は1955（昭和30）年に知井村・平屋村・宮島村・鶴ヶ岡村・大野村の五カ村が合併（昭和の大合併）して誕生した。旧五カ村は美山町内で自治会という形で今も残っている。この旧五カ村にはそれぞれ10ほどの集落があり、美山町全体では57集落ある。

美山町は、京都府のほぼ中央部に位置し、京都市へは56km、綾部市へは40kmの距離にあり、北は福井県、東は滋賀県に接する府県境の町でもある。面積は340・47㎢で京都府下の市町村では一番大きかったが、町内には鉄道がなく豪雪地帯でもあったため、町外へのアクセスが悪く、近隣市町村への通勤も容易ではなかった（図序―1）。

面積は広大であるが、その約97％にあたる331・47㎢が山林で、田畑（6・2㎢）は2％にも充たないという典型的な中山間地域の山村である。町内を東西に貫流する一級河川・由良川（美山町内では美山川と呼ばれている）は、京都府、滋賀県、福井県の府県境にある三国岳を源流とする清流であり、夏には鮎釣り師たちで賑わう（図序―2）。

図序－1　南丹市及び京都府地図

1―2　人口減少と平成の大合併

平成の大合併で美山町は周辺自治体の園部町、八木町、日吉町と合併し、２００６（平成18）年に南丹市美山町となった。合併時点での各町の人口は園部町1万６９６８人、八木町８７３４人、日吉町６０９１人で、美山町は５２０９人ともっとも人口が少なかった。南丹市発足時の総人口は3万６４０２人であったが、合併特例として市として認められた。

美山町の人口は、その誕生時点の１９５５（昭和30）年には1万１８２人であったが、農林業の衰退に伴い１９７０（昭和45）年には６８９０人となり、15年間で32・３％、１９７５（昭和50）年までの20年間では38・３％もの減少となった。

その後、町おこしの成果の一つであるIターン者の転入などによって人口減少率は緩やかになっていたが、平成の大合併によって南丹市となった後、人口減少率が大きくなっている。合併以前の１９８０～２０００年の人口減少率が

図序－2　美山町地図

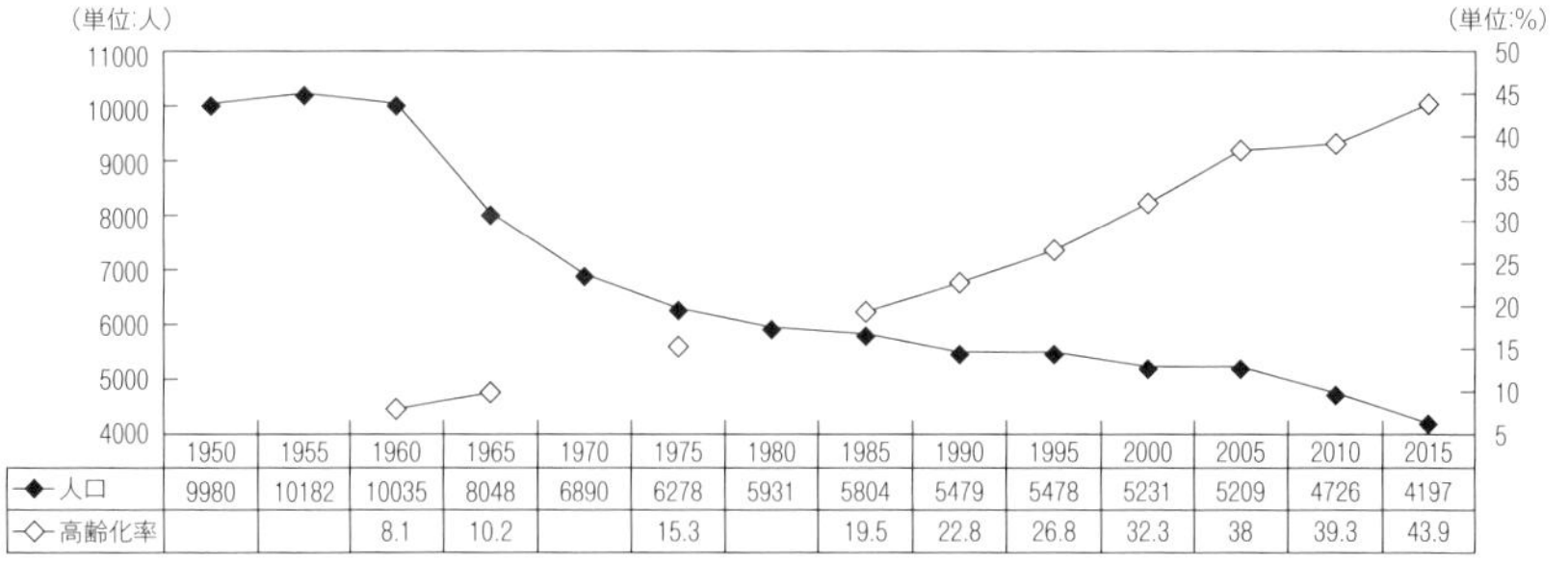

	1950	1955	1960	1965	1970	1975	1980	1985	1990	1995	2000	2005	2010	2015
◆人口	9980	10182	10035	8048	6890	6278	5931	5804	5479	5478	5231	5209	4726	4197
◇高齢化率			8.1	10.2		15.3		19.5	22.8	26.8	32.3	38	39.3	43.9

◆人口　◇高齢化率

出所：旧美山町・南丹市資料による.

図序－3　美山町の人口と高齢化率の推移

11・8％であったのに対し、２００５年から２０１５年の10年間では19・4％の減少率となっており、合併時５２０９人だった美山町の人口は10年後の２０１６年には４１１０人と１０００人以上減少している。

高齢化率に関しては、１９６０（昭和35）年の８・１％から徐々に増加している。美山町は２０１５（平成27）年時点の日本の平均高齢化率26・7％をすでに１９９５（平成７）年に超えている。合併から10年が経過した2015年には高齢化率は43・9％となっており、およそ二人に一人は高齢者という超高齢社会となっている（図序―3）。

2 村おこしの取り組みとその成果

2―1 集落ごとの村おこし

美山町は、その主な産業であった薪炭・林業・養蚕が戦後の燃料革命や木材輸入自由化等により衰退し、また1960年代の高度経済成長期の都市部への若年人口の流出などによって、急激な人口減少に見舞われ、さらには減反政策の影響もあって農地の荒廃が1970年代には目立つようになっていた。

美山町の村おこしは、こうした状況下で1978（昭和53）年に始まる。この時期の村おこしは「田んぼは四角に、心は円く」をキャッチフレーズとして農林業の振興を目的としていた。荒廃した農地を復興させるための圃場整備や各集落における「農事組合」の設立などによって農業の近代化が目指された。

この過程で特筆すべきことは、住民と行政との「集落懇談会」が1年間で183回（1978年度）も開かれたことである。そして、徹底的に住民と行政が話し合ったことが新たな村おこしにつながっていく。村おこしに取り組んだ町職員は「行政だけでは長続きしない。行政だけでなく住民を巻き込んでいく」という信念の下、「金もってこい、町長連れてこい」と言われながらも、「集落が10年先にはどうなっているか考えてくれ」と各集落を回ったという。この取り組みによって「戸主主義の会合に若者や女の人が出席するようになる」など意識改革が進み、「57集落のうち30集落で（村おこしの）アイディアが出た」という（61歳男性。2000年9月13日聞き取り時点）。このとき生まれた住民の村おこしに対する意識、アイディアが第2、3期の村おこしに生きてくることになる。

第2期の村おこしは1989（平成元）年に「豊かな自然を生かした村おこしの推進」をキャッチフレーズに始まっ

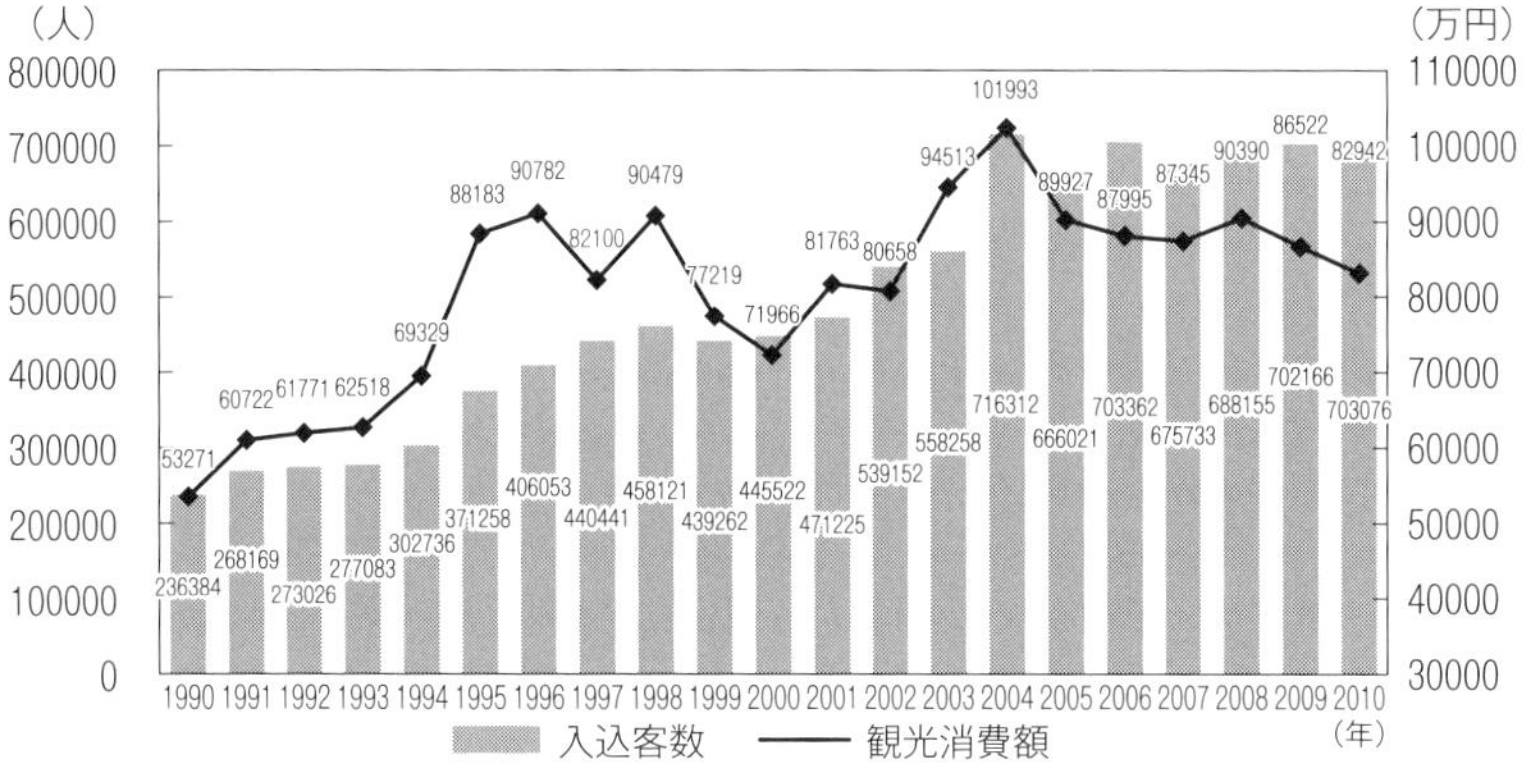

出所：南丹市資料による.

図序-4　美山町入込み客数と観光消費額

た。役場内に「村おこし課」が設置され、都市との交流拠点として町営宿泊施設の美山自然文化村をオープンさせた。また、女性グループによる農産加工品の開発が本格的にはじまり、第1期の村おこしで出たアイディアが具体化していった。

１９９３（平成４）年度には第3期の村おこしとして「自然を活かした新産業おこし」や「かやぶきの里美山で自然と向き合うゆとりある休暇を」をキャッチフレーズにグリーン・ツーリズムを推進していくことになる。

１９９３（平成４）年4月には「美しい町づくり条例」を制定し、同年11月には茅葺きの民家が多く残る北集落（知井地区）が国の重要伝統的建造物群保存地区に指定された。この指定を契機として「町では来年以降、年間十万人の観光客」を見込み、「かやぶき屋根の保存や復元を全町に広げて、景観を生かしたまちづくりを進めよう」とした（『京都新聞』１９９3年11月20日　丹波版）。

北集落の重要伝統的建造物群保存地区指定によって、美山町は全国から一躍注目を浴びることとなり、美しい農山村の風景を求めて写真愛好家やツーリングを楽しむ人、個人観光客が次々と訪れるようになっていった。このような観光化の流れに乗り、観光農園、民宿・旅館の開業、青空市場の開設、農産加工品の開発、みやげもの開発などの新産業おこしの取り組みが展開された［美山町 ２０００］。観光入り込み客数も、重要伝統的建造物群保存地区指定以前の１９９２（平成３）年度の約28万人から10年後の２００２（平成14）年度には約50万人へと大きく伸びている。

２００１（平成13）年からは「自らの地域は自らの手で」や「めざせ日本一の田舎づくり」をキャッチフレーズとして、各集落の自治会や村おこし推進委員会、地区公民館が改組され、旧村ごとに「振興会」が設立された。そして、住民の利便性の向上、地域課題の掘り起こし、人材の発掘および育成の三つを軸とし、各地域みずからが地域振興策を企画立案し、それを行政、民間が支援するという形で村おこしが行われた。

2―2　数々の受賞

美山町は、１９８８（昭和63）年に国土庁主催「第3回農村アメニティコンクール」において村おこしと調和の取れた農村景観が評価されて優秀賞を受賞した。そして、先に述べたような村おこしへの継続的な取り組みの結果としてその後も左記のように数々の賞を受賞することになった。

１９９１年　総務省「第1回活力ある美しい村づくりコンクール」21世紀村づくり塾長賞
１９９２年　農林水産省「第1回美しい日本のむら景観コンテスト」農林水産大臣賞
１９９３年　国土庁「過疎地域活性化優良事例」国土庁長官賞
１９９４年　農林水産省「豊かなむらづくり」農林水産大臣賞
１９９５年　建設省「手作り郷土賞コミュニティ部門」建設大臣賞
１９９９年　「西山卯三記念まちづくり景観基金」第2回顕彰
２００１年　国土交通省「第8回優秀観光地作り賞」金賞・国土交通大臣賞
２００３年　読売新聞社選定「日本の街道１００選」

2004年　国土交通省「全国地域づくり推進協議会会長賞」
2005年　毎日新聞「地方自治体賞」

美山町はみずからの町を「美しい日本の原風景を残すかやぶき民家と清流の里」と位置づけ、村おこしを行ったが、「美しい日本の原風景」は重要伝統的建造物群保存地区に選定された北集落だけを指すのではなく、美山町全域の山や川、そして田畑などの農村景観を対象としている。すなわち、町全体の美観・環境保全を基盤とした村おこしを積極的に押し進め、その成果が右記の数多くの受賞へとつながったのである。

2―3　Iターン者の増大、そして国定公園指定へ

都市から美山町への人の流れは観光に訪れるだけにとどまらず、美山町に留まりそこで生活するIターン者の増加へとつながっていった。

増加するIターン者に対し1992（平成4）年に設立された第三セクター「美山ふるさと株式会社」は移住者へのケアを行い、林業組合も新規就業者を募集し、新しい人材を受け入れる体制を整えていった。美山町に移住してきた人のなかにはみずから飲食業、宿泊業など観光客向けの商売を始める人、また既存の接客業だけではなく、美山町の人びとと協力しながらアウトドア体験・田舎暮らし体験等のサービスを商品として提供するNPO法人を立ち上げる人などがあり、町が用意した制度に頼るだけでなく新たな産業を起こすようになっていった。

また、南丹市は、2016（平成28）年に近隣の綾部市、京丹波町、京都市左京区・右京区とともに、京都府域の約15％（6万8851ヘクタール）を占める「京都丹波高原国定公園」に指定された。この国定公園は北集落の茅葺民家群のような人が暮らす里地里山を多く含むという点において珍しいものであり、美山町からは他に佐々里峠、大野ダム、芦生原生林等が指定された。美山町はいわばこの国定公園の中核をなしているのである。

その中でも芦生原生林は、国定公園の第1種特別地域に指定されているように特別に重要な位置を占めている。芦生原生林は本来の意味での原生林ではないが、芦生（知井地区）の京都大学芦生演習林（現京都大学芦生研究林）内にある。この演習林は１９２１（大正10）年に京都大学（当時の京都帝国大学）が旧知井村共有林の一部に地上権を設定し99カ年の借地契約をしたもので、広さは４２００ヘクタールにも及ぶ。演習林を含む芦生の森は温帯、寒帯をも含む多種多様な植生が混在し、また芦生固有の植物も存在する希有な森で、現在ではその自然に憧れて訪れるツアー客で賑わっている。

（湯川宗紀・柴田和子・寺田憲弘）

参考文献

知井村史編集委員会［１９９５］『京都・美山町知井村史』知井村史刊行委員会。
美山町［２０００］『京都府美山町における村おこしの取り組みと課題』。
美山町［２００５］『美山町誌　下巻』。

第Ⅰ部

「都市の収奪」に抗して

——山村と近代との出会い——

「芦生」の集落遠景
（撮影：田中滋）

第1章　「異質なるもの」との出会いと受容[1]

——芦生・なめこ生産組合から美山町・グリーンツーリズムへ——

はじめに

戦後の産業化や経済成長に伴って、山村地域は大都市にさまざまな資源を奪われていった。若者というもっとも貴重な人的資源を都市に根こそぎにされ、ダム建設による電気エネルギーや水資源の収奪がしばしばそれに加わった。多くの山村では、林業などの地場産業の衰退に伴いその経済を公共事業（ダム・砂防ダムや道路・林道の建設など）に依存するようになっていった。「国破れて」も残されたはずの日本の「山河」は戦後こうして荒廃を続け、それがいっそう山村の疲弊を加速化していった。

京都大学演習林（現研究林）のある芦生（美山町旧知井村）の人びとは、電力会社や美山町当局による長年にわたるダム建設へ向けての政治的な圧力にもめげず、ダム建設を拒否し続け、その山河と自分たちの生活を守り、内発的発展の道を歩んだ。

本章では、この芦生の内発的発展の事例分析を通して、今や産業廃棄物などの「負の財（リスク）」さえをも山村に押し付けようとする「都市の論理」に対抗しうる別の論理の存立可能性について論じる。

1 京都大学演習林の存在と芦生

1―1 京都大学芦生演習林

京都大学芦生演習林は由良川の最源流部にある。その広さは4200haに及び、現在その約半分が貴重な「原生林」として残されている。その演習林を含む芦生奥山は、旧知井村の九ケ字（芦生を含む九集落）財産区の共有林であり、北集落（九ケ字の一つ）にある八幡神社の宮山でもある［芦生の自然を守り生かす会 1996：11］。この広大な演習林、そして芦生奥山の入口となる戸数わずか十数戸の小さな集落が芦生（須後）である。

森と山に囲まれた河川の源流部は、今でこそハイカーや登山者あるいは広く大都市に住む人びとにとってのロマンや憧れの対象であるが、戦後の高度経済成長期においては、貧困や不便を象徴する土地であった。1960年代の木材不況以降は特にそうであるが、ここ芦生でも都市部への人の移住・移動はあっても、なかなかその逆はなかった。

その芦生奥山の地に京都帝国大学の演習林が設置されたのは1921（大正10）年である。当時、京都帝国大学は農学部設置を控えて国内の演習林を探していた。そして、いくつかの候補地の中から、大学との距離、その規模、源流域の植生等の条件から由良川源流部の現在の演習林地が選ばれた。地元においても、「芦生奥山は広大な面積と地理的条件から一村が管理するには手に余る」ことや「帝国大学のもつ社会的地位」の高さといった要因によって演習林の受け入れが歓迎された［知井村史編集委員会 1999：249］。

そして、演習林設置は、「道路の開削と整備」といった「新たな仕事の場への期待」を人びとにもたらし、また「村人の精神面にも何かしら文化の光に触れるかような雰囲気が広がって、やがて大きな期待へと発展していった」。一方、「郡内の他村や近隣の郡村」の間には、演習林設置に対して「強い羨望」があったという［知井村史編集委員会 1999：249―250］。

大学と九ケ字との契約内容は、大学が芦生奥山に１９２１（大正10）年より99年間の地上権を設定（借地契約）し、はじめの5年間は5万円、その後35年間は1万円を土地所有者に支払い、さらにその後は、立木処分の結果生じる収益を大学と土地所有者との間で折半するというものであった［知井村史編集委員会 １９９９：２５０―２５１］。

ところが、この契約は初年度からつまずき、1万円しか支払われなかった。この問題の処理は紛糾するが、最終的に「五年分の各五万円を含む三十九年間の借地料金利の積算額」である「二十二万円」を大学が和解金として支払うこととなった［知井村史編集委員会 １９９９：２５４］。

その後基金として運用されたこの22万円は現在の貨幣価値に換算すると10～12億円と見積もられ［知井村史編集委員会 １９９９：２５４］、その運用益は旧知井村の財政を支え、昭和初期の世界恐慌の影響（不況と農山村の窮乏）を緩和し、村が「苦境を切り抜ける」ことを可能にした。しかし、その後、この基金は戦時下で充分には活用されず、戦後は急激なインフレーションによって無価値なものとなってしまった［知井村史編集委員会 １９９９：２５８―２５９］。そして、紆余曲折を経た後、１９８１（昭和56）年からは現在の借地料方式となっている。

1―2　芦生にとっての大学演習林

ところで、芦生は、後述するように「芦生なめこ生産組合」を核とする内発的発展の道を辿るのであるが、その道筋を理解する上で、大学演習林の存在は見逃すことができない。大学演習林はさまざまな影響をその地元芦生に及ぼしてきた。

もっとも直接的なものは経済的影響である。借地料についてはすでに述べたが、それ以外には、雇用の創出がある。雇用は、芦生からだけではなく、旧知井村内、美山町内の他の旧村や他府県にも及び、少ないときでも10人、多いときには30人近くが雇用されていた［知井村史編集委員会 １９９９：２５７―２５８］[2]。

また、戦後の演習林内でのダム建設計画（後述）に対して京都大学が反対したことも広い意味で経済的な影響の一つとして挙げることができよう。京都大学は必ずしも一貫してダム建設に反対したわけではないが、その時々に最終的に下したダム建設反対の判断は、芦生が公共事業依存型経済への道を選択する可能性をなくし、自然を活かした内発的発展の道を選ぶのを基底的なところで支えたと考えられる。

教育やコミュニティ維持への貢献もある。演習林宿舎で暮らす教官・職員の子弟が芦生の分校（知井小学校芦生分校）に通い、賑わい・活気を分校にもたらし、本来ならばずっと以前に廃校になっているはずの小さな集落の分校の存続を可能にしたことは注目に値する。この分校は、すでに1986（昭和61）年に廃校になったとはいえ、芦生の人びとにとって子供たちの教育環境を整えるという大きな働きを長年に亘って果たしてきたし、分校で行われた文化祭等の行事は、大人たちにとっても芦生地区のコミュニティとしての凝集性を高める働きをしたと考えられる［坂本 1993：26］。

大学演習林の及ぼした影響としては、これらの実生活上のものばかりではなく、象徴的なものについても考えておかねばならない。

芦生奥山の学術的価値は、演習林候補地の段階から高く評価されていたが［知井村史編集委員会 1999：249］、演習林設置後の1928（昭和3）年には、京都帝国大学の研究者によって「学術上の価値は調査を進むるに従ひ増大するを知り、終に従来部分的に作られたる施業の計画は一切之を放棄して専ら此国宝的森林に理想的なる施業を為さん」と考えられるまでになっている［知井村史編集委員会 1999：256］。そして、そのような評価に基づくものか、1932（昭和7）年にはシルクロード西域踏査で有名な西本願寺大谷光瑞法主が芦生を訪れたりもしている［知井村史編集委員会 1999：257］。また、中井猛之進（東京帝国大学教授）の学術論文「植物ヲ学ブモノハ一度ハ京大ノ芦生演習林ヲ見ルベシ」（1941年）［芦生のダム建設に反対する連絡会 1987：28］は、そのタイトルのユニークさもあってか芦生演習林の学術的価値の高さが語られるとき、現在でもほとんど枕詞的に使われている。

このような芦生原生林の学術的価値の高さを象徴するものとして、芦生演習林にはアシウテンナンショウやアシウスギなどのアシウの名を冠した固有種が存在している。そして、それらが今でも芦生の人びとの誇りとなっているのである。

このような高い学術的評価が、当時としてはまさにモダンな演習林事務所の建物などの大学付属施設の存在そのものの威信やそれらが「何かしら文化の光に触れるかような雰囲気」を芦生の人びとにもたらしたことと相俟って、地元の人びとに芦生に住むことへの誇りを抱かせたとしても不思議ではなかろう。

2　演習林内のダム建設計画に揺れる地元

2―1　山村地域の衰退と公共事業

林業を主たる産業とする山村地域は、薪炭から石油・ガスなどの化石燃料へのエネルギー源の移行（エネルギー革命）と木材の輸入自由化による木材不況によって、１９６０年代に全国的に衰退過程に入っていった。そして、高度経済成長が引き起こした大都市部への大量の人口流出がその衰退を一気に加速化させていった。

将来への希望の喪失は、たとえばダム建設による全村水没・村の消滅（徳山ダム）という過酷な条件すらをも時として山村の人びとに呑ませていった。水没補償を元手とする快適な都市生活が第二の人生として夢見られたりもした。こうして山村地域の自治体の多くは、１９５０―６０年代に国や府県などによって盛んに計画された発電用ダムや多目的ダムの建設、あるいは道路・林道の建設などの公共事業に依存した経済体制の選択を余儀なくさせられていった(3)。

芦生を含めた旧知井村、そして美山町全体においてもその置かれた厳しい状況は同じであった。しかも、この地域は、木炭の需要が大きかった時代には、大都市の消費地を近くにもつ製炭産地として他村、他府県の業者が各地から焼工を招いてフル稼働で木炭生産を行い、その後には地元の人びとが農業や養蚕業から製炭へと転業していったという歴史をもっている［知井村史編集委員会　１９９９：２７９―２８０］。それだけに、この地域に対するエネルギー革命の影響は大きかったと言えよう［太田 1971：9］。

2—2　演習林内のダム計画

それゆえに山村地域の他の市町村が行ったような公共事業依存型経済を選択する可能性は、ここ芦生においても充分にあったはずである。そして、事実、その選択を現実化させうるダム計画が持ち上がってきた。

最初の計画は、1960年代のはじめに芦生の集落から1～2km下流地点でのダム建設計画である。この計画は、芦生地区も水没対象地区となることもあって地元の賛成を得られずに頓挫している［芦生の自然を守り生かす会 1996：19］。

続いて、1965（昭和40）年には、挙原揚水発電所計画（関西電力）が持ち上がった。福井県名田庄村（現おおい町名田庄）に下部ダムと発電所、芦生演習林内の上谷に上部ダムを置くという計画である。説明会などの実施を通して地元（旧知井村）では徐々にダム建設賛成の意見が多くなっていった。危機感を抱いた芦生の反対派の住民は「ダム建設反対期成同盟会」を1968（昭和43）年に結成して反対運動を展開した。こうした経過の後、京都大学は1969（昭和44）年にダム建設不許可の決定を行った。ダム建設予定地である上谷の自然が貴重でありダム建設が学問教育に著しい支障となることを理由とした不許可であった。

中断した計画は、1978（昭和53）年、ダム建設予定地を上谷から原生林のすでに伐採された下谷へと変えて再び浮上した。下部ダムのできる福井県側では、県と名田庄村と関西電力とが一体となった強力な建設推進運動が展開され、水没予定の20戸ほどが移転せざるをえなくなっていった。一方、上部ダムのできる美山町ではダム建設計画実現の公約を掲げて当選した町長を先頭に強力な推進運動が展開された。ダム建設が過疎克服・地域振興となるというのである。そして、1979（昭和54）年には、九ケ字財産区から美山町を通して京都大学に対して演習林の一部返還要求が出されている。

これに対して、芦生のダム反対派の住民は、1980（昭和55）年に「住みよい地域づくりを考える会」を結成して、反対運動を展開した。そして、この時も最終的には京都大学の反対でダム計画は頓挫している（1984年2月）。その後も、下谷のダム湖を中心に展望台やスキー場を配置するという観光開発計画を中心としたダム建設計画が再々浮上してくるなどの紆余曲折があったが[4]、1999年に新しい町長がダム建設計画を白紙に戻し、さらに2005（平成17）年には関西電力が計画撤回を表明したことによってダム問題は収束した。

これら一連の計画に対して、唯一一貫して反対を唱えてきたのが芦生であった。演習林を共有林とする旧知井村の他の八ケ字がダム建設に賛成の立場に回ったことによって生じた軋轢にもめげず、小さな集落・芦生は反対を通したのである。

3　芦生の内発的発展への道

3—1　芦生なめこ生産組合のもたらす活気

なぜ芦生の集落だけがダム建設反対を貫いたのか。言い換えれば、なぜ他の山村と同じように公共事業依存型経済への道を歩まなかったのか。この疑問に答える上で見逃すことのできないのが、地元の自然を活かした内発的産業である「芦生なめこ生産組合」の成功である[5]。

芦生の内発的発展はなめこ栽培という形で1961（昭和36）年にスタートした。「集落ぐるみ、家族ぐるみでできる仕事をおこそうという取り組み」［芦生の自然を守り生かす会 1996：17］であった。一年目に芦生なめこ生産組合が設立され、五年目には加工場が建てられ、山菜加工が始まっている。そして、借金苦にあえぎながらも製品開発や販売先の開拓などでの試行錯誤を続け、1970年代前半には、美山町農協や生活協同組合連合会との提携などによって事業はようやく軌道に乗っていった。スタートから15年が過ぎていた。

この頃から芦生の人びとは「なめこ生産組合のこの取り組みを、芦生の山にふさわしい仕事と感じ始め」、「一人二人と加工場で働く者が増えだした」［芦生の自然を守り生かす会 1996：18］という。そして、1980（昭和55）年には、地元で豊富に得られる広葉樹木を利用してさまざまな木工製品を作る木工部も開設されている。

現在では、芦生に住む大半の人がなめこ生産組合で働くまでになり、その出荷額もかつてとは比べられないほどに成長し、集落に活気をもたらしている。芦生の集落は、先にも述べたように由良川の最源流部に位置し、そこから先は一般車両の通行は禁止となる行止りの集落であり、「限界集落」化［大野 1996］が美山町の中でももっとも早く進行していてもおかしくない集落である。そんなところに、湯気の絶えることのない山菜加工場の活気があり、家には跡取りとなる若い男たちも都市からUターンするなどしてそこそこ残り、多いとは言えないにしろ子供たちの遊ぶ姿が見られる。こうして、人口の高齢化比率は過疎化が進む美山町内の全集落の中で1～2番目に低くなっている。しかも、京都市などの都会からIターンでやって来た家族が住み着き、地元の人びとと共になめこ生産組合で働いているのである。

3―2 マイナー・サブシステンスからなめこ生産組合へ

ところで、大学演習林の設置が芦生の集落に及ぼした影響についてはそのいくつかについてすでに論じたが、演習林となっている芦生奥山が芦生の集落に対して元々もっていた価値についても見ておこう。

一つには、その林業の対象としての経済的価値である。それは、「炭焼」や「杣《そま》あるいは樵《きこり》」といった「本業」である林業によって生み出されてくる価値である。この経済的価値が、エネルギー革命や木材不況によって戦後急速に失われていったことについてはすでに述べた。

もう一つは、地元芦生の人びとにとっての日常生活的な価値である。芦生奥山はその動物相の豊かさに言及される時、必ずと言っていい程に熊の多さが挙げられる。なめこ生産組合の組合長を務めていた井栗登さんは、熊撃ちの名人といわれ、「夏は鮎釣り、冬は熊撃ち」をし、鮎も熊も高値で売れ、「熊の胆はその重さと同じだけの金の値打ち」があったという〔芦生の自然を守り生かす会 1996：15〕。

芦生奥山は、春や秋は「無尽蔵」〔芦生の自然を守り生かす会 1996：17〕の山菜やキノコ、夏冬はそれぞれ鮎や熊などの獲物などといった具合に、年間を通して地元の人びとに日常的に恩恵を与えてきた。炭焼や杣といった「本業〈サブシステンス〉」のように生活の中心的な柱とはならないが、日常生活を側面的に支える「マイナー・サブシステンス」〔鬼頭 1996：149〕である。

山菜加工を行うなめこ生産組合の設立による集落の維持という発想は、芦生奥山がその豊かさを保証してくれるところの〈マイナー・サブシステンスの本業化〉の発想に他ならない。「炭焼」や「杣」といった「本業」の衰退の後においてもなお残されたマイナー・サブシステンスの〈本業化〉である。しかも、それは個人的な技能が大きな比重を占める狩猟や漁撈ではなく、「集落ぐるみ、家族ぐるみ」でできる山菜やキノコの加工という仕事を選択した上での本業化であった。

4　ダム反対運動と芦生の内発的発展

4─1　ダム建設反対運動の基盤への問い

先に述べたように芦生の人びとは芦生奥山を共に共有林とする他の集落と対立してまでダム建設に反対し続けたが、内発的発展論の立場から芦生の営みを論じた坂本礼子は、その理由を芦生の内発的発展そのものに求めている〔坂本 1993〕。すなわち、なめこ生産組合の成功がそのなめこ生産組合の存立の基盤となっている芦生奥山の自然環境の保全を必然化させ、ダム反対運動の継続を可能にしたと考えている。

たしかに、この説明は、なめこ生産組合の経営が軌道に乗った1970年代半ば以降のダム建設反対運動の説明としては妥当するであろうが、1960年代のダム建設反対運動に関しては、この説明では問題が残る。1960年代のなめこ生産組合の資金繰りは苦しく、多くの借金を抱えていた。そのような経営状態で苦しんでいる時に、ダム建設の補償金が支払われるという話が持ち上がるならば、見通しの立たないなめこ生産組合に見切りをつけ借金を返済できるということでむしろダム建設賛成に回っていく方が自然であったのではなかろうか。

坂本［1993］は、芦生の人びとがダム反対を貫いたもう一つの理由として、彼らの「ここに住みたい」という「強い気持ち」を挙げている。しかし、芦生の人びとに限らず何世代にもわたってそこで生活してきた人びとの故郷への思いはいずこにおいても強い。そして、多くの山村地域においてまさに故郷で生き続けるための地域振興策としてダム建設等が受け入れられてきたという側面があることも否定できない。芦生奥山を共有林とする芦生以外の八つの集落が選択しようとしたのも同じ選択肢であった。そうであるならば、芦生の人びとの一貫したダム反対の姿勢を説明する別の要因を考えなければならないことになる。

4—2　近代の相対化——芦生奥山の「学術的価値」——

芦生奥山が林業の対象としての経済的価値を急速に失なったことに伴い、芦生の人びとはなめこ生産組合の設立という〈マイナー・サブシステンスの本業化〉に踏み切ったことについてはすでに述べた。しかし、1980年代の一村一品運動などよりもはるか以前の1960年代における〈マイナー・サブシステンスの本業化〉によるなめこ生産組合の設立は全国的に見ても非常に例外的なケースとなろう(6)。

マイナー・サブシステンスを支えてきた山の豊かさやそれとは逆の山の恐ろしさを基盤とした山への信仰は、貨幣経済の浸透、都市の市場に溢れるさまざまな魅力的な商品、自然条件を克服する強力な近代的諸装置、電気エネルギー等々の新しい近代的な諸価値の進出を前にして、通常は無価値化・矮小化・無意味化され忘れ去られてしまう。

このプロセス、たとえば貨幣経済の浸透は、旧知井村でも製炭ブームに沸き返っていた戦前からすでに始まっていたが、戦後しばらくして、製炭が、そして林業そのものが衰微していくと、山は貨幣という基準から見れば「ただの山」

となってしまった。そして、山での生活は、ただ「不便なだけの生活」へと貶められ、山の豊かさは昔語りの懐かしい世界の物語となってしまう。

そうした時代状況下にあって、芦生の人びとを「山の豊かさ」にこだわらせたのは、芦生奥山に「学術的価値」が付与されており、それが外部から押し寄せてくるさまざまな「近代的価値」を相対化してくれていたからではなかろうか。山の豊かさや山への信仰は、貨幣・商品などの近代的価値に対抗できる権威ある「学術的価値」という別の近代的価値の芦生奥山への付与によって無価値化・矮小化・無意味化を免れたというわけである。

それゆえに芦生の人びとは森の豊かさとその豊かさに支えられているマイナー・サブシステンスの価値に気付き、それが〈マイナー・サブシステンスの本業化〉へと彼らを導いたのではなかろうか。ここで「気付き」というとき、それはまさに自覚的な気付きばかりではなく、無意識的・潜在的な気付きも含めて考えている。たとえば、なめこ生産組合の創設者たちは、芦生を出て都会へ行かなかった理由を「能力のないものが都会で何が出来る」と自嘲気味に語っている。しかし、それは、裏返していえば、「ここでならば生きていける」という気付きであると言うこともできよう。

ダム建設に対する芦生の人びとの一貫した反対についても、「学術的価値」という対抗的価値による貨幣などの近代的価値の相対化とこのような芦生奥山がもつ「対抗的価値」による芦生奥山の豊かさへの気付きと無縁ではない。芦生の人びとは芦生奥山を誇りに思い、ダム建設に反対しそれを守ることは自分たちの誇りを守ることともなるのである。

このように考えると、なめこ生産組合の成功がダム建設反対へと芦生の人びとを導いたのではなく、芦生奥山が「学術的価値」を付与されたことを契機とする芦生奥山の豊かさへの気づきが、一方では、なめこ生産組合の設立へと芦生の人びとを導き、他方では、ダム建設反対へと彼らを向かわせたということになろう。

端的に言えば、京都大学という「対抗的権威」の存在によって、芦生の人びとは、言わば辺境の地におけるみずからの生活を矮小化することを免れ、またダム建設などに依存する公共事業依存型経済への傾斜を深めていく多くの山村でドミナントとなっていた発想からも自由であり得たのではなかろうか。

4—3　ネットワーク形成とそのインパクト

ところで、ダム計画は、先にも述べたように、消えてはまた現われるということを繰り返した。この間に、ダム計画も発電という目的を明示した計画から観光開発にカムフラージュされた計画へと変化していくが、ダム反対運動への取り組み方やなめこ生産組合のあり方も変化している。

ダム反対運動について述べるならば、それは、芦生奥山の（たとえば植生などの特異性や希少種の存在などを強調する分類学的な意味での）学術的価値とそれへの誇りや、ダム本体の決壊に対する危惧、あるいはダムがもたらす金銭的利益の大小の判断などに基づくものから、ダムが芦生奥山の自然環境に及ぼす影響をよりトータルに把握する生態学的視点やダムに頼る公共事業依存型経済の問題性・危険性を指摘する内発的発展論的視点などに基づく反対運動へと変化している。

これらの変化を、端的に表現するならば、分類学的視点から生態学的視点へ、また、さまざまな意味での利害関心に基づく運動から、内発的発展を志向したより理念的な運動への変化であるということになろう。

また、なめこ生産組合の場合も、芦生の人びとは、1960年代当初、山菜やキノコの加工・販売によって「大儲け」［坂本 1993：34］（傍点引用者）してやろうといった期待をも抱いていていた。すなわち、あくまでも衰退した製炭や林業に代わる新たな経済活動という位置づけをなめこ生産組合に対して行っていたのであるが、なめこ生産組合が1970年代に入ってなんとか軌道に乗り、二度目のダム計画が持ち上がった頃には、それは芦生の自然環境との共生を目指した内発的発展型の事業として位置づけられるようになったばかりではなく、米食を中心とする日本の伝統的食文化を支えていくような食品の生産を目指すという食文化運動的な側面をもつ事業へと変化している。

山村地域の村おこしの事例として、これらの変化が示している理念レベルの高さには瞠目すべきものがある。しかし、それらは、芦生の人びとたちだけによって成し遂げられたものではない。これらの変化は、芦生の人びととのさまざまな契機にもとづくネットワーク形成を基盤とするものである。

ダム建設に関しては、1960年代には労働組合関係者や研究者・専門家［交流集会実行委員会 1989：36］などが、また1980年代には1984（昭和59）年5月に結成された「芦生ゼミ」という京都大学の学生達の自主学習グループの存在が注目される。芦生の人びとは、これらの人びととともに、ロックフィル式ダムの建設に伴うダム周辺地の環境破壊や毎日水位が大きく変動する揚水式ダムの危険性、原発を受け入れることで得られる交付金が自治体の財政を狂わせていくこと等々を学んでいく。

また、1984年3月に結成された「芦生の自然を守り生かす会」は、芦生の人びとと学生たちが中心になって組織したものである。この会ではダム問題の学習会とセットにした芦生原生林ツアーを組み、芦生奥山の価値とダム問題を広く一般の人びとに知ってもらい、さらにはその人達をネットワークに組み込んでいくという活動を行ってきた。

また、なめこ生産組合の販路の拡大は、安全な食品を求める人びととの産直ネットワークを基盤として可能となったという一面もあるし［芦生の自然を守り生かす会 1996：100］、先にも述べたようになめこ生産組合の木工部は、現在コカリナ（木で作ったオカリナ）などを生産販売しているが、この木工部の創設の発端は、京都大学の教官の木のおもちゃづくりのアイディアにある。

芦生の人びとのダム建設反対運動やなめこ生産組合による「小さな集落の大きな事業」［芦生の自然を守り生かす会 1996：100］の背後には、このようにさまざまな形のネットワークが存在していたのである。芦生の人びとには、これらのさまざまなネットワークのなかで「異質な他者」との出会いがあった。たとえば大学演習林の教職員であり、労働組合の関係者であり、ダム反対運動に参加した京都大学の学生たちでもあった。芦生の人びとは、彼らとのネットワークを形成することによって、都市の論理を相対化し、自分たちが住む生活世界の意味や価値を発見し対象化することができた。自分たちの住む世界の意味や価値を「都市の論理」によって軽視し忘却するのではなく、別の論理によって発見し対象化すること、言い換えれば、山村の論理を構築すること、これを自分たちとは「異質な他者」が助けてくれたのである[7]。

5 芦生の内発的発展から美山町のグリーンツーリズムへ

5―1 美山町にとっての芦生――対立・蔑視からモデルへ――

ダムを誘致して地域振興を図ろうとする美山町当局と芦生の人びととは、ダム建設計画の経過について述べたところで触れたように長い間厳しい対立関係にあった。

こうした対立関係に変化の兆しが見え始めたのが1980年代末である。1988（昭和63）年美山町は国土庁の農村アメニティコンクール優秀賞を受賞し、1989（平成元）年には都市の人びととの交流拠点となる「自然文化村」を開設している。

さらに、1990年代に入ると、「異業種・都市民・農業者等」の交流によって美山町の活性化を図る「緑と清流の京都美山塾」を開講（1991年）し、同年には「第1回美しい日本の村景観コンテスト・農林水産大臣賞」を受賞している。また、1993（平成5）年からは「グリーン・ツーリズム」を村おこしのテーマとし、「美しい町づくり条例」（1993年）、「伝統建造物群保存地区保存条例」（同年）を制定している［美山町 1995］。

このようにして、美山町は「日本の原風景」を残す町としての定評をえ、1990年代はじめには40万人（1992年）の観光客が訪れるまでになっていった。特に、旧知井村の九ケ字の一つである北集落は茅葺の農家が多く残っていたことから国の「重要伝統的建造物群保存地区」に指定され（1993年）、今では「かやぶきの里」として多くの観光客を集めている。

山や清流等の自然環境あるいは従来は観光資源とはなりえなかった農村景観が観光資源となることによって、美山町では、ダム建設推進派の町長の交代という要因もあるが、ダム建設推進が声高には主張されなくなっていった。

しかし、美山町のこのような変化は偶然・自然のものではない。美山町は都市という「中心」から見れば小さな「周辺」に過ぎないが、美山町当局は、町内の各集落に対しては「中心」でもある。その小さな「中心」としてさらなる「周辺」の芦生を蔑視・抑圧したりするのではなく、みずからを芦生と同じく「周辺」にある存在として認識し、そこを原点としてあるいは逆手にとって町おこし・村おこしを考えていこうとする発想がそこには介在している。

この発想の下では、山菜加工（マイナー・サブシステンスの本業化）という地元にある資源を活かした村おこしを進めてきた芦生はモデルとなりこそすれ、敵対する存在ではない。芦生がモデルとなることの美山の人びとによる気付きがこうした変化の背後に存在しているのである。美山町の人びとは、ダム建設にあくまでも反対し続ける芦生の人びとや都市からやってきた「異質な他者」であるIターン者を受け入れることによって、みずからの生活世界の意味や価値を再発見し、グリーン・ツーリズムによる内発的発展を目指す方向へと大きく舵を切っていったのである。(8)

５―２　平等性と「異質なるもの」の受容

しかしながら、なぜ美山町では、「異質性の相互承認による対立の調停」（本書序章参照）過程が進行し、〈農山村と都市〉の間での「意味」や「モノ」あるいは「人」の流れの逆転に成功したのであろうか。確信のもてる解答を持ち合わせてはいないが、重要であると考えられるのは、芦生や美山町において見られる人びとの間の「平等性」である。

駒口道雄は、潮見俊隆ら［潮見編　１９６２：５２９―５４９］の山村の支配類型（公権力支配型、豪族・豪士支配型、資本支配型、上層農支配型、仲間共同体型の五類型）のうちの「仲間共同体型」に芦生は分類されると考えている。彼はその根拠として、芦生では「共有林の利用方式」や「演習林から支払われる分収金の使用法」あるいは「芦生なめこ生産組合の運営」において「仲間共同体」に見られる「形式的平等」の貫徹が見られることを挙げている［駒口２００２：45］。

「芦生なめこ生産組合の運営」における平等性について、少々長くなるが、駒口［２００２：45―46］の記述を引用しておこう。

こうした仲間共同体的なシステムは、現在の芦生なめこ生産組合にも受け継がれている。それはこの工場で働く方の「うちの運営としては民主的な運営をやっとるんですわ。親方だからよく金をとるいうことはなくて、みんな平等に」という発言に示される。つまり芦生なめこ生産組合は、たとえその内部でどのような職務に就いていても、平等な給与を受けることを基本的なコンセプトにしているというのである。もちろん、正社員とパートではその給与体系は異なるものであり、また様々な手当などがあるため全く同額というわけではない。しかしこうした平等性は、これまで挙げてきたような仲間共同体型のシステムの流れを組んでいると考えることも可能であろう。

なぜなら歴史的経緯から言えば、芦生なめこ生産組合での山菜加工という仕事は、それまで芦生の地になかった生業を新たに興したものではなく、その前身が「芦生林業グループ」という名前であったことからもわかるように、それまで芦生という山村の生業であった炭焼きなどの山仕事との関わりの中で生まれてきたものだからである。田中［2002：7―8］はこれを「本業（サブシステンス）」を側面的に支えてきた「マイナーサブシステンスの本業化」と説明している。そしてこうした本業化では、それまでの本業に関連したマイナーサブシステンスとしての仕事のみが受け継がれるだけでなく、それに付随する諸システムも受け継がれていると見るのが妥当だろう。例えば、「なめこ生産組合」設立当初、その給与の支給方法は、芦生のある住民曰く「昔は盆と正月勘定でな、1年間の収入をやっととったわけなんで、そのときも3人なり4人なりが、お前なんぼずつお前なんぼずつ、とみんなが見とる前で現金わけとった」という方式をとっていた。こうした給与計算の方式は、林業を生業としていた頃に薪炭の出荷先との間で行われていた計算方式と同様のものなのである。

このような山村の「仲間共同体」の平等性は、芦生だけではなく、旧知井村においても、また美山町全体においても見出される。今西一は、戦後の農地解放の地域比較分析を通して、美山町が位置する京都府中北部は、北部と同様に、南部に比べて「地主の零細性」が見られることを指摘している［今西 1980：60］。農地面積比率が2％にも充たず、なおかつ伐出林業が木材搬出ルートの問題から発展しなかったことを考えれば、美山町では農地や山林の大地主が権力を振るう支配－従属関係ではなく、より「平等」な関係が農家間で優越していたと言えよう。

私が美山町における「異質性の相互承認による対立の調停」過程が進行しえた理由の一つとして考えているのが、この仲間共同体型山村の平等性である。仲間共同体型以外の支配類型においては、どのタイプの支配者であれ、支配者はその支配－被支配関係を維持するためのフレーム（枠組み）をそれぞれにもっている。そして、彼らに共通するのは、そのフレームを脅かす可能性をもった出来事の発生や人物の出現に敏感であり、それらの抑止や排除に権力を行使するという点である。それゆえに支配者は「異質なるもの（モノ、人、出来事）」に対して不寛容になりがちであり、それらを排除する傾向をもつ。

平等な社会においても、やはり「異質なるもの」はその異質性ゆえに排除されやすいと言えよう。しかし、その「異質なるもの」がすべての人によって排除されるとは限らず、さまざまな契機（たまたま最初に相談を受けた、あるいは友人に紹介された等々）がそこに見られるにしろ、一部の人びとでもそれを受容するならば、その受容そのものが他の人びとによって否定されることには必ずしもならない。なぜならば平等な社会関係の下では、人びとの間の平等ゆえに「異質なるもの」を受容した人の行為を他の人びとが権力的に否定することは困難であるからである。こうして美山町では一部の人びとによって受け入れられたIターン者が、他の人びとの当惑を伴いながらも少しずつ町全体に広がっていったのである。

平等な関係が優越する地域では、異質なものを排除する権力構造が生まれにくかったということであろう。ただし、P. Clastre［1997］が主張しているように、平等な社会ではその平等自体を脅かすものは排除されることも強調しておかなければならないであろう。

おわりに

本章は、芦生をフィールドとして内発的発展の事例分析を進めてきたが、その分析枠組みは、〈都市―農山村〉関係論をベースとしている。序章において述べたように、日本の近代化は、〈農山村―都市〉という軸で考えると、「意味」が都市から農山村へともたらされ、農山村からは「モノ」や「人」あるいは「エネルギー」が都市へと引き寄せられていく過程であった。こうした状況の下で、山村の人びとが都市からやって来る圧倒的な「システム」や「意味」に対抗してオータナティブな何かを提示することは一般的には非常に困難なことである。

その点において、芦生はまさに例外的ケースである。芦生には、押し寄せてくる市場経済システムや行政施策などを相対化することを可能にする別の近代的価値である「学術的価値」や京都大学の威信があり、また「異質な他者」とのネットワークがあった。それらは、芦生の人びとの行為に独自の「意味」を与えてくれた。

その成果がなめこ生産組合の成功であり、ダム建設反対運動への持続的な取り組みである。芦生の人びとは、一方では、ダム建設に依存した地域振興を目指す公共事業依存型経済の押し付けや誘惑を跳ね返し、他方では、なめこ生産組合の活動を通して「資源としてのモノ」を都市に奪われるのではなく、「自分たちで値段を決めた」商品、独自の「意味」を担った商品を都市へと送り出し、さらにそのことによってＵターン、Ｉターンという形で「人的資源」の確保にさえ成功しているのである。

ここで芦生の成功の例外性を語りすぎることは危険であろう。極端な言い方をすれば、大学演習林がないような山村の人びとは外発的発展（公共事業依存型経済や原発など迷惑施設の受け入れ、あるいは外部資本によるリゾート開発など）に身を委ねるしかないということになろう。しかし、むろんそうではない。芦生の事例が語ってくれているのは、優位な中心としての都市がもたらすシステムに対抗できるだけの意味や価値を、すなわち自分たちの生活、文化、産業、環境などの意味や価値を、山村の人びとが対象化し保持することができれば、それは内発的発展に繋がっていく可能性があるということである。そして、田舎暮らしに憧れて「新しい故郷」に移住するIターン者が全国で増加していることは、芦生や美山町で起こったこと、すなわち「異質な他者」とのネットワーク形成が現在では多くの農山村において可能となりつつあることを意味している。

ところで、「都市の論理」とは別の論理と言っても、それは、「学術的価値」がそうであるように、実際には近代の都市的世界の論理の一つ、すなわち「都市の論理」の一つであるに過ぎないことが多々ある。そうであるならば、「都市の論理」が圧倒的に支配的である近代社会を念頭において考えれば、「都市の論理」自身が多元的に構成されていることによってはじめて農山村の論理が独自なものとして存在しうる可能性が開かれるということになる。「都市の論理」の多元性、言い換えれば都市が市場経済の論理ばかりではなく、他の多様な論理によって構成されていることが、農山村の論理の存立にとっても重要となる。

その意味において、都市に住む人びとの間でいわゆる近代的な諸価値に対抗していこうとする自然環境保護意識やふるさと志向が高まることは、農山村の人びとが自然を活かした形で生活を再編成していく上で大きな力となるはずである。事実、現在では、都市と山村の人びとが共同して環境保護運動や町おこしを展開している事例は本当に多くなった。

ただし、それはそれで皮肉な現象を引き起こすことにもなる。たとえば、関西で数少ない原生林の残された森として有名になった芦生奥山の現在がそうであるように、大量の来訪者（入山者）が自然破壊のリスクを高めることにもなる。

このような皮肉な現象を回避するためには一体何が必要なのであろうか。たとえば、それは、都市の人びとの自然環境保護意識が、残り少なくなった特別に貴重なごく一部の地域の自然環境保護ばかりに向かうのではなく、それぞれの都市の身近な自然を守りまたそこを市民の交流や遊びの場としていこうとする運動へも向かうことではなかろうか。たとえば、市民の環境運動として近年盛んになってきた都市河川の環境回復運動や都市近郊の里山の保全運動などは、そうした取り組みの事例として評価できよう。

身近な自然の回復を図ることは、一方では、日常空間における環境リスク（産業廃棄物による水質汚染、環境ホルモンの生態系への蓄積、都市化の進展による洪水の危険性の増大など）の低減に繋がり、また他方では、特別に貴重な自然環境が残る地域の観光地化による弊害を回避することにも繋がるはずである。

敷延すれば、都市自身が都市としての中心性を強化しようとする（たとえば、東京のような都市になろうとする）のではなく、芦生をモデルとして選んだ美山町のような道を歩むこと、すなわち、それぞれの都市自身がその都市の意味や価値を再発見し対象化すること、これが求められているのである。

注

（1）本章は、田中［２００２］「河川の流域／意味の流域――芦生・なめこ生産組合から美山町・グリーンツーリズムへ――」木平勇吉編『流域環境の保全』朝倉書店（47―59頁）を加筆・修正したものである。
（2）ただし、１９６０年代初めには山林作業の増大に伴って雇用は入札制となり、地元芦生からの直接雇用はなくなった［坂本１９９３：25］。その時期は、後述の芦生なめこ生産組合設立時期と重なる。
（3）山村における公共事業依存型経済の不可避化については、田中［２０００、２００９］を参照。
（4）以上の揚水式ダム建設計画をめぐる経過については、交流集会実行委員会［１９８９］と坂本［１９９３］を参照。
（5）日本の農山村の内発的発展については、保母［１９９６］を参照。
（6）「林業構造改善事業で山菜加工用の大ナベを買ったのはなめこ生産組合だけである」という逸話は今でも芦生地区の人びとの語り草になっている。
（7）それぞれの地域の独自な文化の発見・対象化にとっての「異質な他者」の重要性については、本書第6章田中論文を参照。また、この現象を観光に関連づけて論じたものとしては、太田［１９９８］がある。
（8）美山町のグリーン・ツーリズムについては、本書第7章寺田論文ならびに宮崎［１９９７］を参照。

参考文献

芦生のダム建設に反対する連絡会［１９８７］『トチの森の啓示（４版）』。

芦生の自然を守り生かす会［１９９６］『芦生の森から』かもがわ出版。

今西一［１９８０］「農地改革期における農村構造の変貌と農民運動：京都府能野郡の場合」『部落問題研究』63。

大歳昌彦［１９９８］『「ごっくん馬路村」の村おこし』日本経済新聞社。

大野晃［１９９６］「源流域山村と公的支援問題」『村落社会年報』第32集。

太田武男編［１９７１］『山村における家族の生活――京都府北桑田郡美山町豊郷地区の場合』京都大学人文科学研究所。

太田好信［１９９８］『トランスポジションの思想』世界思想社。

鬼頭秀一［１９９６］『自然保護を問い直す――環境倫理とネットワーク』筑摩書房。

交流集会実行委員会［１９８９］『森のおと村のこえ――美山の原生林を守り生かす交流集会の記録』。

駒口道雄［２００２］「『近代』と『共同体』の狭間で――村落としての芦生／都市としての芦生――」田中滋編『都市の憧れ・山村の戸惑い』（平成11年度〜平成13年度科学研究費補助金（基盤研究Ｃ）研究成果報告書）龍谷大学社会学部。

坂本礼子［１９９３］「森林環境保全と内発的発展」『ソシオロジ』38（１）。

田中滋［２０００］「政治的争点と社会的勢力の展開」間場寿一編『講座社会学　９　政治』東京大学出版会。

田中滋［２００２］「河川の流域／意味の流域――芦生・なめこ生産組合から美山町・グリーンツーリズムへ――」田中滋編『都市の憧れ・山村の戸惑い』（平成11年度〜平成13年度科学研究費補助金（基盤研究Ｃ）研究成果報告書）龍谷大学社会学部。

田中滋［２００９］「農山村の脱国内植民地化のために――里山の『危機』から見える社会」丸山徳次・宮浦富保編『里山学シリーズ（２）里山学のまなざし――〈森のある大学〉から』昭和堂。

知井村史編集委員会［１９９９］『京都・美山町知井村史』知井村史刊行委員会。

保母武彦［１９９６］『内発的発展と日本の農山村』岩波書店。

宮崎猛編［１９９７］『グリーン・ツーリズムと日本の農村』農林統計協会。

美山町［１９９５］『京都美山町における村おこしの取り組みと課題』。

Clastre. P. [1997] *Archeologie de La Violence : La Guerre dans les Societes Primitives*, Paris : Semiotext（Edions de l'aube）（毬藻

充訳『暴力の考古学――未開社会における戦争』現代企画室、2003年).

（田中　滋）

第2章　心情ある専門人たちの憂鬱
――美山町職員達の目から見た町おこし――

はじめに

都市の一極集中、地方の衰退が叫ばれて久しい今日、過疎化、高齢化に悩む農山村はもはや限界集落の限界すら超えようとしている。このような状況の中で「地域再生」、「町おこし」は一部過疎地域のみならずあらゆる地域の最も重要な課題となり、その実現のためさまざまな取り組みがなされている。

これまで社会学やその近隣分野においても「地域に生活する者」として〝住民〟とカテゴライズされた人びとを中心とした町おこしについての研究が数多くなされてきた。そこで語られる物語は〝住民〟の思いや気持ちといったココロ主義的な感情面に焦点を当てたもの、地域、共同体、伝統といったプレモダンな要素に着目したものが多い。

〝住民〟の感情やプレモダンな要素が素晴らしいものと持ち上げられる時、プレモダンに対するモダンの象徴として合理的支配の産物、心情無き、精神無き専門人としての行政官僚が、〝住民〟というカテゴリーの外部に対置され、ネガティブなものとして語られることとなる。しかしネガティブに捉えられる彼らも同じく「地域に生活する者」であり、町おこしの重要な柱となる人びとなのである。

本章ではこれまであまり語られることのなかった行政側、「地域に生活する者」としての町職員の視点から町おこしを俯瞰し、町おこしのさまざまな現場において町職員たちがどのような意図を持ちそれに関わり、その結果をどのように受け止めているのかを明らかにし、美山町の茅葺き民家群を用いたグリーン・ツーリズムを複眼的にとらえ直すことを試みる。

1 美山町の町おこしとグリーン・ツーリズム

1―1 過疎の町のグリーン・ツーリズム

美山町は京都府のほぼ中央部、北を福井県、東を滋賀県に接する県境に、山々に囲まれた町であった。町を走る鉄道はなく、主要道路も町中西部を縦断する国道162号線があるのみで、人口5000人あまりのひなびた過疎の町であった。

その日本全国どこにでも見られるような中山間地域の過疎の町、美山町が俄然脚光をあびている。美山町は町内知井地区北集落の茅葺き民家群を中心に、山や川、田畑を含めた農山村景観を都市との交流に結びつけたグリーン・ツーリズムによる町おこしに取り組んでいる。この取り組みは1988（昭和63）年、国土庁（現国土交通省）・（財）農村開発企画委員会主催による「第3回農村アメニティーコンクール」において優秀賞を受賞して以来数々の賞を受賞することになった(1)。

この茅葺き民家群を中心にしたグリーン・ツーリズムの展開により、美山町を訪れる人は年々増え、2010（平成22）年には、70万3076人もの人が訪れることになり、これといった産業の無かった美山町がにわかに活気立った。1999年当時の町内総生産額約140億円あまり［京都府 2002］のうち、町の期待する都市との交流による観光業の収入は一割程度の10億円強にものぼっている（町職員の話より）。

このように外部から高い評価を受け、実績を積み重ねた町おこしの実践は、同じように過疎化に悩む全国の中山間地域から注目される存在となった。

1―2　グリーン・ツーリズムと伝統

そもそも近年よく耳にするようになったグリーン・ツーリズムとはどういうものであろうか。エコ・ツーリズム、ファーム・ツーリズム、ルーラル・ツーリズムなどさまざまな概念があるなか、日本では1992（平成3）年、農水省が発表した「新しい食料・農業・農村政策の方向」において「グリーン・ツーリズムの振興」が提示される。農水省はグリーン・ツーリズムを「緑豊かな農村地域において、その自然・文化・人びととの交流を楽しむ、滞在型の余暇活動」とし、農水省を通じてこの「グリーン・ツーリズム」という新たな観光が全国の農山村に広まっていくことになる。

はやくからグリーン・ツーリズム研究に取り組んできた宮崎猛は、農水省が指導するグリーン・ツーリズムはヨーロッパの長期農村滞在型余暇活動とは異なる中短期滞在型の日本独自のツーリズムの在り方であるとし、物や情報だけの交流ではない人と人との交流であり、これまでの農村観光は海水浴、スキー、有名な史跡など有力な観光資源に依存していたが、普通の農村のあるがままの姿が資源となるものであるとしている。この日本型グリーン・ツーリズムは、普通の農村のあるがままの姿を観光資源化、活用することにより都市住民のゆとりある余暇活動、子供の貴重な体験・学習機会、農山漁村の活性化、農村環境の保全等々の目標を実現するものであるといい〔宮崎　1998：29―37〕、衰退する農山村のさまざまな問題を解決に導く新たな産業として評価する。

1998（平成10）年、政府はこれまでの全国総合開発計画と異なるまったく新しい全国総合開発計画の策定を目指すという姿勢から、名称も「第五次全国総合開発計画」ではなく、新・全国総合開発計画「21世紀の国土のグランドデザイン――地域の自立の促進と美しい国土の創造――」（以下、五全総）を策定した。この五全総の特徴の一つに「伝統」がある。(2) ここで「伝統」は、農山漁村地域の伝統文化や伝統芸能などを地域活性化のための積極的に活用すべき道具、手段として語られている。この地域の伝統文化はこれまで特別視されてこなかった、宮崎の言う農村のあるがままの姿に通じるものであり、有力な観光資源のなかった多くの農山漁村を観光事業参入に向かわせることにつながった(3)。

グリーン・ツーリズムと伝統が官製新事業、農水省による観光開発のためのものとして全国の農山漁村に行き渡り、多くの地域で観光事業への取り組みがなされる中、宮崎はむらづくり運動、都市と農村の交流、農村住民のビジネスの三つを兼ね備えたものを新段階のグリーン・ツーリズム、地域経営型グリーン・ツーリズムと位置づけ、この新段階グリーン・ツーリズムのモデルは、「京都府美山町全体の取り組みにあると確信できた」と述べている〔宮崎 1999：135—136〕。

2　美山町の栄衰

「地域経営型グリーン・ツーリズムのモデル」とまで賞賛される京都府美山町。その役場内では現在基本的に「観光」という言葉は使われない。町職員A氏（男性・30歳代・宮島地区在住）は「あんまり観光というたら怒られますんでね、交流産業という言い方してますけれども」という。あるいは、人と交わり、感動する、感激することを目指して感じ交わると書いて「感交」という造語を用いている。

研究者から絶賛され、世間から耳目を集め、経済的にも一定の成果を上げている「観光」という言葉を使うとなぜ怒られるのだろうか。「観光」という言葉を使わず「交流産業」という造語をあえて使うのはどういうわけなのであろう。

その点について深く考察するために先ずは、美山町の歴史を簡単に振り返ってみたい。

美山町は1955（昭和30）年、町村合併促進法により知井村・平屋村・宮島村・鶴ヶ岡村・大野村の五カ村が合併して誕生した。現在も旧五カ村は美山町内で自治会という形で残っている。この旧五カ村内に小さな集落、たとえば知井内ならば、南、北、中、河内谷、下、知見、江和、田歌、芦生、白石、佐々里の11集落があり、美山町は全部で57集落から成り立っている。

町域面積は近畿地区で一番、京都府では最大を誇るものの、山深く、町内の97％が山林部であり耕地に適さないため、主な産業は林業であった。林業といっても道路・鉄道などの交通網があまり整備されておらず、美山町を流れる川も京都などの大都市のある南ではなく北に流れていたため、そもそもは材木自体を売買するというよりは薪炭を主とした林業が主な収入源であった。

しかし、戦後の復興期に木材需要が飛躍的に伸び、美山町も材木景気にわき、合併した当初は人口１万１８２人を誇った。だが、昭和30年代半ば林業景気が後退し、さらに主産業であった薪炭業も燃料革命により需要が急激に落ち込み、それに追い打ちをかけるように高度経済成長による労働力の都市への流出が起こった。そのため、１９６５（昭和40）年には人口が８０４８人に落ち込み、１９９０（平成２）年には５４７８人と半減した。１９９０（平成２）年以降人口減少には歯止めがかかり、１９９５（平成７）年は５４７８人となったが、その後も少子高齢化が進み、２０００（平成12）年には２４７人減の５２３１人となっている。高齢化率も１９６５（昭和40）年には10・２％だったものが２００１（平成13）年には32・36％と激増している。

美山町はこのような過疎、高齢化、働き手の減少によって農地の荒廃が目立つようになり、さらに米余りによる国の減反対策に従い行った耕地への植林は「山が里に下りてくる」といった現象を生み出すことになった。

美山町の経験した地場産業の衰退、過疎、高齢化、地域の荒廃は全国の中山間地域でもみられる問題である。都市の戦後復興のための材木需要、国家の経済成長のための労働者人口流出、国家の政策（エネルギー政策、経済政策、農林業政策）転換の問題は都市、また国・中央政府との関係から生じた問題でもあり、換言すれば美山町、あるいは農山村、地方自治体が、半ば押しつけられるように起こった問題だといえよう。

時代や中央政府の方針に翻弄される地方の山深い自治体はこの現実をどう受け止めていたのであろう。

当時の状況を、美山町で生まれ育ち、町職員として長年生きてきた当時の町長は「美山町はわずか30年間で、絶頂からどん底を迎えた」〔中田 2001a：43〕と述べ、また、町職員である上田利之は次のように振り返っている。

何とか人口の流出を防ぎ、地域活力の低下を防がねばならない。では、誰がその主体になるのか？ 点検していくと、残ったのは役場だけであった。しかし、当時の役場にその能力があるとは到底思えなかった〔上田 2000：32〕。

「絶頂からどん底を迎え」、地域活力低下を防ぐ「能力があるとは到底思えなかった」役場の雰囲気を元町職員B氏（男性・70歳代・宮島地区在住）は「やっぱり意気消沈してましたね」と語る。

次節からはそのような状況の中、町職員達がどのような打開策を模索し、実行し、それがどのような結果を招いたのか、具体的な事例も含め紹介していきたい。

3 住民と町職員

3―1 町おこしの展開

「どん底」から這い上がるため、美山町が独自にとった方針がグリーン・ツーリズムによる町おこしであったのだろうか。

町職員A氏は「いいえ、全然違うんですよ、環境整備をしていったことによって人もある程度定着してきましたんで、その環境整備が結局環境保存につながったということで、とりあえずは、今住んでる人間がいかに心地よく住めるか、と言うことで第一期が始まってます」という。

この取り組みは第一期、第二期、第三期とあらかじめ想定されていたわけではなく、試行錯誤を重ねながら第一期で取り組んだいくつかの施策のうち成功したものを延長させる形で第二期の施策に、成功と呼べなかったものはばっさり

表2-1　美山町の町おこしとしての取り組み

	期間	テーマ
第一期	1978（昭和53）～1988（昭和63）	農林業の振興
第二期	1989（平成元年）～1992（平成４）	都市との交流と村おこしの推進
第三期	1993（平成５）～2000（平成12）	グリーン・ツーリズムと新産業おこし
第四期	2001（平成13）年～2005（平成17）	振興会の設立と住民主導の町おこし

出所：美山町［2002］.

と切り捨てるという形で継続的に発展、進歩させてきたものである。その過程ではある期間に行った施策がすべてうまくいかず、次のステップに進めないのではないかという懸念もあったという。

そのため、「そりゃ（下手な鉄砲）撃ちまくってまっせ。美山町に良かれと思うことはたいがいのことやってます」（町職員A氏　括弧内、筆者補足）、というほどさまざまな施策を行ってきた。町職員がまず撃った鉄砲の弾（第一期の取り組み）は、それまでの美山町の施策の延長線上にあった「農林業の振興」に向けられていた。

3―2　職員の心情と住民との背馳

第一期当時、町職員の中では町内の田んぼの圃場整備を行う案があった。これは人口流出、高齢化による労働人口の減少対策として田を整備することによりトラクターやコンバインなどを導入し、機械化することによって農家の負担を軽減することを目指していた。これは農業振興というより現状をなんとか維持する、これ以上荒廃を防ぐというようなところが本音だったようだ。

当時の町長は林業を営んできたため農業に関してあまり明るくなく、「町長は最初そんな方針は持ってませんでしたけどね、町長をたきつけて」（元町職員B氏）、町職員主導で行われた。

しかし、職員のこの考えは、すぐには住民に受け入れられなかった。

ある集落では「お前みたいに四角にしようと思っていても私の心は三角だ、農家の土地というのにお前ら簡単に圃場整備みたいな事を言うもんじゃない、わしはあくまで反対だ」との意見の為にある集落では全然前に進まなかったという（美山町職員C氏・男性・60歳代・平屋地区在住）。
　その背景には当時の住民と行政と間には大きな溝、行政不信があり、住民との話し合いは波乱を含んだものとなった。「農林業の振興」を目的に、住民要求を掘り起こすため意向調査、集落懇談会が行われたがそれは始まりから難航を極めた。

　十年先の、二十年先のこの集落をどおすんのやとみんなで色々考えてくれと、こういう形でずーと論議に入ったんです。ところが出てきたんは、取り組みどころか、金もってこい、町長つれてこいと。計画して今まで何やってくれたかと。こういう不信感がずっとあった。そういう60、70才の先輩を説得するにはどういう形でやったらいいかと（町職員C氏）。

また、行政に対してだけではなく、町職員自身に対しても住民の印象は良くないものだった。

　非常に公務員に対する軋轢っちゅうかね、強いとこなんですよ、一番、まぁ月給は安定してますやん（町職員D氏・男性・40代・鶴ヶ岡在住）。

住民との話し合いのなか当時15億円の一般会計しかなかった美山町の財政に対して住民からは総計63億円にのぼる要求が出た。もしこの要求に応えられないと、これまで苦労しながら続けてきた住民との話し合いが「お手上げになる」、「それこそ役場の職員が地域にいられなくなる」と町職員E氏（男性・40代・宮島在住）は途方に暮れた。
　苦労を重ねた住民との集落懇談会は1978（昭和53）年1年間で183回も開かれ、町側は新農業構造改善事業をはじめとした国、府の補助事業をフルに活用し、「10年かかって83億ほど」（町職員E氏）の補助金などを使い住民の要求に応えていくこととなる。

3—3　補助事業の展開

この過程において、補助事業導入については、町役場内部でも意見が分かれ、順調に事が進んだわけではなかった。そのため一つの補助事業を行うにしても、町行政内部と美山町住民を納得させるための事業目的と、補助事業を受けるための事業目的をそれぞれ別に考えなければならないこととなった。また、町職員C氏は実際には異なった目的をもって事業を行ってきたと語る。

> 川に全部道をつける。美山の川は日本一、みんなで管理しようと、そのために道路をつけると。これは補助事業をとる手段でもある。実際上は（水害の危険がある地域の田畑の保護を目的としたもので）、貧乏人を優遇しようとした（括弧内、筆者補足）。

この他にも、小さなものは林業構造改善事業を用いて、集落内事業である食品加工用の鍋を設置する。このような町側の働きに地元住民は「笑い話ですけど、今うち鍋ね、鍋三機据えてまっしゃっろ、林構で補助金出し鍋買《こ》うたのは全国で芦生なめこ組合だけやいうてね」（F氏・男性・70代・知井地区在住）、「その時に、あれ町が中心でやってくれたわけですよね、そやから町にもだいぶね、恩て言うか」（G氏・男性・70代・知井地区在住）と語る。

また大きなものは国の補助事業で建設した現在美山町の宿泊施設として最大の「美山町自然文化村・河鹿荘」であった。そもそも「美山町自然文化村・河鹿荘」の敷地は、民間企業がレジャーセンター建設目的で土地買収を進めていたが、資金繰りに困り、途中で中止する形になってしまった。古老の元町議H氏（男性・70代）はその経緯について「第三者にそれが転売されることがないように、地元に留めようという形で、前町長がやかましう言うて、それが始まりです、河鹿荘のね」と語る。

まさに撃てるだけの鉄砲を撃ち、利用できる限りの補助事業をさまざまな理由、利用名目で活用し、町内整備を中心になって進めてきた町職員C氏は「自分とこの税金だけですべてまかなえたら、我々現実は、一割自治よりまだひどい」と嘆きつつも、次のように語る。

制度をうまく理解したらそれが出来ると。貧乏の町でも、うまいこと作ったら国や府の金は使える、補助事業っていうのはつくんです。それで住民に喜ばれる施設が出来ると。貧乏人は知恵を出したらええんやから。

3―4 結果としての地域変革

これら町職員の働きが目に見える成果となってきた頃、「おぅ、役場も結構やるなと言うことになって」、住民との信頼関係を築くことが出来た。その結果、これまで集落で中心的な役割を担っていた昔ながらの一部の富裕層、地域ボスとでもいうポジションの人物達が多くのことを決定する構造を、「林業は林業、農業は農業の部分で分担させて、農事組合とか、林業組合とか、その時初めて」改革することが可能となった。

さらにその組織再編により「地域の意識が改革されて、戸主主義が変わって、会合に女の人も、若い子も出てくるようになった」(町職員C氏)、そして「農は農で話してるなかで婦人の方が、味噌であるとかこんにゃくであるとか作ってみようというグループが出来る」(町職員E氏)。これらの住民の要望に対し、行政側は予算をつけ事業化し、今日の新産業へと続いていく(4)。その過程において「作ったら自分らで消費する以外に売りたいってなるわな、それで、農っていう部分を産業に活かせないかと、発展的に考える、それが第二期村おこしにつながっていった」と町職員E氏は受け止めている。

しかし、これまでの過程がすべて順調に進んだわけではない。農事組合ができ、食料加工品についてはうまく軌道に乗ることが出来たが、最も力を入れた休耕田の転作、特産野菜の栽培、販売などの農業自体の営みについては失敗の連続であったことを石川巧［１９９６：１６７―１７０］は指摘する。また変革の結果によって、後にふれるように、地域間格差など意図せざる結果も当然の事ながら生じてきた。

次節では変革過程に生じ、現在もしこりを残すことになった問題を紹介する。

4　豊かな環境と豊かな暮らし

4―1　芦生ダム問題(5)

芦生は知井地区内にあり、芦生に通じる道は芦生より先、一般車両通行止めとなる、まさに最奥の地である。だが地区内には京都大学芦生演習林があり、その豊かな自然は芦生原生林と呼ばれ、現在では茅葺き民家群と並ぶ美山町の大きなシンボルの一つとなっているが、この芦生には何度となく芦生原生林や芦生の集落が水没対象地区となるようなダム建設計画が持ち上がった。

一番大きな問題となったのは1965年に持ち上がった関西電力の揚水発電所計画である。町は地域振興(6)の手段の一つとして、芦生にそのダム建設計画誘致を試みたのである(7)。しかしそれは芦生集落の猛烈な反対と、それを支援し原生林を守ろうとした市民グループ、借地権を持っている京都大学の反対などもあり、当初見込まれた電力需要も低下したため、現段階では揚水発電所の計画はストップしている。

ダム建設予定地の所有は芦生を含めた知井地区の九ヶ字のものとなっており、この九ヶ字の代表は慣例的に町長が兼務していた。しかし当時の町長はダム誘致推進派であり、町行政もダム誘致に向かった動いていた。その中でダム建設反対を明確に打ち出していたのは当該地域である芦生集落のみであり、芦生集落は美山町の中で「独自の戦い」を強いられていた。そのため、町に対する不信感は強く、芦生地区住民はその計画を「当時は美山町の町長さんもそれを使って振興しようと盛んな誘致活動を行った」（I氏・男性・50歳代・知井地区在住）と理解し、現在でも常に危機感と隣り合わせに暮らしている。

現在となっては、京都大学芦生演習林は〝芦生原生林〟としてほとんど手つかずの自然が残り、由良川の源流として茅葺きの里と並ぶ美山の大看板である。そのため、現在から振り返って当時の計画に対して否定的である、あるいはあったという人は多い。

このダム建設計画について町職員J氏（男性・40歳代・平屋地区在住）は「色々と、また政治的な判断もあって…。自然を残すということで、町づくり進めてますが、かたやそれとは違う財政的な面ですね。財政難の時代に、財政が潤うことにつながりますんでね」と苦しい立場を説明する。

一連のダム建設計画問題が終息に向かいかけていた1991年当時、町内有識者との座談会で当時の町長は次のように語っている。

美山の自然の良さはよくわかります。自然を守れとおっしゃる気持ちもよくわかります。しかし、豊かな自然と、豊かな暮らしとはなかなか両立しないということも、私たちはよく知っています。そこが問題ですね。（中略）この二つの接点をどこに見いだすかが行政の立場としていつも悩むことです［岡崎 1991：24］。

このダム問題から二つの点が考えられる。一つは、「撃てる弾は全部撃つ」、美山町が生き残るために取られた方法としてのダム建設。現状の美山町のあり方にはあまりにも矛盾しているダム建設計画ではあるが、それはあくまでもダムがなくて成功した現在から過去のある点を取り上げてみた視点である。前節で町職員が嘆いていたように日本の過疎地は「一割自治」と言われる現状にあり、職員自らが思い描くような地域運営は行われていない。常に中央の承認を得るため、中央の意向に沿うような形の地域運営となる。そのような地域運営の結果、残されたものは仕事もなく、若者もいない、崩壊寸前の、「どん底」の美山町だったのである。

このような受難を経験した町側からすれば、ダム建設による地域開発、建設に関する経済効果、国からの補助金や、関西電力からの税収などを考えると、ダム建設計画は「一割自治」から脱却するための苦渋の選択であったことは否めない点である。

そして芦生ダム問題から考えられるもう一つの点は、日本が経済的に発展するために農山村からさまざまなものを収奪し、都市の一極集中が起こった。その結果栄える都市と衰退する農山村という問題が引き起こされ、現在では中央による周辺の切り捨てのような施策が次々となされている。美山町はまさしく衰退する農山村であり、切り捨てられる周辺としてもがき続けてきたわけである。

その周辺としての美山町が、自ら生き延びようとするために美山町のさらに周辺の地である芦生を切り捨てるようなダム建設計画を受け入れるこのアイロニカルな選択と、周辺の周辺で最も過酷な条件を押しつけられた芦生。さらにダム反対運動の支援するのは中心の、美山町に哀切な選択を迫った都市に住む住民達である。

ダムを受け入れ、周辺を遺棄することによって自主財源による自らの考える地域運営を行うこと、ダムを受け入れず、国からの補助金に頼り、中央に振り回され続けながら地域を運営していくこと。自立した地方自治を目指しながら常にこの葛藤、このせめぎあいの中、町職員達は自治体運営をし、判断を下してきた。

4―2　茅葺きの里

１９８５（昭和60）年、美山町は「美山町総合計画」をつくり、その中に「観光ネットワーク構想」がある。だが、この「観光ネットワーク構想」の基本方針として「観光ルートの設定」が述べられているが、そのルートは「中風寺↓芦生↓大野ダムなど」［美山町 １９８５］の表記に留まり、この段階では、現在美山町が展開するグリーン・ツーリズムの中心的存在でもある国の重要伝統的建造物群保存地区（以下、伝建地区）、北集落の茅葺き民家群にはまったく触れられていない。

今でこそ北集落の茅葺き民家群維持に行政側の経済的な面も含めた支援が行われ、町を挙げて、「守っていく」という方針が取られているが、ではなぜこれだけの「茅葺き民家群」が残ったのか、という問いについて集落住民、また集落外の住民も異口同音に先ず経済的理由、つまり貧困から茅葺き民家が残ったことを挙げる(8)。

冒頭で述べたように、美山町には鉄道が通っておらず、近隣の駅は西隣の町にあり、国道も町の中西部を縦断している。そのことによって、元町議H氏によれば町東部に位置する知井地区は開発から「忘れ去られた地域」という認識を持たれていた。経済的な理由により地元で言う「クズヤ葺き」が残された結果について地域住民には「奥地の人間としての屈辱心」（K氏・男性・60歳代・知井地区在住）があったといい、周辺を切り捨てる町行政に対する不満の念は強かった。

このような状況のなか、町職員が「茅葺き民家群」を一つの柱として地域振興を図るために設けた集落懇談会も始まりから難航した。

はじめ私が入ったとき、これを一つ、テーマに町おこししようやないかと言うたんやけども、「貧乏して苦労して、子供育てて残った家や、家直したかったけども、よう直さんかったんや」と。切々と訴えられたら、それ以上今まで言うてたようなことがみんなの前で言えんようになって。それから18年たったんや。あそこの集落が伝建指定受けるまでね、それくらいの時間が必要やったんや（町職員C氏）。

また地域住民と町職員との葛藤とは別に、町行政内部でも意見は分かれていた。当時の町長は伝建地区選定による個人財産の制限（改築や増築など家屋に対する制限）に消極的であり、町職員C氏は喧嘩まがいの説得をしたという。この動きについて北集落住民は前町長については「頑として、茅葺きの、そんなみすぼらしいものは潰したらええんや、というのが持論でしたよ」（K氏）と受け止め、不信を募らせていた。

元々町職員は北集落の他に同集落に隣接する二つの集落をあわせた三つの集落を伝建地区に選定したい意図があったが、結果として他の二つの集落は伝建選定を拒否し北集落だけが1993（平成5）年に伝建地区となった。(9) その北集落でも指定を受けると一切の増改築が出来なくなるほど厳しい規制を受けるものと考えた住民の中には「指定直前に茅葺きおろされた家もあり」（町職員A氏）、順調とは言い難い出発であった。

さらに他集落からは「貧乏を見せ物にするのはどうかと思う」という意見や、町職員自身も北集落に、「観光目的のそういう公的資金というのは特段に入っているためその辺でどうなんやという思いはかなりある」（町職員A氏）と、地域間の問題が見え隠れしてくるようになった。

先述したように美山町は鶴ヶ岡、大野、宮島、平屋、知井の旧五カ村が合併して出来た町であり、その旧五カ村の中にも各集落が独自のコミュニティーを形成している。茅葺き民家群は対外的には〝茅葺きの里、美山〟として美山町の茅葺き民家群であるが、町内では〝北の茅葺き民家群〟という意識がまだ強く残っている面がある。

もちろん、町職員をはじめ、多くの住民が茅葺き民家群を、美山の、我々の茅葺きととらえようとしているが、結果的に茅葺き民家群を用いたグリーン・ツーリズムが成功し、注目を集めれば集めるほど人やモノや金が北集落、それを含む知井地区に一極集中していくことになり、これまで無かった地域間格差や、それに伴う地域間の感情のもつれなど新たな問題をも引き起こすことになってしまった。

だが、これまでの町おこしの展開でも問題が何もなかったわけではない。むしろ常に問題があり、それを解消しつつ地域が生きていくため足掻き続けた結果が現在の美山町の町おこしなのである。これまで述べてきたように、グリーン・ツーリズムによる町おこしが答えとして用意されていてそこに向かってまっすぐに進んできたわけではないのである。

5　日本の原風景から未来へ

これまでみてきたように、過疎高齢化にあえぐ中山間地の美山町は時代の変化、また都市との関係に翻弄されながら「どん底」から這い出るために、上手くはない鉄砲を数撃ちながら、時には失敗し、時には遺恨を残すような結果になりながらも、町おこしを続けてきた。これは何も美山町だけではなく、全国の小さな自治体が同じように経験しているものであろう。

そして現在、盛況を博す美山町の茅葺き民家群を用いたグリーン・ツーリズム。しかし、それは「第一期の時に、今の状態になるとは誰も思ってない」(町職員A氏)ものであった。

今後のグリーン・ツーリズムの展開について、「これから先どういう風になんのかちょっと定かではありませんし、しんどいかもわかりません」(町職員E氏)、「これから美山町が観光業としてこれから成り立っていくのか、っていうたら間違いないですとはよう言いませんし、しんどいかもわかりません」(町職員A氏)と語る。町職員D氏はグリーン・ツーリズムは一つの通過点であって、別にそれを目指していたわけではない、第二期の都市交流も、究極の目的として目指してたわけではない、「これは手段やな。んで究極の目標としたんは、住民主導の町づくり、これ以上のことはない」と町づくりを考えている。

美山町にとってグリーン・ツーリズムは通過点であり、手段でしかない。目的は当然町おこしなのである。町おこしは問題が発生すれば改め、社会の変化、都市との関係において農村が生き残るため不断に組み替え続けなければならないものである。町おこしをグリーン・ツーリズムの展開だけで立ち止まらせるわけにはいかない。

つまり、美山町にとってグリーン・ツーリズムは単なる「観光」ではなく、町おこしの手段であり、それはこれまで美山町が行ってきた地域のさまざまな産業の一つでしかない。そして、美山町は常に外部と積極的に関係を持つことによって、今日に至っている。そのため、美山町ではグリーン・ツーリズムを「観光」と呼ぶのではなく、「交流産業」と呼び、「感交」という造語を用いているのではないだろうか。

町職員は「もうちょっとこれを続けたかったんやけども」(町職員E氏)と言いながらも、第三期町おこし「グリーン・ツーリズムと新産業おこし」を捉え直し、第三期町おこしで生まれた問題を解決するため「もう一度美山町のあり方を考えてみる時期やないやろかって言うことで」、第四期の町おこし「振興会の設立と住民主導の町おこし」(10)に取り組み始めた。

だが、これまでの町おこしがそうであったように、問題は山積し、そしてまた予測していなかった問題が立ち上がって来る。(11) しかし、自ら振興会の事務局長も務める町職員の上田は言う。「町おこしは終わらない」［上田 2000：35］と。

注

(1) 1988年「第3回農村アメニティーコンクール優秀賞」、1991年「第1回活力ある美しい村づくり21世紀村づくり塾長賞」、1993年過疎地域活性化優良事例国土庁長官表象、「第1回美しい日本のむら景観コンテスト農林水産大臣賞」、1994年「豊かなむらづくり」農林水産大臣賞、1995年「手づくり郷土賞建設大臣賞」、2001年優秀観光地づくり賞金賞国土交通大臣賞等。

(2) 秋津元輝は全国総合開発計画において「伝統」という言葉は1982（昭和62）年の四全総あたりから登場し、四全総ではわずか数カ所であったのが、「五全総ではなんと30数カ所」に「伝統」の言葉が登場するとし、国の方針転換を指摘する［秋津 2002：32］。

(3) 農山漁村観光を促進するための法改正も着々と進められており、たとえば都市住民の受け入れ態勢を農山漁村側に整備させる目的をもって1995（平成7）年には「農山漁村滞在型余暇活動のための基盤整備促進法」が施行されている。

(4) 住民要望から出発した新産業の主だったたものに、洞しゃくなげグループ（栃もち）、北村きび工房（きびもち）、萱野こんにゃくグループ（こんにゃく）、下吉田みそ加工グループ（みそ）などがある。

(5) ダム問題の経緯については芦生の自然を守り生かす会［1996］が詳しい。

(6) 元町議H氏によると「芦生という地域は非常に奥地ですさかいね、行政的に難しいですさかいに、ある程度集落の整理ができるかという話もないではなかったんですけどね」とダム建設に伴う交付金以外の理由もあったという。

(7) 芦生地区は地区の広さは約5200haあるが林野率が99・9％にものぼり、平地はわずかしかない。人口は75人（男性43人、女性32人）、世帯数は29戸の小規模な集落である（2002年3月1日当時　美山町資料）。

この芦生地区には1921（大正10）年から京都大学演習林があり、京都大学（当時の京都帝国大学）が学術研究及び実習に使用する目的で旧知井村共有林の一部、4200haの地上権を設定し99ヶ年の借地契約を土地所有者の代表として旧知井村村長と結んだのが始まりである。

京大芦生演習林内の森は、「芦生原生林」と呼ばれているが本来的な意味での原生状態ではなく、原生状態に近い森として通称芦生原生林と呼ばれている。

ダム問題は、1965年には関西電力が若狭湾の原子力発電所の夜間余剰電力を有効利用する目的として挙原揚水発電所計画が計画され、幾度となくダム建設に関する交渉が持たれた。

芦生地区住民はダム建設計画に反対運動を続け、町外との連携も保ち、最終的にダム建設計画を阻止した。現在「自然」を一つの柱として町おこしを進める美山町では芦生のダム建設は「もうない」との考えが主流であるが、地元住人の間では「芦生の話が飛んだようですが、しかしいつ再現するかわかりません」、「また盛り返してきよるわね」と未だに不信感は拭い切れていない。

(8) 経済的理由以外の要因を林［1996：158―159］は指摘している。

(9) 三集落の伝建地区受け入れに関する賛否や、合意形成については岩松［2000］、岩松・藤掛［2001］、岩松・岩井［2001］が詳しい。

(10) 第四期町おこしの大きな柱は美山町組織の再編、振興会の発足である。振興会は旧来の自治会、村おこし推進委員会、公民館を改組し、各旧村単位の5地区にそれぞれ町の課長級一名を事務局長として含む七名の会となった。振興会には1．住民の利便性を高める、2．地域課題の掘り起こし、3．人材の発掘及び育成の三つの軸がある。

(11) 第11章で詳しく述べるように美山町は2006年1月1日、周辺の四町、園部町、八木町、日吉町と合併し南丹市となる。

参考文献

秋津元輝［2002］『農山村へのIターン定住者と地域社会の変容に関する研究』平成11年度～平成13年度科学研究費補助金基盤研究（C）（2）研究成果報告書。

芦生の自然を守り生かす会［1996］『芦生の森から』かもがわ出版。

石川巧［1996］「美山町における「環境施策」の展開」『農業研究』9。

井上和衛・中村攻・宮崎猛・山崎光博［1999］『地域経営型グリーン・ツーリズム』都市文化社。

岩松文代［2000］「地域文化の保存施策と集落の対応――京都府北桑田郡美山町の3集落を事例として――」『森林応用研究』9（1）。

岩松文代・藤掛一郎［２０００］「山村集落における伝統的景観保存への住民の反応――京都府美山町における伝建地区の指定を事例として――」『森林研究』72（京都大学）。

岩松文代・岩井吉彌［２００１］「山村集落の活性化に関する合意形成と住民リーダー――京都府美山町における景観保存を事例として――」『日本林学会誌』83。

上田利之［２０００］「村おこしはエンドレス――かやぶきの里美山町の取り組み――」『公庫月報』５９１。

上田利之［２００２］「日本一の田舎づくり（京都府美山町）」『住民と自治』４６８。

岡崎弘明［１９９１］「座談会　花と緑と清流のふる里・美山町を語る」岡崎弘明編『丹の街』22（岡崎写真企画）。

京都府総務部統計課［２００２］『京都府の地域別・市町村別所得　平成11年度』京都府総務部統計課。

坂本礼子［１９９３］「森林環境保全と内発的発展」『ソシオロジ』１１７。

中田脩［２００１ａ］「目指せ！　民官一体の感交」『観光』４１５。

中田脩［２００１ｂ］「美山町の森林整備の推進――かやぶき民家を見せる山づくり――」『山林』１４０６。

農林水産省［１９９２］『新しい食料・農業・農村政策の方向』農林水産省。

林貴彦［１９９６］「地域生活の自律的再構成――京都府美山町の村づくりを事例として――」濱岡政好編『新しい生活の想像と創造』法律文化社。

宮崎猛［１９９２］「環境資源を活かして新しい展開」21、ふるさと京都塾編『人と地域を「創る」』かもがわ出版。

宮崎猛［１９９８］「農村地域政策としてのグリーンツーリズム」21、ふるさと京都塾編『人と地域をいかすグリーン・ツーリズム』学芸出版社。

宮澤智士［２０００］「茅葺き民家　美山町北集落」『造景』25。

美山町［１９８５］『広報美山』京都府美山町。

美山町［２００２］『京都府美山町における村おこしの取り組みと課題　第7回改訂版』京都府美山町。


（湯川宗紀）

第3章　茅葺きの民俗の変化と「観光」

はじめに

V・L・スミスの編集による *Hosts and Guests*［1989］は人類学において「観光」研究の嚆矢ともいえるが、その「日本語版に寄せて」のなかで、彼女は

米国では、経済計画の専門家たちは、農村コミュニティが小都市において新たな雇用の機会を創出するには、四つの選択手段しかないという悲観的な見解を示してきた。これらの選択手段とは、刑務所の建設と運営、廃棄物処理施設の設置（産業廃棄物および核廃棄物を含む）、高齢者市民の居住団地の開発であり、そして観光産業であった。これら四つのうち、あとの二つは地域社会からみても好ましいものであり、高齢者の居住団地は、とりわけ評判がよい。（中略）これらの高齢者市民は、寒冷地で積雪の環境、あるいは冬厳しい場所に移り住むことはほとんどない。それゆえ、山岳地帯では、季節的な雇用であっても、観光開発しか可能性がないのが通例である［Smith 1989：邦訳 xiv］。

と述べている。おそらくこれらは日本にもあてはまることであると思われる。戦後、経済の成長、経済構造の変化にと

もない農山村は主産業である農業・林業など一次産業の行き詰まり、また、都市部への人口の流出などの問題をかかえている。それらを解決する手段として近年大きな期待を寄せられているのが観光産業であると言える。日本全国の各自治体で地域開発・町おこしの名の下で新たな観光開発、観光客の誘致の試みが行われていることは周知のことであろうし、「グリーン・ツーリズムは、（中略）WTO体制下の全面的な農産物輸入自由化の深刻な影響（過疎化、高齢化、農地等の荒廃など）が懸念される農山村地域、とりわけ中山間地域の地域活性化手段として注目されている」〔井上 1999：3〕とあるように、とくに農山村における観光開発は重要なものとなっている。

今回、我々が調査対象とした京都府美山町も「村おこし」「町づくり」の名のもと観光開発に力を入れてきた自治体の一つである。そして、「全国のグリーン・ツーリズムの先進事例を数多く調査する中で、農村経済活動の多面的展開に資する地域経済型グリーン・ツーリズムのモデルは、京都府美山町全体の取組みにあると確信できた」〔宮崎 1999：135―136〕と言われるように、それらの取り組みの注目される事例の一つであるといえる。その観光開発の中心ともいえるのが文化庁の伝統的建造物群保存地区（以下、伝建地区とする）にも指定されている同町北集落の茅葺き民家であり、現在、北集落には観光シーズンともなれば一日に何千という単位で訪れる観光客を見ることができる。

まずは次節において、社会学および、その近隣諸科学における観光についての定義とその観光研究の中でなされた議論をふまえ、何を研究課題とすべきかを考えたい。

1　観光とは何か

観光とは何かという問に対して岡本伸行は『観光学入門』の中で「観光の普遍的な定義を示すことは難しい」〔岡本 2001：2〕としながら「楽しみのための旅行」としており、また日本国の公的な観光の定義として「余暇活動の中で、日常生活圏を離れて行うさまざまな活動であって、触れあい、学び、遊ぶということを目的とするもの」［観光政策審議会答申 1995］を紹介している。また、前述のスミスは、「観光客とは非日常を体験することを目的として、自宅からはるか離れた土地を訪れる、一時的な有閑者のことをさしていうものである」［Smith 1989］と定義している。いずれも日常を離れるためつまり、非日常を楽しむための空間的移動という要素を含んでいると考えてよいだろう。また、フーコーの「まなざし」という概念を用い観光を分析したアーリは、「観光のまなざしは、何が非日常で、したがって何が観るに値するかという文化的に特異な観念で構造化されている」［Urry 1990：邦訳 117］と述べ、そのまなざしは映画やテレビや雑誌などによって作り上げられ、また、旅行後は写真や絵はがきなどを通して対象化され把握されて、はてしなく再生産されていくものである［Urry 1990：邦訳 5―6］としている。つまり、観光客を迎える地域社会の人びとは非日常的な楽しみを味わうために訪れた人びとから、それを味わうためのまなざしを投げかけられていると考えられる。

また「観光地域というものが、全て大都市の生産中心によって創り出されたというわけではない。時には地元民がイニシアティブをとるし、観光地の確立に積極的に参加することもしばしばである。しかしながら、その時でさえも彼らは、ある大都市中心が利用できたり、必要とすることに関する、重要な地点となるのである」［Nash 1989：邦訳 58―59］とあるように、観光地とは生産の中心である大都市との経済的な格差を前提に大都市の主導によって開発されることの多いものであり、また、それが海外に向けられると「帝国主義の一形態」［Nash 1989：邦訳 55］と化すものである。観光のこのような側面はたとえ国内観光であっても前述のように生産の中心である大都市と地方の力関係を考慮するとき多少なりとも存在しているであろう。そして、そのような観光によりホスト側の社会の文化は少なからず影響を受ける。観光がホスト社会に及ぼす影響としてグリーンウッドは「文化は観光パックの一部になることによって、明らかに報酬を受けとる公演となり、もはや誰も以前のように信じてはくれなくなる。このように、文化の商品化は実際に人びとから本当の意味を奪」い［Greenwood 1989：邦訳 248］、そして、観光による文化の商品化は「結局は歴史や少数民族のアイデンティティ、世界中の民族の文化といったものをのみ込んでい」き〔Greenwood 1989：邦訳 248〕、「観光活動は、すでに工業化、都市化、インフレなどの打撃に巻き込まれている人びとに空前の文化変容を押し付け」る〔Greenwood 1989：邦訳 248―249〕としている。大衆消費社会におけるレジャーとしての観光＝マス・ツーリズムによってこのように「観光地の社会システムに複雑な負の社会的・文化的諸効果が出現」〔安村 2001a：54〕する。

それに対して、「異文化の存続やそれとの相互交流をめざすカルチャラル・ツーリズムやエスニック・ツーリズム、そして自然環境を保全しながら観光を楽しむエコツーリズムやグリーン・ツーリズム」〔安村 2001a：105〕といった「新たなる観光のあり方」（alternative tourism）への関心が高まりつつある。

ところで、観光はホスト側の社会に負の影響しか与えないのであろうか。太田好信は「現代とは（中略）自己のアイデンティティがもはや無条件に与えられるものではなく、主体的に形成されなければならないものであり、同様に文化も不断に創り出さねばならないものではなかろうか」〔太田 1993：400〕とした上で、「観光を力関係の行使として再定義すれば、研究課題として現れてくるのは文化変容ではなく、むしろ観光の対象となる社会に生活する人びとが、観光という回避しがたい社会的な文脈の中で、いかにして自己のアイデンティティを構築するかという問題である」〔太田 1993：390〕と問題提起をし、アイヌの民芸品、遠野の民話、沖縄の伝統的漁業を事例としながら、「観光は必ずしも、アイデンティティ形成にネガティブな影響を与えるとは限らない」〔太田 1993：399〕と結論づけ、「観光が内包している力関係の間隙を利用し、『ホスト』側の人びとが、肯定的な自己アイデンティティを形成しながら、その関係を中和しようと努力している」〔太田 1993：399〕と分析している。また、森田真也も町並み保存運動とその後それが観光資源となった沖縄県竹富島において、観光が自己表象の手段となっている事例を紹介している。

以上のような議論をふまえたとき、次のことを明らかにする必要があると考えられる。すなわち、観光地、観光対象が、いかにして「観光のまなざし」にさらされるものとなったか。つまり、いかにして非日常的存在となっていったかということ。次に、ホスト社会とゲストとの力関係の中で、ホスト社会の人びとがどのようなアイデンティティを構築していうか。そして、そのアイデンティティを考えるためにアイデンティティを構築させる意味の体系としての文化の中で、観光や「観光のまなざし」の対象がどのように位置づけられているかである。

これらを明らかにするために、本章では、以下の三つのプロセスによって茅葺き民家観光の分析を行いたい。まず、美山町において、茅葺き民家を維持してきた地域社会のシステムを明らかにする。つぎにその変動と文化の変容の中で茅葺き民家に対する観光的価値がいかに形成されたかを伝建地区に指定された北集落を中心としながら検証する。そして、「村おこし」を通じて地域社会に住む人びとが「観光」[1]と観光対象である茅葺き民家をどのように意味づけているかと、それらに対しどのようなアイデンティティを構築しているかの分析を行う。これらを2000年9月から2002年2月にかけて美山町で行った聞き取り調査で得られたデータを中心に行う。

2　美山町における茅葺きの民俗の変容

美山町におけるグリーン・ツーリズムのキャッチフレーズは「茅葺きの里美山で自然と向き合うゆとりある休暇を」[美山町　2000]であり、また、美山町観光協会の作成した町の観光のパンフレットは「美しい日本の原風景を残すかやぶき民家と清流の里」というコピーとともに北集落の茅葺き民家群の写真が大きく使われている。そして、北集落の紹介には「かやぶきの里・北」として、

三方を囲む山、清らかな流れの由良川がうまく調和し、農村の原風景ともいうべき風情が見られる。これらは北山型の入母屋造りの民家である。

とある。このように美山町の観光の中心としての茅葺き民家は位置づけられており、とくに北集落はその中心的存在であると言える。

民家は[2]「職人の技術は借りるものの、家を造る主体は村人にある」ものであり、そのための「生活技術」と「それを支えた社会的仕組み」を必要とするものである〔安藤 1983：12―13〕。茅葺き民家は、定期的に茅の葺き替えが必要であるため、それを維持するためにも社会的システムを必要とするものである。この茅葺き屋根が減り続けていることに対し、現在より80年以上前に柳田国男は次のように述べている。

曾ては農民の不細工な茅葺きも、一旦は立派な藝術にまで進んで居た。併し残念ながらもう永くは續くまい。寺や社の一生懸命の普請にすら、萱を集める為にどれ程の苦労をするか。只の民家で言ふならば、二十年一度の屋根替の用に、空しく十九年の茅野を立てゝ置くことは不可能だ。是に於いてか「ゆひ」の組織が有つて、二十戸の家が順々に一戸づゝ葺替へた。其共同の野も畠に拓き木を栽ゑ、瓦に為つた家から追々に「ゆひ」を脱する。一人の物好きが静かな雨音を聴かうとすると、殆ど有る限の無理をして、草と職工とを遠方から喚ばねばならぬ。やがて冬の稼の山國の屋根屋も、廻つて來ぬことにならうと思ふ〔柳田 1920：165〕。

すなわち柳田は「伝統的な」村落においても茅葺き屋根を維持していくには個人の力だけでは不可能なものであり、近隣の互助システムであるユイが必要であることを指摘した。そして、茅葺き屋根が消えていく原因として、茅場が換金作物をつくる畑や植林に変わること、すなわち、貨幣経済の浸透とそれに伴う土地利用の変化により茅という材料供給ができなくなること。そして、貨幣によって購入する瓦に葺き替える家が出現し、互助システムが行き詰まること。最後に、技術を持った職人が消え去ること。以上の三つを挙げていると言えるだろう。逆に言うならば、茅葺き屋根は、茅場の維持を可能とする土地利用のあり方、近隣の互助関係、そして、茅葺き技術の維持を必要としていると言える。

この柳田の茅葺き屋根は「永くは續くまい」という予言が、その後全国規模で成就していき、茅葺き民家の多くは人びとの視界から消え去った。その中で、美山町は全国でも有数の残存率を誇っている。では、柳田が描いたような変化がみられなかったのであろうか。柳田の示した「茅場」、「ユイ（労働交換）」、「技術の伝承」の視点から、美山町の茅葺き屋根を維持してきた「伝統的」社会について、北集落を中心として美山町における理念型を抽出し、そして、それらが現在も変わっていないのか。変化があるのならば、それらがどのように変容してきたかを検証する。

2―1　茅　場

美山町においては茅葺きの材料は田圃の畦、原野などに生えるススキ、そして、山頂付近に生えているメガヤと呼ばれているカリヤスが使われている。カリヤスは長野を中心とした植物に関わる民俗を取り上げた『植物民俗』〔長澤2001〕にも「ススキが太く剛直なので雨が浸みやすいのに対し、カリヤスは細くしなやかで隙間がなく葺けるので雨水が浸みにくく、これで葺いた屋根は百年もつと言われ、（中略）カリヤスの育つ斜面は競って『屋茅場』として育てられた」〔長澤2001：80〕とされているが、それと同様に美山町でもメガヤの方がよいと認識され、田圃の畦、山裾以外に山頂付近にも茅場が設けられていた。

2―2　ミョウ山・ムラ山の茅場

茅場の確保は各家々で行わなければならないのが基本である。しかし、それでまかなえない場合には共有地からの確保が行われていた。知井地区は

共有林所有組織の数が多いことが一つの特徴となっている。九ヶ字（南・北・中・河内谷・江和・田歌・芦生・白石・佐々里）共有林、四ヶ字（南・北・中・河内谷）共有林、三ヶ字（南・中・河内谷）共有林、二ヶ字（中・河内谷）共有林、知井財産区、各集落の共有林、北村八幡社の宮山、山の口講の山、苗講の山、連中（れんじゅう）など有志で共同所有する山などが現存する〔鎌田・小松・小林1985〕。

とされるように多くの共有地が存在する。

ミョウとは知井地区に存在する苗字を同じくする同族集団であり、『知井村史』〔1998〕にも触れられているように中世より10のミョウが存在した。そして、「京都府知井村では一族である同苗の者が祖靈社を持つてゐる。同族のことはメウ（苗）と呼び同族の神を共同で祀ると共にメウヤマと云つて同族の共有林を持つて居りメウコウ（苗講）として一年に一度づ、同族のものが集つて祭りをした」〔杉浦 1937：380〕と『山村生活の研究』にも記録されているように、同族神を祀る祭祀集団であり、共同の財産を管理する集団であった。北集落ではミョウ山の他に戦後の農地改革以前にはミョウ田も村内にあったという。

この北集落を例にとれば現在は中野ミョウと勝山ミョウの二つのミョウが存在する。そして、それぞれ、村内にある稲荷神社と鎌倉神社を祀り、また、ミョウ山を所有している。それぞれのミョウは、現在は10月15日に、以前は春と秋の二回、ミョウ山にヒヤク（共同労働）に行き、その後、それぞれの神社にお参りして、神事を行い、当番の家が料理をつくりふるまいをするというミョウ講を行っている。このミョウ講において籤引き抽選を行い、ミョウ山での各々の家は10年間利用できる土地の権利を得る。この土地から先ほど述べたメガヤを刈る。近くに茅場を持っている家は持っていない家に譲るなどして融通しあったという。同様のことはムラ山においても行われていた。

2―3　里山の利用

里山から得るのはメガヤだけではない。メガヤはむしろ副次的なものであった。広葉樹の幼木をシバクサといい牛小屋の敷き草として利用し、その後、それは堆肥となり、田畑に入れられた。メガヤはこのシバクサを得るために木々を切った土地に生えるものであった。メガヤは毎年、シバクサはそれが利用できるまで成長する3年間の周期で刈り取られた。

また、囲炉裏を利用していた時代、薪、それより太い木の枝であるベイタなど燃料とする木材もムラの生活に必須のものであり、不足した場合ムラの山などから酒などを出して買うものであった。シバクサ、薪はムラの生活の「絶対条件であったので、どの家も多少の山は持っていた」という。足りない分をムラ山、ミョウ山から得ることになった。茅葺き屋根との関係で述べるなら、囲炉裏を使うことによって茅が内側から燻され、乾燥することによって、屋根が長持ちするという効果があった。昔は日当たりのよい南側は40年、北側でも二十数年保つものであったが、囲炉裏を使わなくなった現在は南側でも二十数年、北側では20年は保たないということである。

「男は山仕事。田畑は女の仕事」というのは美山町の調査でよく聞き取られた言葉である。林業、製炭業に男性が従事し、農業は女性の役目であった。茅の確保も女性の役目であり、山の茅場からのメガヤ、あるいはシバクサの運搬も女性の役目であったという。前掲の『山村生活の研究』では「京都府知井村では堆肥用の柴刈りや、それを田へ運搬する事などもテンゴリ（労働交換）で行はれ」るとされているが、これは女性間の協力で行われていた。秋から冬にかけて、茅を刈り、大根を干し、味噌、醤油をつくり、薪を用意した後、正月準備をするのが女性の仕事であった。

2―4　茅葺きとユイ（労働交換）

このようにして刈り取られた茅は収穫の終わった田圃に紡錘形にして立てられる。春先三月に、三日程晴天が続くと思われるときに並べて乾燥し、その後、屋根裏に貯蔵され屋根葺きのときを待つ。

美山町における茅葺きは、「職人への依存度が高く、職人一人につき手伝いが一人つくのが通例となっている。ここでは足場づくりから、古茅おろし、下地修理、屋根葺き、仕上げ、後かたづけの全工程にわたって職人が主体となる」［安藤　１９８３：72］とされるように、職人に依存する割合が他の地方の茅葺き民家と比べ高いと言えるであろう。全国的には茅葺き職人を全く介さずに、村人のみで先の全行程を行う集落も少なくない。

しかし、その美山町においても、茅の葺き替えは一つの家だけで行えるものではなかった。同族集団であるミョウの下にはオモヤ・インキョ（本家・分家）関係であるカブという集団がある。カブは現在でも、オモヤが葬儀のときにはハタモチといって、葬儀委員長の役目を果たす。また、北集落において、墓地はカブ毎の区画となっており、破風の模様にも使われている家紋も共通のものとなっている。また、姻族であるイッケは、知井地区ではその言葉はあまり聞かれず、シンルイの中に含められることが多いが、旧村単位では隣村に当たる同町鶴ヶ岡地区の調査報告書には『イッケ』の関係は義兄弟とされ、それは真の兄弟よりも遙かに強いものとされる」［坂本 1954：23］と述べられている。それら、シンルイの者が酒、冬場になっておいた縄、そして、茅が不足している場合は茅も持ち寄る。そして、彼らは屋根を葺くときには茅葺き職人の補助としてテッタイに行くことになる。その内容は茅を適当な長さに切りそろえる、屋根の上にいる職人の手元まで茅を運ぶ、またオサエと呼ばれるハリを使い縄で茅をレンに縛り付けるときに、ハリを使う職人に屋根裏から指示を出す、などであった。これらは帳面につけられ、記録された家が今度葺き替える場合はテッタイに行かなければならなかった。葺き替えの間は職人も泊まり込み、テッタイを含め、三食を葺き替える家の主婦がつくることとなっており、酒のふるまいも毎回行われていた。このようにして屋根は葺き替えられ、その時にでる古茅は肥料として田畑に入れられることになる。

2—5　茅頼母子

また、茅の確保については、同族、親族よりも地域のつながりによるムラもあった。茅頼母子、茅無尽といわれるものを行っていたムラである。茅場を集落で管理し、ヒヤク（共同労働）によって維持されていた。知井地区では山焼きをすることはなかったということであるが、春にヒヤクによって山焼きをし、秋に収穫を行った。

このような場合、葺き替えをスムーズに行うために毎年講に所属する家の中で入札を行っていた(3)。

いずれにせよ、血縁または地縁的なつながりがなければ茅を確保し、茅葺き屋根を維持していくことは困難なことであった。

2―6 茅葺き職人

前述のように美山町の茅葺きは職人に対する依存度の高いものであった。町内における職人の数は1950年代で町内に17、8人ということである。終戦直後の1947年より茅葺き職人になり、現在も続けている人物は、母方の伯父の職人に弟子入りをしたが、その時母親からは「屋根屋をしとけば食いはぐれはない」(4)といわれたそうである。彼は弟子入り後、五年間修行をし、一年間のお礼奉公後も、1975年伯父が引退するまで、その伯父と従兄弟に当たる伯父の息子と組んで仕事をしていた。農業は女性の仕事であったので、田植え、稲刈りなどの農繁期には農業を手伝っていた。つまり、雪のない3月から12月で、農繁期以外に茅葺きを行っていたことになる。当然のことながら、農繁期は葺き替える家も忙しいので、仕事の依頼自体がなかった。仕事の忙しい月には20件位の依頼があったという。

関東においては、冬場、会津や越後の職人が出稼ぎとして関東地方の茅葺きを行っていたことが知られている［大島1984］。しかし、美山町の職人は雪の降っているときに屋根を葺き替える習慣のあった和知町に行くぐらいで、全国から茅葺き屋根の葺き替えを請け負っている同町鶴ヶ岡地区の建築会社と組んで仕事をするようになった1990年代以前は、ほとんどが美山町内での仕事であった。

また、関西において茅葺き職人の集団としては和歌山の紀州屋屋根や広島の芸州屋屋根などが知られているが［安藤1983］、インタビューを行った職人は「弓削の田貫の流儀」ということで丹波地方独自の葺き方になるという。別の流派の人とは「いろいろやり方が違う」ので組むことはないという。

茅葺き職人だけの組織というものはなかったが、各地区毎の大工、左官、畳職人など職人の「企業組合」があり、正月に総会を持ち、3年ごとに京都の広隆寺に寺参りをしているという。また、前にふれた鶴ヶ岡の建築会社の前身も宮大工や左官などで構成されていた太子講であったという［林2002：61］。

2―7　茅葺き民俗の変化

それでは、現在このような「伝統」は維持されているのだろうか、それとも、変動、変容が起こったのであろうか。茅場については、山裾は1960年前後の木材ブームと呼ばれたときに山裾まで植林され消え、また、圃場整備により田圃のあぜなどの茅場も失われた。山頂の茅場は、ムラの生活における里山利用衰退により無くなった。また、やはり1960年頃からのプロパンガスの普及により、家における煮炊きに薪を使うことがなくなり、囲炉裏も消えていった。農業の機械化により牛を飼う家もなくなっていき、寝藁のためのシバクサも必要としなくなった。これらの要因により「伝統的な」里山の利用は衰退し、ムラの人は「昔ほど山に行かなくなった」。そして、囲炉裏の衰退は茅葺き屋根を内側からいぶし、乾燥させるという機能を失わせ、屋根の葺き替えのサイクルを短くするという事態も引き起こした。また、以前は男性が山仕事、女性は田圃の仕事という役割分担が見られ、茅刈りも女性の仕事であったのだが、パートなどの賃金労働を優先させるようになり、茅刈りをやらなくなったという側面もあるという。

互助関係の変化には過疎による人口の減少と高齢化という大きな要因もある。しかし、それ以外にも、1960年代半ばから茅葺き屋根をトタンで覆うトタン屋根が見られるようになった。トタン屋根にした家は葺き替えの作業をする必要はなくなり、テッタイは労働交換としての意味はなくなる。美山町内のある地区は1970年代半ばに一斉にトタン屋根に変わった。また、雇用形態の変化により、平日のテッタイが不可能になる家も増えた。また、親戚づきあいの範囲が小さくなったというのも見逃せない。

　昔は親戚というとお祖母さんのサトの家の子供などというところまで、数えて葬式なんかのときは、四代前ぐらいまでの範囲が来てたので、何でか知らんが顔を出すという感じだったが、今、身内といえるのは家族、兄弟、嫁のサトぐらいになった。本当の身内は使えても、他人さんは金銭のからむ関係になった。（美山町内の男性、71歳）(5)

というように親戚づきあいの範囲が縮小し、テッタイに来る範囲も小さくなった。事実、このインフォーマントの家では1970年代に葺き替えたときは毎日五人位がテッタイに来たが、1980年半ばには三人位、そして、最近の葺き替えではテッタイの数は0と減少していった。

職人の数も茅葺き屋根の減少とともに減っていった。昭和50年代には町内の職人は三人になり、また、高齢化も進んでいった。今回聞き取り調査を行った1928年生まれの職人には10年ほど前に当時20代の若者が弟子入りするまで弟子をとったことはなかったという。

このような状況の下、1991年町内の建築会社が茅葺き屋根の葺き替えに関わるようになった。建築会社が茅を確保し、職人とともに職人の手伝いも用意するという形態が現れた。もともと職人は茅を持っている家を紹介するということは行っていたが、茅の確保には関わらず、前述のような事情で茅を各家でそろえることが難しくなっていた。それを建築会社が茅を集める役割を負うことによって職人の技術が生かせるのではないかということで茅葺き屋根の事業にのりだし、また、就職情報誌に茅葺き職人の募集広告を載せ若い職人の育成に努めることになった。ここでの困難はやはり茅の確保であり、この会社では町内を中心として金を払うことによって茅場を確保し、パートの労働者を雇い茅刈りをし、倉庫に保管している。建築会社が茅葺き屋根の葺き替えをはじめたことによって、現金さえ払えば葺き替えを続けることが可能になった。ただし、茅の値段は80年代のはじめにIターンの人が茅葺き職人から紹介してもらった家から買い取り葺き替えをしたときの値段が良質の茅で一〆3000円であった［森 1986：192］ものが1万円以上となっている(6)。それでも、手間賃、運送料、倉庫の保管料等を考えるとその値段ではアシが出る値段であるという。北集落が伝建地区指定を受けたとき、美山町が条例を制定し、町全体にも茅葺き屋根に補助金を出すことになった。しかし、茅葺き屋根はその補助金を考慮に入れてもかつて職人の手間賃だけでほとんど金のかからなかったものであったが、現在は定期的にかなりの出費を必要とする贅沢な存在となった。事実、条例制定以降も町内の茅葺き屋根の数は減少を続けている。

つまり、茅葺き屋根を維持していくための「伝統的な」社会と文化がうしなわれ、かつてはタダ同然に葺き替えられた、当たり前のものであった茅葺き屋根がお金をかけなければならないものに、そして、葺き替え毎に茅葺きを続けるか、トタン屋根にするか、瓦屋根に改築するか、あるいは、別の家に建て替えるかという選択肢の一つから選ぶものとなった。

茅葺き屋根が残存した理由について美山民俗資料館の資料は、京都、大阪という大都市との距離、つまり、遠すぎれば離村が多くなり、近すぎれば都市化するということ、経済的上層の家は建て替えてしまったが、中層が多く茅葺き屋根を維持できる程度の経済力をもっていたことともに、住居への愛着を挙げている。たとえば、現在30歳になる男性が小学生のときに「茅葺き屋根を守りたい」と作文に書いたことを記憶していたように、おそらくそういった側面もあるであろう。しかし、美山町全体では、１９７０年代後半に一斉にトタン屋根にした集落の人は「トタン屋根を格好いいと思っていた」と当時の意識を語り、最終的に茅葺き民家による町おこしを進めた当時の町長も最初は否定的であり、役場においても

伝建指定の前は茅葺きですから消防の溜め池を作ってくれと申請に行ったら、「いいかげんに茅葺きを落として火の用心にいい瓦葺にしてくれ」と役場に行ったら言わはるくらいだった（北集落の男性）(7)

ということもあったという。北集落においても伝建指定の話を最初に持ちかけたときのことを「地元の人に『子供がやっと育って何年も直したかったんやけどもうちは貧乏で葺き替えれなんだ』と言われた」（美山町内の男性、63歳）(8)と町役場の職員が述べている。また、北集落の男性でも「いろいろ残った理由を言うてますけど、ワシらは貧乏やから残った言うてる」(9)と冗談めかしてだが言う人があり、そして、以前の生活を「貧弱な、開発途上国程度の生活でしたから、大変な環境で生活していた」としている。別の人は「貧乏な乞食が住まいをしてるように思っていた」（北集落の66歳、男性）(10)と振り返っている。そして、「村おこし」以前のムラの様子を「もう何も先に希望がないな、と。子供をここに置いとく訳にはいかないな、というような話ばっかりしていた」（北集落の女性）(11)と語る状態であった。

3 観られる価値の発生

前節で見た要因により、美山町内における茅葺き民家の数は減少していったが、それに反比例する形で、茅葺き民家は価値のあるものとなっていった。

1960年代後半から京都府教育委員会が府下の民家調査を行っている。その目的には、

近年の急激な生活文化の変動は、古い民家の存続を加速度的に困難なものにしており、このままでは完全な消滅も間近いといわなければならない状態にある。そうした意味で、民家の学術的な調査を行い、主要なものについてはその保存措置を講ずることが目下の急務でなければならない［京都府教育委員会 1975：1］。

とあり、美山町の多くの民家も調査の対象となった。その美山町を対象とした報告書には、

（美山町の）民家形式が他に例を見ない、この地方にしかない独特のものであったことで、この形式を本報告書では仮に北山型とした。この北山型民家はその平面・構造とともに日本全体の民家の中でも注目されるものと信じている［京都府教育委員会 1968：10］。

とあり、美山町の観光パンフレットにもある「北山型民家」はこの調査によって「発見」されたものであった。そして、1972年に石田家、1975年に小林家がそれぞれ国の重要文化財に指定されている。

このような美山町内の茅葺き民家の学術的価値が認められ、また、全国的に茅葺き屋根が減少するにつれ、観られる価値が発生していった。1985年の『民俗建築』という雑誌には次のような文章が見られる。

急速に失われ今となっては貴重となったものに、茅葺屋根の民家集落があります。一軒や二軒の茅屋根の家ならまだ少しは探しだすことも出来るのですが、数十軒とまとまった茅屋根の民家群の美しさを見ようというのは、もう不可能に近くなったのではないでしょうか［網谷 1985：51］。

そして、美山町内の4つの地区の茅葺き民家をとりあげ、写真を紹介している。とくに北集落に対しては「（とりあげた）美山町四集落のうちの代表」であり、手前の田からの風景を「圧巻」とし、集落の中に入っていくと「さまざまな角度から、多彩なアングルを楽しむ事が出来」る［網谷 1985：52］としている。また、我々の聞き取り調査でもインフォーマントは「散策する人とかカメラをもった人とか絵を描く人とかがちらほら来られて、今日も誰か来てはったでという感じやったんです」［12］というように1980年代を振り返っている。また、写真を撮る人、絵を描く人が訪れる以外にも、1970年代後半から芸術家などの何人かの人が美山町へIターンをし、空き家となっていた茅葺き民家に住まうようになっていった。このように1980年代には、1960～1970年代を通じて認められていった民家に対する学術的価値、文化財的価値が一部の一般の人びとにも受容され、茅葺き民家群が風景としての価値をもつようになっていったのだと考えることができる。

そして、それは1993年に北集落が伝建地区に指定された前後から、マスコミに大々的に取り上げられることになり、より広く受容され多くの観光客が訪れることになった。美山町においてよりも先に全国の多くの地方で茅葺き屋根が消えていき、町内に残る茅葺き屋根は、町外の人にとって非日常性を帯びるものとなり、観るべき価値が生じたのだと言える。

4 「村おこし」への取り組みと伝統的建造物群保存地区指定

前節でみたように美山町内の茅葺き民家に「観られる価値」が発生していった時期は、町内の主要な産業である農林業が全国的にも、町内においても行き詰まっていった時期でもあった。

１９８８年、国土庁・(財)農村開発企画委員会主催による「第３回農村アメニティコンクール」で優秀賞を受賞した町は翌１９８９年役場内に「村おこし課」を設置し、「村おこし元年」と位置づける。[13] 同時に宿泊施設をともなった「自然文化村」を開設、「都市住民との交流」を中心とする村おこしが始まった。そして、旧村単位に「村おこし推進委員会」が設置された。町は「自然文化村を中心に行政主導型でグリーン・ツーリズムを展開」し、「地域住民は集落単位に産直、朝市、無人販売、農産物加工・直売などの高付加価値型農業へと取り組」むことになった〔宮崎 １９９９：１４９〕。そして、１９９３年に北集落が伝建指定を受ける。同年に「グリーンツーリズム構想」を策定するとともに、「美しい町づくり条例」を制定する。翌１９９４年かやぶきの里保存基金を創設。「茅葺きの里美山で自然と向き合うゆとりある休暇を」「自然を生かした新産業おこし」をキャッチフレーズに村おこしを続けている。宿泊施設の充実とともに地酒やミネラルウォーター等地域特産物の開発を行い、また、茅葺き屋根以外にも、カジカガエルやホタルの保護を条例にするなど景観の保護に努めている。その中で北集落の伝建指定は、町の産業振興課の職員に聞き取りを行ったとき「伝建指定をうけて、よその伝建指定をみて、うちも（観光で）いけると思った」（１９６５年生まれの男性）[14]というように重要であると認識された。事実、自然文化村が企画するツアーも芦生の京大演習林とともに北集落が中心となっており、また、前述のように観光パンフレットにも北集落の景観が大きく取り上げられている。

つぎに北集落内における伝建指定前後の取り組みについてみてみよう。北集落の伝建指定に向けての動きは町の教育委員会を中心として行われたが、現在も茅葺き屋根保存運動に取り組んでいる北集落在住の職員もその中に含まれている。1985年より保存対策調査事業の中で学習会が開かれ、翌1986年には「手伝いの確保」［美山町教育委員会1990：134］を目的として「北集落茅葺屋根保存組合」がつくられる。そして、伝建指定にむけた北集落を含む町内3地区に対する調査が1988年より行われた。この中で北集落のみが指定に合意し、前述のように1993年伝建指定を受けることとなった。また、1988年の村おこし元年より、知井地区では「伝統食品掘り起こし」に取り組み、その中で北集落は婦人会が中心となってキビ餅づくりを行った。後に、有志が「きたむらきび工房」をつくり、公民館でキビ餅の販売をはじめた。そして、1991年に京都府のシンボルづくり事業を受け入れ、その補助金により、伝建地区に選定された1993年に民俗資料館を建設。翌1994年、「集落保存センター」として、「お食事処きたむら」を建設。1995年には農水省の補助事業として「体験民宿またべ」がつくられ、歩道、駐車場の整備が行われた。これらの事業を統合し、後継者を確保する目的で2000年に、北集落全戸が出資者（社員）となり、有限会社きたむらが設立された。このように北集落は住民が国・府の補助を利用しながら、町のグリーンツーリズム構想を通した「村おこし」に主体的に取り組んでいった。それにより、町の観光客は1985年には約12万人であったものが、1993年には約30万人、2000年には約47万人に増加し、北集落だけでも、1993年の時点では約3万5000人であった観光客が1999年には5万人以上に増えている。(15)

伝建指定の前に何度か調査が行われ、学習会が開かれた。この中で指定に向けての合意がなされたのであるが、その中で、

工芸繊維大学の先生が来られて「こんなに茅葺きが残っているとこは西日本一ですよ」って言われて「ほんまかしらん」て思うくらいだった。地元の私たちは全然そういう意識はなかったけども。(16)

という状態から、

伝建の調査で関西はおろか関東からも学者が来て、講演会等で「この地区の茅葺きはまたとないところだ」というようなことを言うので、だんだんみんなが乗り気になったのではないか。[17]

となり、合意に至る。一部の者が持っていた茅葺きに対する愛着と保存の意識が、外部からの評価を通すことによって、地区住民全体へ拡がっていったのだとみることができるだろう。

そして、現在の北集落の懸念材料となっているのは茅の確保である。地区内に住む若い職人が、建築会社が募集した者とともに独立し、屋根を維持する技術者は確保されている。彼らと家の人で屋根を葺くことはできる。茅葺き屋根の維持には大きな費用がかかるが、それは補助金によってまかなわれている。そして、茅葺屋根保存組合が以前田圃であったが、荒廃地となっていた川沿いの土地に茅畑を確保し、パートを雇って刈り入れを行っている。当初昔のユイのようなものとしてつくられた茅葺屋根組合は茅場の管理、収穫をパートを雇うかたちで行い、茅を貯蔵、売却するという形になっている。しかし、組合の茅場は思ったように育っていないという。また、「茅かきツアー」としてスキー場などまで刈りに行くことをしたが思うようには集まっていない。茅の確保にかかる手間が賃金に換算されることは補助金が出ることによって何とかなるが、それ以上に「茅葺きを守るため」という意欲によって探したり、茅場を維持したりしなければ集まらないものとなっている。北集落の職人は親方に習った美山町内に伝わる葺き方だけでなく、他の地方で芦による屋根葺きの技術を身につけ、現在では、「そうせな材料が足りませんねん」（北集落在住の男性、32歳）[18]ということで芦を混ぜて茅葺きを行っている。しかし、「茅の歴史ですから」とも言い、耐久性に優れる芦だけで葺くことは行っていない。

5　「観光」に関する意味づけ

北集落の「村おこし」の取り組みの中で観光産業となっている、キビ餅や、お食事処きたむらでのメニューの蕎麦もこの地区で昔からずっとつくられてきていたわけではない。「昔はキビや蕎麦を栽培していたこともある」という程度のものである。たとえば現在出されている手打ち蕎麦は、店長がオープン後2年経ってから京都市内で技術を学んできたものである。民宿のメニューを含め、「なるべく田舎料理」、地元で食べられていたものを出すという形となっている。大学時代を大阪で過ごした店長は、ムラの人の中には「こんなん出してもよろこばれないんじゃないの」という反応もあったが、「いったん都会にでたからこそ『町のどこにでもあるものを出しても仕方がない』と思う」（北集落在住の男性、30歳）[19]という考えでメニューを試行錯誤している。そして、開店当初、従業員が「ムラのおばちゃん」ばっかりできっちりした礼もせず、方言を使うなど接客も苦労した。しかし、「逆にそれがよかったりするのかも」とも振り返る。また、美山町自然文化村との共催で冬季のライトアップを行い、「講座　かやぶきの里の民俗」を開いたりしている。このように「村おこし」の取り組みにより観光客のまなざしを通して、「田舎らしさ」「民俗」を再構成し、新たに創り出しているといえるだろう。

そして、観光客に対して、「持って帰ってほしいものは、『素朴さ』『田舎らしさ』。よそから来はった人もこの集落を理解して、『茅葺きは残していかなあかんな』という意識を持っていただけたら[20]」と語る。また、別の男性は「有限会社きたむら」については「儲けを眼中においていない茅葺きを守りますというきわめて異質な有限会社」（北集落在住の男性、66歳）[21]であるとしている。

観光客が増加している傾向にたいして、彼は、マイカーがもうひしめく状態。これはどうかなぁという気がしてねぇ。やっぱり、質の高いお客さんがね来てくれんと。物見遊山の場合はね、なんかを持って帰っていただくっていうお客さんていうのがやっぱりほしいし、やっぱり、リピーターがねぇ、必要。

と語り、「田舎らしさを持って帰ってほしい」と述べた男性も「客が来るのはありがたいが、やり方を間違えると良さをわかってもらえない」として、観光客の増加によりかえって、昔から来ている人が離れていったのではないかと心配している。伝建指定後も同様の地区を研修で訪問している彼らはマス・ツーリズムの弊害に対して敏感である。「観光客とは呼びたくないので、こだわっとりますけど、来訪者とお呼びさせていただいている(22)」と語り、外部の資本が入ってくることを警戒している。観光客のための駐車場を無料開放し、ガイドもボランティアで行っている。その中で「物見遊山ではない」人びと、「茅葺きの価値」を知り、守っていくという意識を共有した「訪問者＝リピーター」を望んでいる。これは地区の人が主体となって「新たな観光のあり方」を模索している姿であると言えるだろう。

この取り組みは、現在のところ観光客が増加し過ぎているという懸念はあるものの、大きな成功を収めていると言える。地区の中に観光に直接携わっていない人からも表立った反対はないし、トタン屋根をはずし茅葺きに戻す家も増えている。何より有限会社きたむらによって、従業員として後継者の確保と多くのパートの雇用を生み出している。

しかし、伝建地区指定の候補となったのは美山町内において北集落だけではない。指定を選ばなかった地区の考え方をみてみよう。

指定のとき反対した理由は「指定されたら若い人が建て替えたいと思っても、選択の余地がなくなる」（美山町内の男性、72歳(23)）というものであった。指定されることによって「田舎的な、何百年続いたつながりというものはなくなる」のではないかと考え、他県のすでに指定された地区の人などからも、「やったらあきまへんで」とアドバイスされたともいう。そして、観光化に対しては「銭儲けのために生活を見せ物にするのは都合が悪い」とし、「観光客が来なくなったときに町でもない、田舎でもないものが残るだけだ」と語った。伝建指定によって茅葺き屋根を維持するために補助金が出るようになるが、それは、指定され続ける限り次の世代もまた、次の世代にも義務を伴うものとなる。そして、ムラの中の関係に変化をもたらす。それらを理由に指定を拒否し、観光化にもそれが引き起こす弊害と「観光客が来なくなった場合」に残されたムラの姿を想像し、否定的に捉えている。

まとめと考察

第2節でみたように観光客は非日常の楽しみのために旅行をする、観光客にとって訪れる場所は非日常の空間である。美山町とその北集落の茅葺き民家群は維持システムの崩壊が他の地方より遅く、その結果、訪れる者にとって非日常性をもつことになり、「観る価値」が生まれた。しかし、町内においても茅葺きを維持することが難しくなったからこそ価値が生まれていったのだともいえる。その矛盾の解決は公的な補助金とホスト側の努力に委ねられている。

北集落の人びとは伝統的建造物群に指定されることによって、補助金を得て茅葺き屋根を守るという道を選択し、観光客を受け入れることになった。非日常空間として「日本の原風景」を訪れる観光客のまなざしには、たとえば「テレビは映るんですか」と質問してみたり、「茅葺き屋根はいいですねぇ」と言うので、「じゃあ住んでみるか」と尋ねると「いやや」と答えたりするまなざしも含まれている。その中で、彼らは茅葺き屋根に対する誇りを内在化し、彼らは価値あるものを守っているというポジティブなアイデンティティを獲得した。それは茅葺き屋根を維持するシステムを新たに創りあげる試みに挑戦させている。そして、彼らは観光客と対する場を「田舎らしさ」「田舎のよさ」を再構成し、新たに創りあげる機会としている。観光に対する主体的な取り組みと、「茅葺き屋根の保存」と「田舎らしさ」を価値あるものとすることによって、ホスト＝ゲストの権力関係とマス・ツーリズムの弊害を回避し、新たな観光のあり方を模索する試みとして評価すべきであろう。

しかし、指定を選ばなかった地区の人が「観光客が来なくなったときにどうなるのか」という疑問を持ったように、観光とは経済活動であり、観光地化とは市場の中でその地区が評価されるようになるということである。観光化によって観光客やマスコミに取り上げられることによってもたらされたアイデンティティは、そのまま不確かな市場原理の中に投げ出されるアイデンティティでもあると言える。リピーターを求める声はそのリスクを軽減したいという願望でもあるといえる。

安村克己は「交流による創造」という「新たな観光のあり方」が高度モダン社会から多様な異質の諸要素が調和し共生するポストモダン社会への橋渡しをする可能性があるとしている［安村 2001a、2001b］。観光にはそのような側面があるかもしれない。北集落を訪れる人は地区の人との対話と交流により何かを学んでいるかもしれないし、そのような人が今後増えていくかもしれない。しかし、現代の多様なレジャーと多彩な旅行先からそこを選択するという行為は常に訪れる側に委ねられている。「観光客が来なくなったときに町でもない、田舎でもないものが残るだけ」ではないかという問いに応えることができるのかという疑問が残るだろう。

また、文化とはスタティックなものではなく、常に変化し続けるものである。たとえば、茅葺き民家についても江戸時代中期以降に成立したものであるし、かつてはムラの人だけで葺き替えられていたものが専門の職人が関わるものになったはずである。そして、太田［1993］が述べるように現代とは文化を不断に創り出し、アイデンティティを主体的に形成しなければならない時代であるかもしれない。その中で観光を通してポジティブなアイデンティティを持ちうることがあるだろう。しかし、それはそこで獲得されるアイデンティティが望ましいものであればあるほどそれを市場原理という不確かな、そして、暴力的ですらあるものの中へ、創り出した文化とともに投げ出していくという矛盾を孕んだ行為でもあるといえる。

注

（1）美山町は観光産業という名称を用いず、「都市との交流産業」と呼んでおり、また、後でふれるように北集落の住民も「観光客」という称を用いることにこだわりを持っている。ただ、他地区の住民は「観光客」と呼んでいる。後で詳しく検証することになるが、北集落の人びとはいわゆるマス・ツーリズムを「観光客」という言葉に象徴させており、それとは異なる新たな観光のあり方（alternative tourism）を模索しているのであろうと思われるが、前述の観光の定義を考えると、マス・ツーリズムも新たな観光も「観光」と呼ばれる現象の一つであると考えられるので、本章ではどちらも「観光」と呼ぶことにする。

（2）「一般には民家といえば、一般民衆の家という意味であるが、建築学の世界では民家とは近世以前における寝殿造りや書院造りのような支配階級の住宅に対する庶民の家のことであり、主として江戸時代に成立したものである」［安藤　１９８３：10］。

（3）たとえば美山町字高野百寿会［１９９８］。

（4）美山町内の男性、２００１年12月７日に聞き取る。

（5）美山町内の男性、71歳。聞き取りは２００２年２月２日に行った。

（6）「一〆とは、（中略）カヤ束をいくつか積んで、二間（一間は一・八メートル）のワラ縄でぐるりと巻いた総量であ」り［森　１９８６：１９２］、屋根全体を葺き替えるとすれば、１５０〜２００〆程度必要となる。

（7）２００２年２月１日に聞き取る。

（8）２０００年９月13日に聞き取る。

（9）注（7）と同一人物。

（10）２００１年９月14日に聞き取る。

（11）２００１年３月14日に聞き取る。

（12）注（11）と同一人物。

（13）美山町の村おこし自体は１９７８年を第一期として始まっている。しかし、第一期は農林業の振興を目的としたものであった。

（14）２００１年12月７日に聞き取る。

（15）北集落の観光客の数字は美山民俗資料館の資料による。ただし、前述のように観光客とは呼ばず、この資料では「入村者」と呼んでいる。

(16) 注(11)と同一人物。
(17) 注(7)と同一人物。
(18) 2001年9月13日に聞き取る。
(19) 2001年12月7日に聞き取る。
(20) 注(19)と同一人物。
(21) 2001年9月14日に聞き取る。
(22) 注(19)と同一人物。
(23) 2001年12月2日に聞き取る。

参考文献

美山町・美山町教育委員会［1990］『伝統的建造物群保存対策調査報告書』。

美山町誌編さん委員会［2000］『美山町誌　上巻』。

知井村史刊行委員会［1998］『知井村史』。

美山町字高野百寿会［1998］『栃原昔語り』。

網谷りょういち［1986］「美山町の茅葺民家群」『民俗建築』90。

安藤邦廣［1983］『茅葺の民俗学』はる書房。

井上和衛［1999］『地域経営型グリーン・ツーリズム』都市文化社。

岡本伸之［2001］「観光と観光学」『観光学入門』有斐閣。

大島暁雄［1984］「民俗技術における系譜意識とその背景――関東の草屋根葺きを中心として――」『国立歴史民俗博物館研究報告第4集』。

太田好信［1993］「文化の客体化――観光をとおした文化とアイデンティティの創造――」『民族学研究』57（4）。

鎌田久子・小松清・小林稔［1985］「丹波山村の若者の流出と民俗――京都府北桑田郡美山町知井地区――」『山村生活50年その文化変化の研究　昭和60年度調査報告』成城大学民俗学研究所。

京都府教育委員会［１９６８］『京都府の民家　調査報告第四冊』。

京都府教育委員会［１９７５］『京都府の民家　調査報告第七冊』。

坂本慶一［１９５４］「村の生活構造」重松俊明編『山村における青年の生活――京都府北桑田郡鶴ヶ岡村の場合――』京都大学人文科学研究所。

杉浦健一［１９３７］「同族神」柳田国男編『山村生活の研究』民間傳承の會、３７９―３８１頁。

長澤武［２００１］『植物民俗』法政大学出版局。

林光太郎［２００２］「茅葺きの現場から」『別冊太陽　古民家生活術』平凡社。

宮崎猛［１９９９］「地域経営型グリーン・ツーリズムの経済効果」『地域経営型グリーン・ツーリズム』都市文化社。

森茂明［１９８６］『晴れて丹波の村人に』クロスロード選書。

森田真也［１９９７］観光と『伝統文化』の意識化――沖縄県竹富町の事例から――」『日本民俗学』２０９。

柳田国男［１９２０］『秋風帖』『定本　柳田国男集　第二巻』筑摩書房（１９６２年）。

安村克己［２００１ａ］「観光の歴史」『観光学入門』有斐閣。

安村克己［２００１ｂ］『観光　新時代をつくる社会現象』学文社。

Greenwood, D. J. [1989] "Culture by the Pound: An Anthropological Perspective on Tourism as Cultural Commoditization," in V. L. Smith ed., *Hosts and Guests: The Anthropology of Tourism*, 2nd ed., Philadelphea: The University of Pennsylvania Press（三村浩史監訳「切り売りの文化――文化の商品化としての観光活動の人類学的展望」『観光・リゾート開発の人類学――ホスト&ゲスト論でみる地域文化の対応』勁草書房、１９９１年）.

Nash, D. [1989] "Tourism as a Form of Imperialism," in V. L. Smith ed., *Hosts and Guests: The Anthropology of Tourism*, 2nd ed., Philadelphea: The University of Pennsylvania Press（三村浩史監訳「帝国主義の一形態としての観光活動」、『観光・リゾート開発の人類学――ホスト&ゲスト論でみる地域文化の対応』勁草書房、１９９１年）.

Smith, V. L. ed. [1989] *Hosts and Guests: The Anthropology of Tourism*, 2nd ed., Philadelphea: The University of Pennsylvania Press（三村浩史監訳『観光・リゾート開発の人類学――ホスト&ゲスト論でみる地域文化の対応』勁草書房、１９９１年）.

Urry, J. [1990] *The Tourist Gaze: Leisure and Travel in Contemporary Socies* Sage（加太宏邦訳『観光のまなざし――現代社会に

おけるレジャーと旅行』法政大学出版局、１９９５年）.

※なお、引用は必ずしも邦訳に従わない。

引用資料・パンフレット

美山町［２００１］『京都府美山町における村おこしの取り組みと課題』。
美山町民俗資料館『茅葺き住居の風土と文化』。

（寺田憲弘）

第4章　Iターン移住とその仲介者たち
——美山町における観光村おこしの出発点——

はじめに
——農山村への回帰とその困難——

1970年代の農村回帰志向、そして1980年代後半の環境志向の高まりのなかで、豊かな自然環境やゆとりある生活空間を求めて農山村に移り住む「田舎暮らし」は、多くのメディアに羨望のまなざしで取り上げられ、小さなブームを巻き起こしてきた。さらに1990年代後半からは、政府が農山村の活性化を図る上での人的資源確保のために、そしてまた人口減少社会の到来に備えて農山村における新たな担い手を求めて、多くの移住・交流施策を実施するようになった。このような「田舎暮らし」のブームや国や自治体による移住者への積極的施策により、農山村生活に共感を抱き、実際に移住したいと考える人びとも全国で増加している。

しかし、国や地方自治体が望むような形で移住者が集まり、長く定住してくれるとは限らない。農山村に他地域から移住するには多くの困難がある。たとえば、農山村では、土地が先祖伝来のものであることから簡単には市場に出回らず、住宅や農地の取得が困難であること、農山村独特の地縁・血縁関係が濃い人間関係や生活文化に都市生活者は馴染みにくいことなどが挙げられる。これらは、新規移住者対策が充実した今日においても移住の障壁となっている。このような移住をめぐる問題は、農業部門においては、新規参入する際の入り口問題（農地確保、資金確保、技術習得、住宅確保等）と、経営基盤安定及び地域社会への適応という就農後の問題に二分される［田畑 １９９７］。これらは、農業への新規参入者に限ったものではなく、農山村に移住するすべての職業従事者が直面する問題であるといえよう。

新規移住者の入り口問題に関しては、１９８７（昭和62）年から開始された農林水産省による新規就農ガイド事業、２００７（平成19）年農山漁村活性化法施行後に都道府県に設置された定住支援センターや自治体による移住相談窓口の創設、移住に対する各種支援金の支給、民間不動産業者による現地情報の提供など、各方面から支援体制の充実が図られてきている。一方、移住後の対策に関しては、就業先や地域の協力・支援、新規移住者の努力や力量に依る所が大きく、統一した支援体制は図られていない。そのため、定住促進策により移住者を受け入れたものの、その優遇措置のためにかえって住民との間に軋轢が生じ、やむなく移住者受け入れを中止した町の例［高木 １９９９］や、民間不動産業者を介した移住が行われたものの、定住後に移住者と地元住民との間の溝が埋まらない例［竹下 ２００６］も報告されている。

そういった中で、移住後の問題に関して地域社会と新規参入者を繋ぐ仲立ち人、後見人、ネットワーク集団など仲介的役割を担う存在の重要性が指摘されている。たとえば、移住者を世話人的存在が仲立ちをして村落内集団や組織へと導き入れたことで、村人との親密な付き合いが始まり、信頼が醸成され、それが土地賃借へと結びついていった事例［三須田 ２００５］や、研修先の農家が新規就農者の後見人となることで、就農地で必要とされるサポートネットワークの形成が容易となり、地域社会への定着を促した事例［原 ２００２］が紹介されている。これらの事例では、仲介者と移住者との間に構築された関係がその土地における資源獲得に有利に働き、生産や生活の維持形成、地域社会への適応を促進している。しかし、どのような人物が仲介者となり得るのか、仲介者がどのような過程で立ち現われてくるのかについては明言されていない。

その一方で、都市移住研究や移民研究の分野では、仲介者のパーソナリティや仲介過程に関する研究がこれまでも行われてきた。戦前の日本における農村から都市への移住は、特定の集落から特定の都市を目指した移住が見られ、その仲介を都市に居住する同郷人、同郷団体が行っていたことが明らかとなっている［松本１９８５、山本１９９４、鯵坂２００９］。20世紀初頭の南イタリア移民には、親族・友人・名付け親の絆を基盤として共通の移住源から共通の移住先へ次々と移住していく「連鎖移住」が見られ、仕事と居住場所が確保されたことが指摘されている［Macdonald 1964］。１９８０年代のアフリカにおいても農村から都市流入者への職・住援助行動には、都市に居住する親族・姻族からが３割、同郷者が4割を占めていたことが明らかにされている［松田１９９６］。つまり、紐帯の濃い地域から紐帯の薄い地域へ移住するには、血縁や地縁などの基底的な関係が媒介要因となることで移住先の資源の少なさを補填していたことが明らかにされている。

　では、不特定多数の人びとが住む都市から農山村に流入する場合はどのような移住が行われるのだろうか。１９７０年代以降、人口の逆流現象と呼ばれる都市から農山村への移住には、人の移動をアルファベットに見立てて U・J・I ターンと呼ばれるタイプが存在する。Ｕターンは、農山村から都市部へ移住した者が再び生まれ故郷に戻る現象を指している。Uターンの場合は、親族・友人・地縁ネットワークがそのまま生かされる場合が多いため、移住する際の障壁は低い。Ｊターンは、出身地周辺に存在する地方都市への移住である。地方都市では民間不動産業者・企業も多く存在し、職住の確保は比較的容易である。

　Ｉターンは、地域移動と同時に多くの場合、「職業移動」を伴い、UターンやJターンとは異なり「既存の社会関係を持たない」地域への移住であること、経済的な上昇を志向した移動ではないことが特徴として挙げられる［高木２０００］。このタイプの移住は、「田舎暮らし」の代表格として取り上げられているもので、理想の生活スタイルが実現可能な土地を選好できる一方で、自らが持つ地縁・血縁などの社会関係は利用できない移住形態である。本章では、都市から農山村へと「既存の社会関係を持たない」地域へ移住するこのＩターンを取りあげ、その移住と定住過程を明らかにする。

　本章で事例として取り上げる京都府美山町は、移住希望者を１９７０年代から現在まで継続的に６００人程度受け入れている。その間、美山町の第三セクター「美山ふるさと株式会社」が1992（平成4）年に開設されて入り口問題が改善されたこともあって、移住者数は1990年代以降急増した。本章では、公的な入り口対策制度が整備されておらず、移住が困難であった1970年代、1980年代に移住し、今も定住しているIターン者を取り上げ、移住する際の入り口問題と定住後の地域社会への適応に関する問題への対応過程における仲介者との関係を考察していく。

1 美山町におけるIターン者の動向
――第一世代と第二世代――

美山町に都会からのIターン者が見られるようになったのは、1970年代以降である。この時期の移住希望者は僅かで、個人的ネットワークを利用した移住の形態が見られた。役場を訪れた移住希望者に対しては、職員が個別に相談に乗るなどの対応をした。

これに対して、茅葺き民家群や芦生演習林が脚光を浴びて観光客や移住希望者が増加した1990年代以降は、移住希望者のニーズに応え、また民間業者の乱開発を予防する方策として、町と町内経済団体が出資する第3セクター「美山ふるさと株式会社」が設立され、これに対応した。この会社は、町出資であることの信頼感を得ながら民間不動産会社同様の業務を行い、都市移住者らの受け入れ窓口的な役割を担った。このため、Iターン者数は、1970年代、1980年代の約50名に対し、「美山ふるさと株式会社」が設立された1992（平成4）年から美山町合併直前の2004（平成16）年までの13年間で264名を数えるようになった。なおこの時期は、それ以外のルートで移住した人も同程度に上るようである[1]。

このような移住者受け入れ態勢の違いは、受け入れたIターン者の属性や性格の違いとなって表れる。そこで、美山町でIターン者に対して実施したインタビューから、Iターン者みずからが用いる区分名称、すなわち、公的支援組織設立以前の移住者である「第一世代」、設立以降の移住者である「第二世代」という区分に従い、それぞれの世代の移住者の特徴を要約しておこう(2)。

１９７０～１９８０年代に移住した「第一世代」には、農業を新たな土地で始めようとする新規就農希望者、技術があり就業場所が限定されない芸術家や職人たちとその家族約50人が該当する。彼らは、釣りやハイキング、美山町に在住する知人宅への訪問などで知った農村景観の美しさや農山村の暮らしに対して憧れを持ち、移住を決意している。彼らは、単身あるいは家族連れで20～30代の若い時期に移住している。新規就農希望者は、「開拓者精神を持ちながら」、あるいは「自然との共生生活を送る生活を目指して」移住先を決定している。芸術家や職人の場合は、「広い仕事場の確保」や「低家賃での居住が可能」といった経済的側面だけでなく、「良質な自然環境を素材として使用することへのこだわり」や「作品のブランド性を高める効果」、「創造性の高まり」といった農山村がもたらす良好なイメージや精神面での高揚を意図して移住先を決定している(3)。

しかし、たとえ強い移住意思があったとしても空き家の購入・借家しか住宅確保の手段がないために、移住に至るまでには、現地へ足を運びながら情報収集を行い、数年を要することも稀ではなかった。このように入り口対策がない「第一世代」の場合は、美山町への強い愛着を持つだけでなく、住宅を確保するための情報収集力、地元住民との間に信頼を確保する上での忍耐力や社交性を持つことが移住に至る過程での必要条件であった。

１９９２年以降の「第二世代」もレジャーや観光をきっかけにして、美山町を知ったケースが多い。「第二世代」は、「田舎暮らしへの憧れ」、「レジャーや観光に関連する職業への就業を希望する」といった動機で移住を志している(4)。「美山ふるさと株式会社」の設立で土地・建物の売買ルートが確保されたこと、また宅地造成が可能になり、小規模団地が整備されたことで、町外者にも比較的短期間に土地や住宅の取得が可能になった。さらに、１９９０年代から始まった美山町の観光化、１９９５年から開始された森林組合によるＩターン者の雇用、光ケーブルの設置による情報インフラの整備などにより新たな雇用が創出されることとなった。そのため、「第二世代」は、林業、ＩＴ関連業の他に、ツアーガイド、ネイチャーガイド、宿泊業、飲食業などの観光関連の業種に従事している。彼らは、脱サラをして前住地とは異なる職業に従事する場合が多い。さらに、定年退職後に自分の理想の生活を実現する場として田舎を選ぶ場合もあり、移住開始年齢が20代から60代までと幅広い。田舎暮らしに憧れていたが入手ルートも特別な技術も持たなかったサラリーマン層が移住者受け入れ環境が整備されたことで、移住可能となった時期である。

次節では、公的支援組織設立以前の移住者である「第一世代」が、地元の仲介者とどのような関係を築き上げ、移住・定住に至ったかについて詳細に見ていく。

2 「第一世代」の事例分析

2―1 「第一世代」を取り巻く生活環境

「第一世代」が移住を開始した1970年代の美山町は、林業不振や米の生産調整、農林産物の価格低下などによって暮らしぶりの悪化が顕著となり、町内で就労場所の確保が困難となっていた。就労年齢に達した若者は都市での就職を目指して離村し、徐々に若年人口が減少していった。一家を挙げて生活の拠点を都市に移す挙家離村も目につくようになっていった。合併当初の1955（昭和30）年に1万182人あった人口は、20年後の1975（昭和50）年には6278人と激減していた。歯止めが効かない人口減少に対処しようと、美山町役場は、集落懇談会を実施して要望を掘り起こす中で、農事組合や造林組合の組織化を図り、圃場整備事業にも着手して集落の立て直しを図っていた［高野2003、美山町誌編さん委員会 2005］。

一方、各集落は急激な人口減少を経験していたものの、共同体意識は依然として強いものがあった。集落内は同族集団であるカブのつながりも強く、宗教行事も盛んで、従来通りの慣行が継続されていた。集落の住民は、区会、公民館、財産区委員会、水利組合など各種住民組織の役職を兼任しながら、集落内の共同行事を進めていた。共有山の手入れ、用水路の掃除、公民館の掃除などの「日役」と呼ばれる共同労働も頻繁に行われ、出席できなければ分担金を支払うきまりとなっていた。区費、各種税金、社会保険料も集落内の会計係が各戸で集金して集落単位で納付していた(5)。

各集落では、集落の財政的基盤となる財産区有林を保有していた。集落内の行事や橋・道路の補修、公民館の建設など集落に関する公共的事業を行う場合には、多くの集落で財産区委員会の決定により共有林を伐採した収益金が充当された。この財産区有林の所有権は、この地に代々居住している「地戸」のみが持つ権利であった。万が一「地戸」が集落から転出する場合は、山日役などの義務が果たせないという理由で権利を放棄する決まりとなっていた。集落に居住するが、戦前・戦後に山林労務や炭焼き夫として他地域から移住してきた「寄留者」は、財産区の権利を有することができなかった〔成城大学民俗学研究所　1987〕(6)。つまり集落に存在する財産区有林の所有権は、長くこの地に留まる地付き層のみが得られる権利であり、集落の中での格を示すものでもあった。現に「むらのひと」という言葉は、財産区の権利を所有している世帯のことを意味していた〔京都大学人文科学研究所　1971〕。このような財産区有林の共有は、成員の共同体意識を醸成するものであったが、その反面、「地戸」とよそ者を区別し、よそ者を寄せ付けない意識につながっていたともいえよう。

このような共同体意識の強い地域では、よそ者が移住を希望しても住宅の確保は困難であった。過疎化が進行する状況において集落内でも空き家が点在するようになったが、その多くは、帰省や定年退職後の住まいとして空き家のまま所有された。やむなく土地建物を売却せざるを得ない場合でも、町外者への売買は再転売の恐れがあるとして成立せず、親族内や集落内のみで取引された。そのため、空き家情報は地元住民の間にもあまり話題にのぼらず、まして町外の移住希望者に情報が流出することはなかった。ごくまれに地域とのつながりを断った所有者の物件が京都市内の不動産業者を通じて流通し、別荘として売買される程度であった。そのため移住希望者は独自のルートで住宅情報を収集し、個別で空き家所有者との交渉・契約をする必要に迫られていた(7)。

2―2 「第一世代」の定住過程

それでは、公的支援機関が確立されていない「第一世代」は、どのように移住し、地域社会への適応を果たしていったのだろうか。Iターン者と仲介者との関係はどのように築かれたのだろうか。その定住の過程について美山町で実施したインタビューの中から5件の具体的事例を取り上げてみたい。

A氏のケース(8)

A氏は、1974(昭和49)年に29歳の時、京都市から移住した。大学の卒業論文で農村における中世文書の解明を行ったことがきっかけで農村集落に興味を持ち、農業を行いながら郷土史の研究をしたいという思いを抱いた。新規就農を志し、その経験になればと数種のアルバイトを経ながら、就農地を探した。北海道出身であったが、日本の農業をするなら京都だろうと京都周辺で土地が安く、農業収入が主でない過疎地を農業センサスで探したところ、美山町が候補に挙がった。

美山町を訪問するのは初めてだったが、まず役場を訪問して情報を収集しようとした。その後何度か通っているうちに地元の人と知り合いになり、その人を通じてn集落の借家に居住し始めた。しかし、1年半後借家の明け渡しを余儀なくされたため、やむなくc集落に小屋を建てて移ることになった。さらに数年後、借りていた農地周辺に民間のレジャー施設が建設される話が持ち上がり、所有者から農地の返還を求められる事態となった。

農地の返還をすると瞬く間に農業収入が途絶えてしまうため、農地のあるn集落の世話役に相談したところ、農協支所長のS氏に掛け合ってくれた。S氏はできる限り援助することを約束し、自宅のあるm集落で自身が借り受けていた田圃の一部をA氏に譲ってくれた。また、S氏にm集落の荒田を宅地として売却してもらえるよう懇願したところ、「一生懸命百姓をやっているのを知っているから」と、集落の農業委員会に掛けあって農地から宅地への転用を認めてくれた。さらに、S氏が農協の生産課長のN氏に声をかけてくれて、二人で農業を継続する上での借金の保証人になってくれた。m集落では、自宅を建設中に2軒の人から水田の購入を打診され、移住が完了するまでに集落内に3反の田圃を持つまでになっていた。

美山町では農業収入だけで生計を立てることは困難だと言われた通り、移住してから20年間は非常に貧しい暮らしであった。しかし、A氏は、保証人の二人に迷惑をかけまいと耕作地を増やして励み、農閑期には土木作業員として働くことで貧乏な時代を乗り切ることができた。A氏は、役場や農協といった組織が非常に好意的に接してくれたことが印象深いと語っている。現在は美山町でも珍しい稲作専業農家として周辺の田を一手に引き受けている。その傍ら、念願であった郷土史研究を始め、郷土史家として町史編纂も手掛け、今では美山町にとってなくてはならない存在となっている。

A氏は、役場を窓口とすることで、次第に地元の人と知り合いになり、移住計画が進行していった。移住後の生活を支えるキーマンとして登場するのがn集落世話人と農協支所長のS氏、農協生産課長のN氏である。彼らは、農地の返還を余儀なくされたA氏に対して土地の情報を与え、自ら保証人になっている。農協のような地域の公的組織の職員が好意的に接し、支援することで、新規就農者の仕事が軌道に乗り、集落への適応も促進されている様子が伺える。

B氏のケース(9)

B氏は、1976（昭和51）年に京都市から35歳で移住した。前職業は釣具屋で、川釣りに心酔していたため川のそばに住みながら自然に根差した暮らしをしたいと常々考えていた。美山町を知ったのは美山町出身の友人宅を訪問した18歳の時で、その雰囲気が大変気に入り、いずれは終の棲家にしたいと考えていた。美山町にはその後、Iターンを果たした友人も住むようになったので、移住の希望を持ちながら数年間足を運んでいたが、空き家情報はいっこうに得られなかった。

ある時、先住Iターン者である友人AN氏が、家を貸してくれそうな知人がいると教えてくれたので快諾したところ、早速AN氏は、家主との交渉の仲介に入ってくれた。交渉に際して家主は、h集落住民の意向を伺うために、区会の席上で移住者受け入れに関する相談を行った。住民たちは、受け入れの前例がないため戸惑いながらも了承してくれた。その際には、よそ者が集落に居住するためのルール（区費の徴収、区有財産の権利分与・入札の可否、集落のしきたり等）について細かく話し合いが持たれた。結局、集落の合意が得られたことで、家主とB氏との間で賃貸契約が成立した。引っ越しの際には、家主が区長や隣家へのあいさつ回りに同行してくれたおかげで、滞りなく移住を開始することができた。

B氏は移住後、田圃の耕作とシイタケ栽培やアユの卸などで生計を立て、集落の付き合いも熱心に行った。しかし、移住から7年たった頃、圃場整備を実施するためにしばらく田圃が耕作不能となることが知らされた。さらに、借家の返還時期とも重なったため、他集落で住まいと耕作地を探さざるをえなかった。やがて先住Iターン者である知人のSD氏が別の集落で廃屋寸前となっている空き家の情報を知らせてくれた。居住場所の確保は必須であるため、すぐに在外家主と連絡を取り、懸命に交渉したおかげで住宅を購入することができた。

移住したu集落は、すでにIターン者のD氏が居住し、村外婚の世帯も多かったことから移住者に対する扱いに慣れていた。u集落は、役場の産業振興課K氏が居住する集落で、K氏は率先して何かと面倒を見てくれた。K氏の仲介で「Iターンの人の話が聞きたい」と考える美山町長と話す機会がしばしば設けられた。集落の住民がシイタケ栽培の場所や農地を気安く貸してくれたおかげで、以前と同様に農業を行うことができるようになった。さらに、その3年後には生計の足しになるように自宅で民宿も行うようになった。美山町へ移住してから10年が経過した頃、u集落の区会で寄留者の子孫とIターン者であるB氏とD氏の三人が財産区有林のメンバーに認められた。B氏はそのことで、やっと集落の仲間入りを果たすことができたと感じた。

B氏のケースでは、先住Iターン者とのネットワークが移住の際に大きな拠り所となっている。先住Iターン者であるAN氏やSD氏の支援の下で入手困難な空き家情報を得て、一度ならず二度の居住場所確保に結びつけている。AN

氏やＳＤ氏のような先住Ｉターン者は、居住歴を重ねることで町内ネットワークを広げていき、Ｂ氏や後述するＣ氏へ住宅情報を提供することが可能になっていたのである。ただし、実際に集落へ移住することへの可否は、集落内の同意を取り付けていないと困難であることが見て取れる。そして、集落への受け入れが一旦決定された後は、家主がいわば親代わりとなり、細かな生活情報を提供して、移住者が集落内での日常生活を滞りなく過ごしていけるよう支援している。その体制は転居先においても変わらず、転居先の集落で受け入れが決定された後は、役場職員Ｋ氏をはじめ集落の住民により生活情報を得ながら集落に適応することができている。

Ｃ氏のケース(10)

Ｃ氏は、陶芸家であり、１９８１（昭和56）年に30歳で移住した。海外留学の経験から、帰国後は都会ではなく田舎への移住を希望していた。長野県に1年ほど住んでいたが、京都在住の両親との距離を考え、京都周辺で移住場所を探していた。ある時、先住Ｉターン者で友人のＡＮ氏が美山町でたまたま空き家となっていた家屋を紹介してくれた。この頃の美山町は、道路も未整備で京都市への通勤圏からは外れていたため、住宅や土地の値段が格段に安価だった。１０００坪単位の土地を求めていたＣ氏には格好の条件であったため、土地と住宅を購入した。

ｍ集落は移住者を受け入れるのが初めてであったため、区会で受け入れ規則に関する協議が行われ、区有財産は放棄する形で話がまとまった。区有財産の権利を有することは相応の義務も生じることであり、農山村でありがちな緊密な人間関係を築きたくなかったＣ氏にとっては、願っていた条件であった。Ｃ氏は、自宅兼作業場で作品を制作して展覧会を開いたり、自宅で陶芸教室を開催したりして生計を立てた。

Ｃ氏は文化人として都市に幅広いネットワークを持っていた。当時珍しかったＩターン者に対するマスコミの取材を美山町のＩターン者代表として度々受ける存在であり、役場の座談会にもしばしば登場している。１９９２（平成４）年に美山町に別荘を構えていた新聞記者が、美山町ファンであるマスコミ関係者、芸術家、タレントなど都市居住者約

200名をメンバーとした「かやぶきの里美山と交流する会」を結成した時は、C氏が役場や美山町住民とのパイプ役を果たすことになった。

2003（平成15）年からは住宅の一部で食事処を経営し、国内外のアーティストを呼んでコンサートを開催するなどして町外から多くの人を招いている。C氏は、移住当初は極力集落内の活動には関わらない姿勢を貫いて、消防団や村の行事などに参加しなかった。しかし、年月が経過する中で子供の成長とともに近隣や集落の付き合いが徐々に増えて近隣関係が密になり、今では集落の区長を経験するまでになっている。

C氏も先住Iターン者の友人・知人ネットワークにより移住先を確保している。C氏の場合は、空き家購入による移住のため集落への引継ぎ役がなく、また集落活動に関わらない意思を持っていたため、C氏と集落の双方が対応に苦慮している。しかし、C氏が子育て期を迎えるようになると次第に子供を介しての付き合いが増えて、村づきあいが円滑に進むようになっている。そのことで、地域住民との関係構築が容易になり、地域社会の中に根付きやすくなったといえる。ライフステージの移行が定着に向かわせている例である。

さらにC氏の場合は、都市で築いたネットワークが徐々に美山町の中で生かされている。美山町役場とも関係し、都市と農山村を繋げる役割を果たすようになっている。

D氏のケース(11)

D氏は、1982（昭和57）年に33歳で大阪府から移住した。サラリーマンをしていた大阪在住の頃は、趣味の山歩きで美山町やその周辺の町村をよく訪れていた。いつかは田舎暮らしをしたいと強い思いを持ちながら本格的に京都周辺に焦点を当てて探していた際に、美山町も訪れた。まずは役場で情報を得ようと訪ねていくと、産業振興課の職員が対応をしてくれた。「養鶏をしたい」と言うと、積極的に受け入れ策を講じてくれた。当時はまだ美山町への移住希望者は少なく、珍しい存在であったことも功を奏したようだ。

町内での住居の確保は難しいため、ひとまず産業振興課の職員であるＫ氏が家の「離れ」を貸してくれた。ｕ集落には「寄留者」である元山林労務者が住んでいたが、Ｉターン者の受け入れは初めてだった。しかし、集落は、村外婚の世帯も多かったことから開放的な雰囲気で、Ｋ氏をはじめ集落の人は快く迎えてくれた。

半年ほどは、Ｋ氏の家の「離れ」に住みながら近所の農家の仕事を手伝っていた。ある時、同じ集落に住む人が、「土地を貸してくれる可能性は低いけれども」と集落内の土地情報を教えてくれた。万が一と思い所有者に交渉に行くと、「高齢なのでこれ以上栗林経営を継続するのは無理だ」と考えていたようで、すんなりと土地を貸してくれることになった。栗林を整地し、水道や電気を引き、所有者の息子である大工に住宅の建設をお願いし、農協の融資を受けて養鶏場を始めた。養鶏の仕事は、開始後すぐに軌道に乗り、大阪府内の消費者グループに地鶏卵の販売を行うことで生計を立てることができるようになった。

Ｄ氏の場合も、定住の入り口問題や移住後の問題の解決に役場や農協職員の支援を受けることができたケースである。定住する際の住居確保には、役場職員Ｋ氏の支援を受けている。そして、移住後の生活を安定したものとするために登場したのがｕ集落の住民である。ｕ集落に住み続けることで集落内の人から土地情報を入手して土地を借りることが可能となり、生活拠点が確保できるようになった。また、就農を支援する農協から融資を得ることで養鶏場を営み、生計を維持することができるようになっている。

Ｅ氏のケース(12)

Ｅ氏は、１９８４（昭和59）年に23歳の時に移住した。移住前は酪農学科の学生で、大学教員から美山町が新規就農ガイド事業で酪農の規模拡大をする予定であるとの情報を得た。美山町は、高齢化と過疎化が進んだことに非常に危機感を抱いているので、他の町村に比べると酪農希望の移住者を受け入れ易いだろうということだった。

しかし、大学卒業直後の資金もない若者を移住させ、酪農経営させるのは簡単なことではなかった。大学教員三人と役場参事のＡＺ氏、農協参事のＫ氏との間で複数回話し合いがなされた末、大学教員の貯金を担保にＥ氏の受け入れと融資の話が決定した。Ｅ氏は、農協から土地を借り、牛の購入費用や牛舎の建築の融資を受けることができた。ちょうど圃場整備の時期だったため、町に土地の整備もしてもらい、酪農をスタートさせた。

酪農経営については手探り状態だったので、生活基盤は長らく安定しなかった。挫折しそうな時もあったが、「ここに骨を埋めるつもりで移住したのだから逃げるわけにはいかない」と頑張った。独身で移住後、結婚し、やがて子供が生まれる生活の中で、近隣住民とのつながりが徐々に濃くなっていった。それと同時に集落内での信用も深まっていき、集落内で農地を借り受けることができるようになった。

このような酪農とともに農作業にも従事する過程を経る中で、地元住民はじわじわと移住者に対する敷居を下げてくれた。移住してきた当初、美山町長から言われた「地域の起爆剤になってくれ」という言葉が心に残っており、美山町が自分を受け入れてくれたことへの恩返しに、地域に溶け込んで地域の力になりたいと常に考えてきた。自分にできる地域活動は全てやろうと意気込んで、移住当初から公民館活動、青年団、消防団などさまざまな地域活動に携わった。現在では、Ｉターン者にはめったに任命されない財産区委員会の委員や旧村単位で結成された地域振興会の役員などの役職にも携わるまでになっている。

Ｅ氏の場合は、定住の入り口対策がきちんとなされた稀なケースである。新規就農ガイド事業により、酪農を行うための土地や移住場所の確保が移住前から決定された。移住後は、ライフステージの移行を経る中で集落組織や集落の人びととのつながりを徐々に強くしていき、地元に適応している。移住時の年齢が若かったことで、さまざまな地域行事や子育てネットワークに参加する機会を得られたことがプラスに働いている。そして、美山町による受入の恩恵を常に考え、定住する強い意思を持ち、地域活動に深く携わる生活を続けている。このような地域に深く貢献する姿は、Ｅ氏に限らず「第一世代」の特徴でもある。

3　農山村における人間関係と地域の発展

3―1　Iターン者と仲介者の関係

本章が調査対象時期とした１９７０年代、１９８０年代は、前項で示したように移住を希望しても町外から町内への情報アクセスが困難で、開放的な土地売買システムが存在しなかった。そのため、集落内の事情をよく知る在住者や出身者から町内の情報を得るしか手段がなかった。ところで、なぜ仲介者が公的機関の職員や先住Ｉターン者であったのだろうか。

この時期の美山町は、急激な過疎化の進行と貧困に喘いでおり、都市優位・農山村劣位の感覚が強く、美山町在住者は、「出身地を聞かれても『美山町』と恥ずかしくて言えなかった」と振り返るほど居住地に対して劣等感を抱いていた(13)。そのため、この過疎地域にあえて移住希望する人に対しては、その動機が理解しえないことからくる戸惑いの感情を持ちあわせており、大半の在住者はＩターン希望者に対する警戒心から積極的に関わりを持とうとしなかった。そのため、Ｉターン希望者と直接対面してくれるのは、美山町の公的機関である役場や農協の職員、自分自身の経験と照合しながら支援が可能な先住Ｉターン者などのごく少数の者だけであった。

一方、美山町へＩターンを希望する人の方も、仲介者を得られる人は限られていた。この地では、過疎地ゆえに就業先の確保が難しく、それ故に生計維持が困難であることは周知の事実であった。そのため、厳しい環境下で生活する覚悟を持ち、それに耐えうる人物であり、移住後には集落内での共同生活を円滑に送ることが可能な人物であることが、集落内の住民にとってＩターン者受け入れの際の暗黙の了解であった。それゆえに、Ｉターン希望者は、生計の維持が可能であること、この地で地元の人と良好な関係を築く努力をする意思があることを現地に何度も足を運びながら訴え続ける必要があった。そして、永住する覚悟があり、関係を結ぶに足る人物であると思われたＩターン希望者のみが、仲介者を得ることができた。

そして、幸運にも仲介者となる人物を見つけることができた場合には、入り口問題である土地・空き家に関する情報提供、借家契約の仲介、定住するための経済的保証人や生活上の相談相手などのあらゆる支援が行われた。特に仲介者が移住者の居住集落内にいる場合は、仲介者が集落組織との橋渡しを行うことでIターン者の集落内での生活がより円滑なものとなった。このように、地縁・血縁関係が密な村落社会では、よそ者を受入れにくい傾向があるが、仲介者がいる場合は、仲介者の信用が担保となり、受入れ側である集落住民の抵抗感が緩和された。そのため仲介者を持つIターン者は、地域社会から多くの資源を獲得するに至り、定着することが可能となった。

以上のようなIターン希望者と仲介者との間に築かれた関係は、パトロン・クライエント関係の一つであると考えることができる。パトロン・クライエント関係は、ラテンアメリカ、地中海地域における小規模農村社会、あるいは部族社会、アジア・アフリカ、ラテンアメリカなどの第三世界の都市部、さらに、現代アフリカ国家の分析などに用いられる枠組みである［栗本 2000］。このパトロン・クライエント関係は、友誼関係、血縁関係などを含む対関係の一形態であり、①対関係的な縦のコントロールに基づく即自的、個別主義的、すぐれて物質的な報酬の交換を機軸にした互酬を伴う社会的交換があること（直接的互酬）、②社会的な地位・富・影響力などの点で優位―劣位の関係を持っていること（不均衡的互酬）、③多面機能的な結合関係であり、経済的契約関係のように特定化された関係ではなく、無限定性であること、受けた便益への返礼は、これによって引き起こされる個人的な義務感情、感謝の念、信頼感によって保証されていること（パーソナルな関係）をその基本的特質としている［河田 1983］。

美山町における「第一世代」と仲介者の関係を見ると、パトロンである地元出身者や役場職員及び先住Iターン者は、クライエントであるIターン希望者との間に個人対個人の個別主義的な関係を築いている。そして、パトロンは、地域社会の中でネットワークを既に構築し、地域社会における情報量や影響力に関しては圧倒的な優位者であり、クライエントであるIターン希望者は、地域社会の関係を持たないという点において劣位者である。優位者であるパトロンは、クライエントに対して情報を提供し、経済的、物質的、精神的に無限定的な支援を行った。それに対しクライエントは、移住を支援してくれたことに対する感謝の念を持ち、パトロン個人への信頼感を強めていった。

クライエントは、移住後も生活基盤や居住基盤が不安定な状態になる場合が度々あった。パトロンは危機的状況になるたびに支援を行い、長年にわたる関係を継続した。Ｉターン者は、移住当初は借家暮らしの場合が多いが、パトロン・クライエント関係に支えられて築いた集落内での信頼関係や地域貢献の度合いに応じて、地元住民による土地の斡旋が行われ、住宅や土地を購入することのできる身分を獲得していくことになる。さらに、パトロン・クライエント関係の継続は、地域社会の一員として認知してくれた美山町や居住する集落に対する感謝の念を深化させた。それらに対する恩返しの気持ちから、地域活動への積極的な参加や集落内にある耕作放棄地の耕作請負などの地域援助行動に結びついていき、さらに地域社会の中から信頼を得ることになった。このように移住過程や移住後の生活の中で築いたパトロン・クライエント関係は、移住者を精神的にも経済的にも支えるセーフティネットとして働き、それが美山町内への長期定住に結びついていったといえる。

3―2　産業振興とＩターン者

以上のような考察から、公的な移住ルートがないこの時期においては、Ｉターン者が移住する際には、仲介者の存在が不可欠であることが明らかとなった。それでは、仲介者側は、どのような意図で移住者の仲介を行っていたのだろうか。

Ｉターン者が最初に移住を希望した1970年代には、過疎化の現状を打開するため、基幹産業である農林業を中心に産業振興を図ろうと役場に産業振興課が新たに設置された。一方、美山町内にネットワークがないＩターン希望者は、まずは役場を訪問して情報を集めようとした。そこで移住希望者らにまず紹介されたのが、産業振興課であった。

Ｅ氏を支援したＡＺ氏は、新しく創設された産業振興課課長の職にあった。ＡＺ氏は、美山町の農業に対して危機感を抱いており、耕作放棄地の増加と収穫効率の悪い荒田に対して57ある集落ごとに根気よく話し合いを進め、圃場整備事業を推進した人物であった。そして、新規移住者による産業振興を支援する方針を示し、移住希望者の希望に添えるように融資や土地交渉等にも尽力した。退職後も京都府の農業会議で新規就農ガイド事業に携わり、京都府下でも長らく新規就農者の支援を行った(14)。

AZ氏の部下であったK氏やT氏も産業振興課職員として、また、町内の活性化を願う美山町出身者としてIターン者の支援を行った。K氏は、居住場所が確保できないD氏を自宅に間借りさせ、農業志望のD氏に農家の手伝いを斡旋した。また、B氏がK氏の居住するu集落に転居してくると、集落の住民に溶け込めるよう気を配り、B氏の特技を生かした職を斡旋するなどの支援を行った。K氏は後に、「美山ふるさと株式会社」の代表取締役に就任し、1990年代以降の移住者支援にも組織の長として関わっている(15)。

同じく産業振興課職員のT氏も出身地のt集落に移住者を斡旋している。t集落は、1970年以降、集落の三分の一が離村する事態に陥った。危機感を強めたT氏やt集落住民は、1980年代から空き家所有者と移住希望者との間を仲介して町外者の居住促進を図った。t集落も他集落と同様に村の共同体意識が強く、伝統的な行事が盛んであった。しかし、集落内の農事組合が主催する収穫作業や江戸時代から続く八幡神社の祭礼行事に対してIターン者にも門戸を開き、祭礼行事の合同練習や共同作業などを通して次第に集落に溶け込むように促した。さらにT氏は、移住してきたIターン者に対して集落内のしきたりや日常生活に関して相談に乗り、移住者の意見を拾い上げることで集落と移住者との仲介役を果たした。このようにIターン者を積極的に集落の一員として迎え入れる体制を取ったことで、Iターン者が住みやすい集落づくりを実現していった。こうした取り組みが功を奏し、町内の他集落に居住していたIターン者が次々にt集落に転居する事態にもつながった(16)。

さらに、農協支所長の職に長年携わったS氏は、A氏ら新規就農者の就農地や資金確保の際に美山町内での保証人となり、彼らの就農に大いに貢献している(17)。同じく農協生産課長であったN氏も新規就農者に対して保証人になるなど支援を行った。Ｎ氏は、産業振興課職員のＫ氏と同じ集落居住者であり、集落の先輩であるＫ氏を手本として、集落内のＩターン者に対しても孤立させないように心がけた。Ｎ氏は後に「美山ふるさと株式会社」の専務理事となり、１９９０年代以降も多くのＩターン者を支援し続けることとなった(18)。

このように公共機関の同じ部署内や同じ集落出身者がＩターン者の移住に際して大きな役割を果たした。彼らは、職務としての支援よりは一歩踏み込んで、居住場所の確保、転居、農地取得の過程などで多くの個別的な支援を行っている。それは、彼らがすべて美山町へのＵターン者であったことが大きく関係している。彼らは、高校進学や就職で町外に出た後、長子として家を継承するために帰郷したＵターン組で、他地域で暮らすことで出身地を相対化して眺める目が養われていた。そのため、農林業の衰退が深刻で過疎化が進行する美山町に対して危機感を強く抱き、打開策を常に模索していた。そして、都市から訪れた若いＩターン希望者に対して、少なからず期待を抱きながら彼らの移住に協力する姿勢を取るようになっていった。

ところで、このような役場職員や農協職員とＩターン者の間に築かれたパトロン・クライエント関係は、美山町にとっても新たな局面をもたらした。職員らは、時代の流れとは逆行して都市から農山村に移住したＩターン者の考え方に興味を示した。たとえば、役場職員であるＫ氏は、「クズヤ」と呼ばれて町内では評価が低く、当時急速にトタン葺きに建て替えられていた茅葺民家についてＩターン者のＢ氏に意見を求めたところ、「あの茅葺きはいい。ぜひ残すべきだ」と評価したことを覚えており、都市住民と農山村に生活する住民との見方の違いを実感したという。また、役場では、農村の魅力や今後の美山町について意見を交わす座談会をしばしば設けて彼らの意見に耳を傾けた。Ｉターン者のＢ氏やＣ氏は、美山町長から「都会から来た人だから意見を聞きたい」と意見を聞かれたり、マスコミの取材を受けたりと美山町の広告塔のようであったと回想している。Ｋ氏がその後保全活動に関わった「クズヤ」は、１９９３（平成５）年に伝統的建造物群保存地区の指定を受けて、その田舎らしい独特の景観が都市の人びとを引き寄せ、美山町の都市農村交流に大きく影響を与えることになる。

さて、このようにパトロン・クライエント関係にある職員らとIターン者との結びつきにより、都市からの眼差しが農山村に入り込むことになった。その眼差しは、職員らに自分たちが住む農山村を再認識させ、その魅力を地元に対しても都市に対しても発信させた。そうすることで、さらに新たな都市住民が美山町に惹きつけられていくことになった。美山町における村おこしの観点から見た場合、彼ら役場職員や農協職員は、移住者個人に対する仲介者であっただけでなく、「二つのシステムの〈間〉にあって、それらの相互作用を媒介・仲介」［田中 2002、本書第6章田中論文］するという形で、農山村と都市とを結びつける働きをしたのである。

3―3　仲介者を介した移住から仲介組織を介した移住へ

このような1970年代、1980年代に見られたパトロン・クライエント関係に基づく個人的ネットワークの構築は、その後にできた公的支援体制の下でどのように変化していったのだろうか。先に述べた第二世代のIターン者受け入れの様子も若干ながら見ておきたい。

美山町は、前にも述べたように1992（平成4）年に公的な不動産会社、移住者受け入れ組織として、町と町内経済団体が出資する第三セクター「美山ふるさと株式会社」を設立した(19)。この組織は、今日では多くの地方自治体が実施している移住促進のPRや移住後の生活に対する報奨金制度を実施しなかった。その代わり移住者に対して、①子供のいる世帯により地域の教育条件の改善に資すること、②集落の合意に基づき各地域に分散させて、集落活性化に資すること、③受け入れを計画的に誘導するために登録制により数年間の経過期間を設けること、④農林業への新規参入者を優先すること、の原則を設けて対応した［宮崎 1997］。さらに、移住希望者は、家族の同意を得られていることと、住民票を移して定住すること、集落のルールに従うこと、集落での付き合いを円滑に行うよう心がけることを職員から説明され、それに納得した上ではじめて不動産用地や借家を紹介された。これは、美山町が求める移住者像を明確化し、美山町にふさわしい移住者に対して支援を行うもので、結果的に移住希望者を選別する役割を担うものであった。そして、一旦契約が結ばれた場合は、職員が集落内のあいさつ回りへの同行、トラブルが起きた場合の対処などの入居後のアフターケアが行われた。このような移住者選別と丁寧な対応により会社を通した移住者は地元住民から信頼を置かれるようになった[20]。

ところで、このような美山町独自の厳格な移住者受け入れ方針はどのように作られたのだろうか。これは、後に「ふるさと株式会社」の代表取締役に就任する産業振興課職員のK氏とIターン者で移住後にIターン希望者の相談にも乗っていたB氏が作成した田舎暮らしの掟――「田舎暮らしの7か条」――の考え方が元となっている。これは、過酷な自然環境と経済状況に立ち向かい、長く定住してもらうためには、覚悟を持って移住してきてもらいたいと、Iターン希望者への移住条件として作成したものであった（『朝日新聞』大阪本社版夕刊2009年8月4日）。移住者を受け入れる際には一定の基準が必要であるとの考え方は、「美山ふるさと株式会社」の規則の下地となった。つまり、個人が行っていた仲介的役割が公的な移住者受け入れ機関に継承されることになったのである。

ただし、そうは言っても、組織的仲介への移行は、個人的仲介とは異なった側面を見せる。「美山ふるさと株式会社」が開設されたことで空き家物件や土地は流通し、多くの移住希望者のニーズに応えられるようになった。しかし、これらの土地や建物は、在外者所有の場合も多く、集落からは切り離された状態で不動産物件として販売される。そのため、居住する集落が移住者を受け入れる体制にあるかどうかは不動産物件情報では図りえない。また、従来は住宅の所有者か代理人が移住者と集落との橋渡しの役割を担い、移住者の生活が円滑にスタートできるように促していたが、その役目も「美山ふるさと株式会社」に代替されることになった。「美山ふるさと株式会社」は、入居時や一定期間のアフターケアを行っているが、入居後の集落への適応は、基本的には移住者個人に任されている。

たとえば、1996（平成8）年にIターンの新規就農者を初めて受け入れたある集落では、農業生産性の低い美山町にあえて移住した新規就農者に対して不信感を抱き、距離を置いた。移住者は、集落組織や行事についての情報も乏しく、集落の行事に出席できず孤立した。住民は、移住者の有機農法のやり方にも懐疑的で、不作の年も集落住民からねぎらいの言葉はなかったという。そのような雰囲気から移住者は、集落内で関係をうまく構築できず、別の集落に転居せざるを得なくなったようである。このように、集落内に仲介者がいないことの影響でIターン者が孤立するケースも少なからずみられる。(21)

定住は、移住する側と受け入れる側との関係により決定される。双方が共同して集落に関わることができれば、Iターン者が集落の一員としてのアイデンティティを持ち、その地に定着しやすくなる。しかし、公的な仲介組織に集落固有の事情に合わせた個別的な対応を望むことはできない。「最近のIターン者は、どの集落に誰が入ったのかよくわからない」、「ぜひとも美山町に来たいという気概のあるIターン者が減った」という嘆きや「Iターン者は小粒になった」と評価する地元住民も少なからずいる。美山町への移住希望にこだわりを見せる人よりは、条件を満たす人を移住させる傾向がある。個人的ネットワークの構築から組織的な移住システムへの移行は、パトロン・クライエント関係の希薄化をもたらした。パトロン・クライエント関係の希薄化は、可視化されたIターン者から不可視化されたIターン者への変化をもたらしている。

昨今は、Iターン者のための窓口機能が多くの地方自治体で整備されてきたが、窓口機能が整備されたからといって移住希望者が長く定住してくれるとは限らない。移住者と集落との間の橋渡しが円滑であるかどうかが移住後の生活に関係してくる。定住を促進させるには、パトロン・クライアント関係のような個人的なつながり、それも継続したつながりの上での移住者個人へのアフターケアが必要となろう。

おわりに

Iターン者が定住するのには、一つには、その地域独自の選定基準に見合うかどうか、二つ目は、移住に至る過程で仲介者や仲介的組織を持ちうるかどうか、三つ目は、定住先の集落が受け入れ体制を取るかどうかが関連してくる。本章では、美山町へのＩターン者の移住過程の考察を通して、移住時や定住時における仲介者の役割を明らかにした。

農山村に定住するにあたっては、都市と村落との習慣の違い、人間関係の違いなどの相違が地元住民との間に齟齬を生んでいく。Ｉターン者は、土地や建物などの不動産物件を単に購入するという都市生活者が陥りがちな意識ではなく、景観や人間関係も含む地域そのものを手に入れ、参加し、その中で生活する意識を持つことが必要となる。その際に問われるのは、親族・友人・近隣関係が濃密な村落社会に入り込む覚悟である。その際に、地域で信頼が置かれているしかるべき人の紹介があれば、その地に住むこともその後の生活も、より安定的なものとなる。美山町の場合、１９７０年代、１９８０年代には、地元居住者である個人が、１９９０年代以降は、不動産業に従事する公的機関が移住者の仲介役を果たした。仲介者が移住時だけではなく移住後の生活にも継続して関わり、地元との橋渡しをしていたことにより、移住地に適応しやすい条件が作られていた。

ところで２０００年以降、過疎化や高齢化が顕著となった全国の農山村では、都市からの移住者受け入れに本格的に取り組むようになった。政府も各種支援策を講じて自治体の施策を支援している。このような時代の要請により、受け入れ集落側でも徐々に移住者に対する拒絶感が緩和され、むしろ歓迎の意識を持つ集落も出現している。美山町の場合も、少子高齢化や産業の衰退に危機感を持つ集落ほどＩターン者を歓迎し、受け入れる雰囲気になっている。Ｉターン者の子供たちが増加することで廃校を免れた小学校や、「第一世代」及び初期「第二世代」の区長就任、さらに、もともとその集落に住んでいた「地戸」だけでなく寄留者や「新住民」であるＩターン者等にも平等に財産区の権利を分配する集落が出始めている。しかしそれは、集落や山林の維持・管理ができなくなるほどの人口減少と高齢化が顕著となった集落での苦肉の策でもある。今や「地戸」の数が自然現象に伴い減少する中で、地域の中核を担う存在にＩターン者が含まれるようになっている。「新住民」と呼ばれるＩターン者も、移住からすでに30年以上が経過して、「地戸」以上に美山町へ根付いた生活者となっている場合もある。自らが働き、生活する場所として美山町を選択した、その自負と土地に対する愛着心をＩターン者は持ちあわせている。美山町の現状に対して危機意識を持ちながら改革しようとした役場職員や農協職員のような「地戸」でパトロンたり得る人びとが減少する中、地元に溶け込んだIターン者は、彼らに代わって地域社会を牽引するようになるかもしれない。「地戸」と「新住民」とのパワーバランスが、数十年にわたる過疎化と高齢化の波の中で変化し始めている。

注

（1）Iターン者のみの移住者数は、京都府統計書が発行する市区町村別人口動態では明らかにならないために、1990年以前の数値は『朝日新聞』大阪本社版（1990年11月8日朝刊）、1992年以降の数値は、「美山ふるさと株式会社」が把握している数値［美山町誌編さん委員会 2005］である。さらに、美山ふるさと株式会社からの聞き取り（2004年8月2日）によると「美山ふるさと株式会社」を通した移住は、年間移住者の約半数ほどであるため、実際のIターン者数はさらに多いものと推測される。

（2）美山町においてIターン者「第一世代」14人、「第二世代」13人、Iターン者以外の美山町在住者22人にインタビューを行った。実施期間は2000年9月～2009年10月であった。

（3）「第一世代」のインタビューの中では、「就職活動をする中、木工を見学する機会があり、問い合わせ訪問しました。白雪に覆われた芦生の町と山菜と木工で行う町づくりが印象的でした。大学に籍を置いたまま木工の仕事に惹かれ芦生へ」（山菜加工業、1981年20歳代で移住、男性）、「大阪に住んでいましたが、季節感が余り感じられませんでした。また、水道水では良い墨色がでません。そこで、抒情書家にふさわしい環境で、しかもきれいな水が得られるところへとアトリエ探しの旅に出ました」（書家、1985年30歳代で移住、男性）などの語りが見られる。仕事場として生活の場として農山村環境に魅力を感じて移住を決意した様子が語られている。

（4）「第二世代」のインタビューの中では、「田舎暮らしが流行っていたので友達もあちこちの田舎に引っ越していき、それを見ていいなあと思っていました。畑がしたかったし、鶏や豚、ペットが飼いたかった。ある人が美山町ではペンションがないからやったらどうかと薦めてくれた」（ペンション経営、1994年40歳代で移住、女性）、「なんとなく田舎で暮らそうかなと思って、そうするとたまたま森林組合で募集があって主人が働こうかと」（主婦、1995年30歳代で移住、女性）、「もともと山が好きで毎週山に通っていました。芦生の山に憧れてここにやってきました。田舎に来たら都会の子向けに自然教室や山小屋をしたいと思っていました」（床苗業、1997年50歳代で移住、男性）などの田舎暮らしへの憧れが動機として語られている。

（5）この時代の集落の状況については、美山町在住のU氏、N氏、TH氏からの聞き取り（2003年3月17日～2004年9月13日）による。

（6）美山町は戦前から林業・製炭業が盛んで、1940年代には、岐阜県の製炭者、朝鮮半島出身のマンガン鉱採掘者、1950年代には大水害後の土木工事の請負人が石川県や富山県から、1960年代には高知県の山林労務者等が出稼ぎ人として長期滞在した［知井村史編集委員会 1998］。彼ら長期滞在者の大半は仕事の終了と共に地元に引き揚げたが、一部の者は定住した。われわれが行った「地戸」へのインタビューでは、「寄留者」が集落のはずれに土地を借り受けて同郷者で集住していたこと、お国訛りの言葉を話していたこと、「地戸」は、「寄留者」に対して同じ集落メンバーとの認識が希薄で、会話をほとんどしたことがなかったことが語られた。

（7）空き家事情に関しては、美山町在住のN氏、T氏、NG氏からの聞き取り（2004年3月22日～2004年8月2日）による。

（8）A氏からの聞き取り（2004年8月1日）と相川・會田・秋津・本城［2006］の記述による。

（9）B氏からの聞き取り（2002年9月1日）と森［1986］の記述による。

（10）C氏からの聞き取り（2004年9月12日）による。

（11）D氏からの聞き取り（2002年9月3日）による。

（12）E氏からの聞き取り（2001年9月14日）による。

（13）美山町出身の町職員からの聞き取り（2002年9月14日）による。

（14）AZ氏からの聞き取り（2004年8月2日）による。

（15）K氏からの聞き取り（2004年9月13日）やB氏、D氏からの聞き取りによる。

（16）T氏からの聞き取り（2004年9月13日）による。

（17）S氏からの聞き取り（2004年9月12日）による。

（18）N氏からの聞き取り（2002年9月1日、2004年8月2日）による。

(19)「美山ふるさと株式会社」は、1992年の設立当初は土地、建物斡旋の不動産事業のみであったが、農協閉鎖に伴う組織変更により、2001年からは、特産品製造・販売部門やアンテナショップ機能が新たに追加され、美山町の村おこし的な会社となっている。

(20) 1990年代以降のIターン希望者は、「田舎暮らし」関連の雑誌が数々創刊されることで田舎暮らしの実践情報を得ることが容易となり、「郷に入れば郷に従え」を肝に銘じて移住を希望するようになった。そのため、地元住民と移住者の間に表立ったトラブルはなくなっている。

(21) KS氏からの聞き取り（2009年10月2日）による。

参考文献

相川良彦・會田陽久・秋津ミチ子・本城昇［2006］『農村を目指す人々』筑波書房。

鰺坂学［2009］『都市移住者の社会学的研究』法律文化社。

河田潤一［1983］「恩顧主義に関する一考察」『甲南法学』24（1）。

京都大学人文科学研究所［1971］『山村における家族の生活――京都府北桑田郡美山町豊郷地区の場合――』京都大学人文科学研究所調査報告27。

京の田舎ぐらし・ふるさとセンター編［2008］『京の田舎ぐらし』京都新聞出版センター。

栗本英世［2000］「国家、パトロン・クライアント関係、紛争――現代アフリカ論の試み――」『NIRA政策研究』13（6）。

高木学［1999］「過疎活性化にみる『都市―農村』関係の諸相」『京都社会学年報』KJS7。

高木学［2000］「『離都向村』の社会学――Iターンに見る過疎地域と都市の相互作用――」『ソシオロジ』44（3）。

高野美好［2003］「『日本一の田舎づくり』をめざす人と組織――京都府美山町――」『住民と自治』480。

竹下聡美［2006］「屋久島へのIターン移住における仲介不動産業者の役割」『人文地理』58。

田中滋［2002］「媒介者たちの社会学はどこへ？――フィールドとしての社会学――」（特集『現代社会の危機と社会学の役割』）『フォーラム現代社会学』（関西社会学会）、創刊号。

田畑保［1997］「新規参入をめぐる問題状況と新規参入対策の問題」『農業と経済』63（11）。

知井村史編集委員会［１９９８］『知井村史』。

原（福与）珠里［２００２］「新規参入者のサポートネットワーク」『村落社会研究』８（２）。

松田素二［１９９６］『都市を飼い慣らす――アフリカの都市人類学――』河出書房新社。

松本通晴［１９８５］「都市の同郷団体」『社会学評論』36（１）。

三須田善暢［２００５］「新規参入者の土地確保過程と村落――山形県飽海郡遊佐町藤井での事例」『村落社会研究』11（２）。

美山町［２０００］『京都府美山町における村おこしの取り組みと課題』。

美山町誌編さん委員会［２００５］『美山町誌　下巻』。

宮崎猛［１９９７］『グリーンツーリズムと日本の農村』農林統計協会。

森茂明［１９８６］『晴れて丹波の村人に』クロスロード。

成城大学民俗学研究所［１９８７］『山村生活50年その文化変化の研究――昭和60年度調査報告――』。

山本正和［１９９４］「都市の同郷人関係と同郷団体」、松本通晴・丸木恵祐『都市移住の社会学』世界思想社。

MacDonald, J .S. and L. D. MacDonald［1964］“Chain Migration Ethnic Neighborhood Formation and Social Networks,” *The Milbank Memorial Fund Quarterly*, 42（1）.

（柴 田 和 子）

第5章　村おこしとエイジズムの克服
――過疎地域における「老い」の意味――

はじめに

中山間地域の人口構造は戦後の高度経済成長期における若年人口の流出によって大きく変化した。この変化は、地域社会の構造や制度に大きな影響を与え、さらに人びとの意識にも影響を及ぼした。そして、高齢化は、今や中山間地域だけではなく日本全体でも社会問題として関心を集めている。

本章では、まず、日本社会全体の高齢化（エイジング）の現状を明らかにした上で、戦後の近代化に伴って形成された高齢者をめぐる負の言説について考える。次に、中山間地域の一つである美山町の高齢者の現状を明らかにし、さらに美山町における高齢者をめぐる二つの言説（高齢者自身の言説、地方行政における言説）をそれぞれ取り上げ分析する。そして、最後に今後の中山間地域における高齢者と地域社会のあり方について考える。

1　日本社会の高齢化

1―1　エイジングとエイジズム

エイジングは、老化あるいは加齢と一般的には訳されているが、エイジングには二つの意味がある。一つがまさに「加齢」を意味する個人のエイジングであり、もう一つは「高齢化」を意味する人口構造におけるエイジングである［浜口・内田・柄沢ほか編 １９９６］。

前者の個人のエイジング（加齢）については、生物個体としての個人が高齢期に達することと、その個人がその置かれた社会関係の中で正あるいは負の意味を付与されることとを区別して考える必要がある。たとえば、「老人」や「老い」あるいは「老化」は、一定の歴史的な社会関係の下で「高齢者」に正あるいは負の意味が付与されることによって形成された概念であるということになる。

Ｒ・バトラーは年齢差別・老人差別を意味する「エイジズム」を最初に使用し、高齢者に対する六つの偏見が「非現実的な神話」であることを明らかにしたが、このエイジズムは、まさに近代という歴史的な社会関係の下で「高齢者」に負の意味が付与されることで生み出された差別意識である。そして、人口構造のエイジングすなわち社会の高齢化も、エイジズム（年齢差別、高齢者差別）を強化する傾向にあると言えよう。

1―2　日本社会の高齢化

人口の高齢化とは、65歳以上の高齢者（以下、高齢者と言う）の全人口に占める比率が増加することを言い、国連の定義（１９５０年）によれば、65歳以上の人口が全人口の７％を超えた社会が「高齢化社会」である。日本では、１９５０年代初めまでは高齢者人口の比率は５％弱で安定していたが、１９５５（昭和30）年には５・３％へと比率が

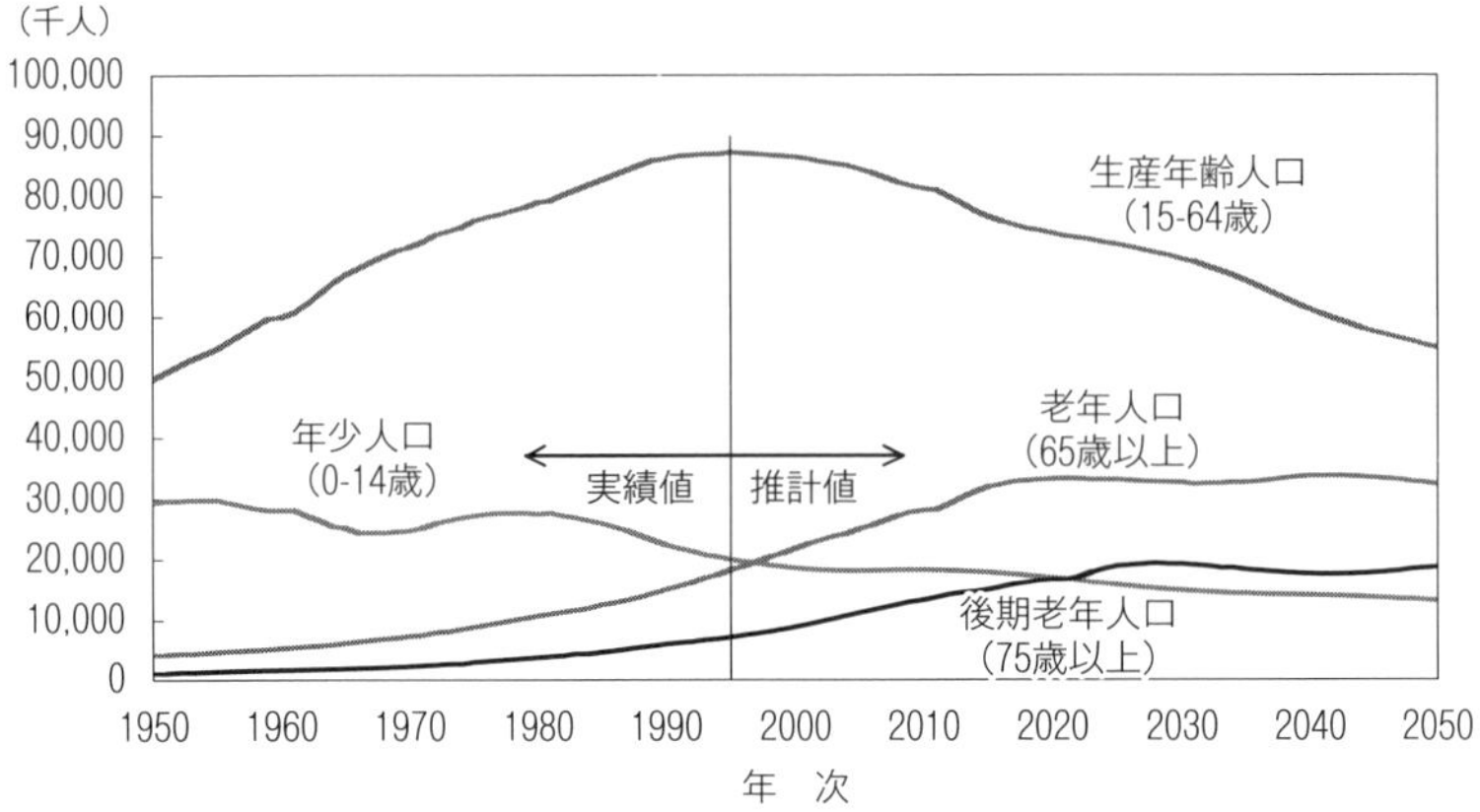

図5−1 日本の年齢3区分別人口の推移：中位推計の結果

出所：国立社会保障・人口問題研究所『日本の将来推計人口（平成9年1月推計）』2001年.

高まり、高度経済成長の終わり頃、1970（昭和45）年には7・1%になり、国連の定義による高齢化社会に突入した。これ以来、わが国も他の先進諸国と同様に高齢者比率は増加の一途をたどっている。高齢者比率が14%を超えた社会を「高齢社会」と言い、さらに高齢化が進行し高齢者比率が20%を超えた社会を「超高齢化社会」と言う。日本が14%を超えたのは1994（平成6）年である（図5−1、図5−3）。

それ以降も高齢者人口比率は高くなり、2000（平成12）年には日本の高齢者人口比率は17・5%となった。さらに、1997年の『日本の将来推計人口（平成9年1月推計について）』［国立社会保障・人口問題研究所 2001：39］では今後も人口の高齢化は進み、2025（平成37）年には27・4%、2050（平成62）年には32・3%となり、三人に一人が高齢者となると予測している［国立社会保障・人口問題研究所 2001：35—40］。

日本の人口高齢化は三つのSと呼ばれる特徴を持っている。第1に、スケール（scale）が大きいことで、2000（平成12）年には世界で最も高齢者比率の高い国（17・5%）となった［国立社会保障・人口問題研究所 2001：41］。第2に、そのスピード（speed）が速いことである。日本の高齢者比率が7%（高齢化社会）から14%（高齢社会）に達した期間は24年間であった。諸外国が「高齢化社会」から「高齢社会」に達した期間は、アメリカが70年、フランスが130年、スウェーデンが85年であり長い年月を要したのに比べると、日本の高齢化がいかに急速に進んだかがわかる。第3に、シニア（senior：後期高齢者）が多くなることである。高齢者を65～74歳の前期高齢者と75歳以上の後期高齢者とに区分すると、現在では前期高齢者が多く、前期と後期の比は6対4となっているが、将来は4対6となり75歳以上の高齢者の方が多くなると推測されている［国立社会保障・人口問題研究所　2001：35―40］。

また、日本の高齢化の地域格差は大きい。過疎地域(1)の高齢者比率の平均値は30・3％（2000年）と全国平均値に比べ著しく高い［過疎対策研究会編　2002：31］。

都道府県別の高齢者比率をみると、最も高いのは島根県で25・7％、次いで高知県（23・9％）、秋田県（23・5％）、山形県（23・3％）となっており、これらの地域には若年人口の流出の激しい過疎地域が多く含まれている［過疎対策研究会編　2002：19］。

1―3　エイジングをめぐる言説――日本

戦前日本では明治民法によりイエ的・儒教的倫理が重視され、「長幼の序」の言葉が示すように高齢者の地位は強固なものであった。しかし、戦後の民法改正により扶養制度が厳格な規定から自由裁量的な規定へと変化したことと民主主義による新しい家族規範により伝統的な「親扶養」は崩れ、都市部での核家族化が進行し、高齢者世帯の急増が「老人問題」として浮上した。

1960年代の高度成長期には、経済成長が年率10％を超え、勤労者の所得は増大した。しかし、労働力に制約を持ち生産に従事できない高齢者・傷病者・障害者は高度経済成長の恩恵を十分に受けられなかった。また、高齢者個人の能力とは関係なく導入された「定年制」により高齢者は過剰労働力として労働市場から締め出されることになる。さらには、生産技術の発展速度が速い社会では、高齢者が長年の経験から獲得した知恵や技術の伝達者として機能することはなくなる［西田　２０１１］。

このように近代化により経済が発展することで、社会の基本的価値志向は高齢者の地位を低下させる方向となり、高齢者を社会から排斥しようとする論理が起こってくる。「のろい、役にたたない」、「能力が低下している」などという高齢者に対するステレオタイプが形成され、高齢者は社会的弱者としての「老人」となっていった。さらには１９７０年代には有吉佐和子の『恍惚の人』やボーボワール『老い』が出版され老人問題が話題となる。老人問題に関心が高まる一方、「老人は汚い」、「老人は惚けて世話がかかる」というさらなる老いの否定的なイメージが社会に流布することになった。

法的には、老人福祉法１９６３（昭和38）年に「老人は、多年にわたり社会の進展に寄与してきた者として敬愛され、かつ、健全で安らかな生活を保障されるものとする」とされた。これは高齢者が「過去」により「敬老」を受けるとしていて、そこから伝わる高齢者像は「現に社会で活動している人」ではないが、「保障の対象となる人」というものである。さらに、高齢者に対して、政府は福祉国家としての年金制度による所得の再配分を行ったが、生活費用として十分ではなく、さらに物価上昇は高齢者に生活不安をもたらした。

高齢化問題はこのようにして作られていった。そして、「高齢化問題」は「老人対策」という制度を生み出し、社会全体の中にマイナスの高齢者像いわゆる「老人」を生み出し、社会問題化し、老後・老人問題とも呼ばれた［孝橋１９７６］。社会全体のエイジズムは、高齢化が進行する社会において人びとの老いの捉え方と老いの価値に密接に関係している。

戦後の日本における「老化」をめぐる言説は、近代化がもたらした高齢者人口比率の急激な上昇への危機感と高齢者の地位と役割の変化に伴なう「老い」に対する否定的イメージを核とし、「老人問題」を構築していったのである。

2　美山町の高齢化

2—1　高齢者を取り巻く環境

美山町の高齢者の生活を理解する上で必要な高齢者をとりまく環境をみておく。まず美山町の自然環境からみてみる。美山町は総面積の約97％を山林が占めている。気候は日本海気候で、多雨多湿、平均気温13度と冷涼な地域で、冬季の積雪量が多い。これは一人暮らしの高齢者や、高齢者のみの世帯では雪かきの負担や日常の買い物、移動の不自由さにつながる厳しい居住環境であることを意味する。

また、一般的に高齢者は冬期に血圧の上昇、感冒、肺炎等の感染症にもかかりやすく、この季節の過ごし方次第では生命の維持にも影響する場合が生じる。そのため、高齢者にとり冬期の生活は多くの疾病に陥る危険性の高いものとなる。すなわち、自然環境と高齢者の身体状態から高齢者は冬期の生活で心身の活動性の低下を経験し、場合によっては疾病状態に陥ることになる。

美山町の自然は確かに厳しいが、山間地であるがゆえの豊かな自然にも恵まれている。それぞれの家の周囲には田畑が広がっている。農地は総面積の1・8％で、経営は零細であるが、多くの家庭で米と多品目の野菜の栽培が可能であり、旬の自家野菜が収穫できる。高齢者は自分たちで消費する野菜を作っている場合が多い。また、農作業は高齢者にとり農作物を得る手段というだけでなく、楽しみでありかつ先祖の土地を荒らさず守り続けるという意味ももつと考えられる。

次に、美山町の経済的、財政的側面をみておく。美山町の平均所得は全国100に対して63・3でかなり低く、京都府下でも最低である［朝日新聞社 2000：386—387］。これは美山町の人口構成が日本の平均に比べ労働人口が少ないことが影響していると考えられる。

また、地方税収の伸びが94・7と低くこれも京都府下で最低である［朝日新聞社 2000：386―387］。町財政からみると美山町は豊かな町とは言えない。町の主要産業は農林業であるが、深刻な林業の不振により現状の産業構造のままでは今後も税収の伸びは困難と考えられる。

2―2　超高齢化社会の美山町

美山町の人口高齢化の特徴を明らかにするために総人口と高齢者人口比率の年次推移をみてみよう。図5‒2に示したように美山町の総人口は近年やや緩やかになってきているが減少傾向にある。(2) 減少傾向にある総人口に対して、高齢者人口比率は、増加傾向にあり、少子高齢化が著しい。すでに1960（昭和35）年には65歳以上人口の比率が8・1％で、国連の定義による「高齢化社会」であった。それ以降も、高齢者人口比率は高まり続け、1975（昭和50）年には15・3％で「高齢社会」となり、1985（昭和60）年には高齢者の比率は19・5％となり、2000（平成12）年には32・3％となっている。

これは、町民の約三人に一人が高齢者ということである。美山町は日本全体に比べて早くに高齢化社会に突入し、特に1985～2000年にかけての15年間に高齢化は急速に進行している（図5‒3）。その意味において「超高齢社会」と言えるだろう。これは、日本全体の高齢化予測と比較してみると現在の美山町の高齢化がいかに速いかがわかる。先述した国立社会保障・人口問題研究所が1997年に推計した日本の将来人口によると、高齢者比率は2050（平成62）年に32・3％に達するといわれている。つまり、美山町では、これから約50年先の日本社会が迎える超高齢化社会が現実化していると言える。美山町の高齢化の傾向は出生率が低下していることから今後も続いていくと予測される［美山町 2000：4］。

次に、前期高齢者（65～74歳人口）と後期高齢者（75歳以上）の比をみると2000（平成12）年には6対4であるが、急激な後期高齢者の増加に伴ない2004（平成16）年には前期と後期の比は5対5となりその後、前期と後期が逆転

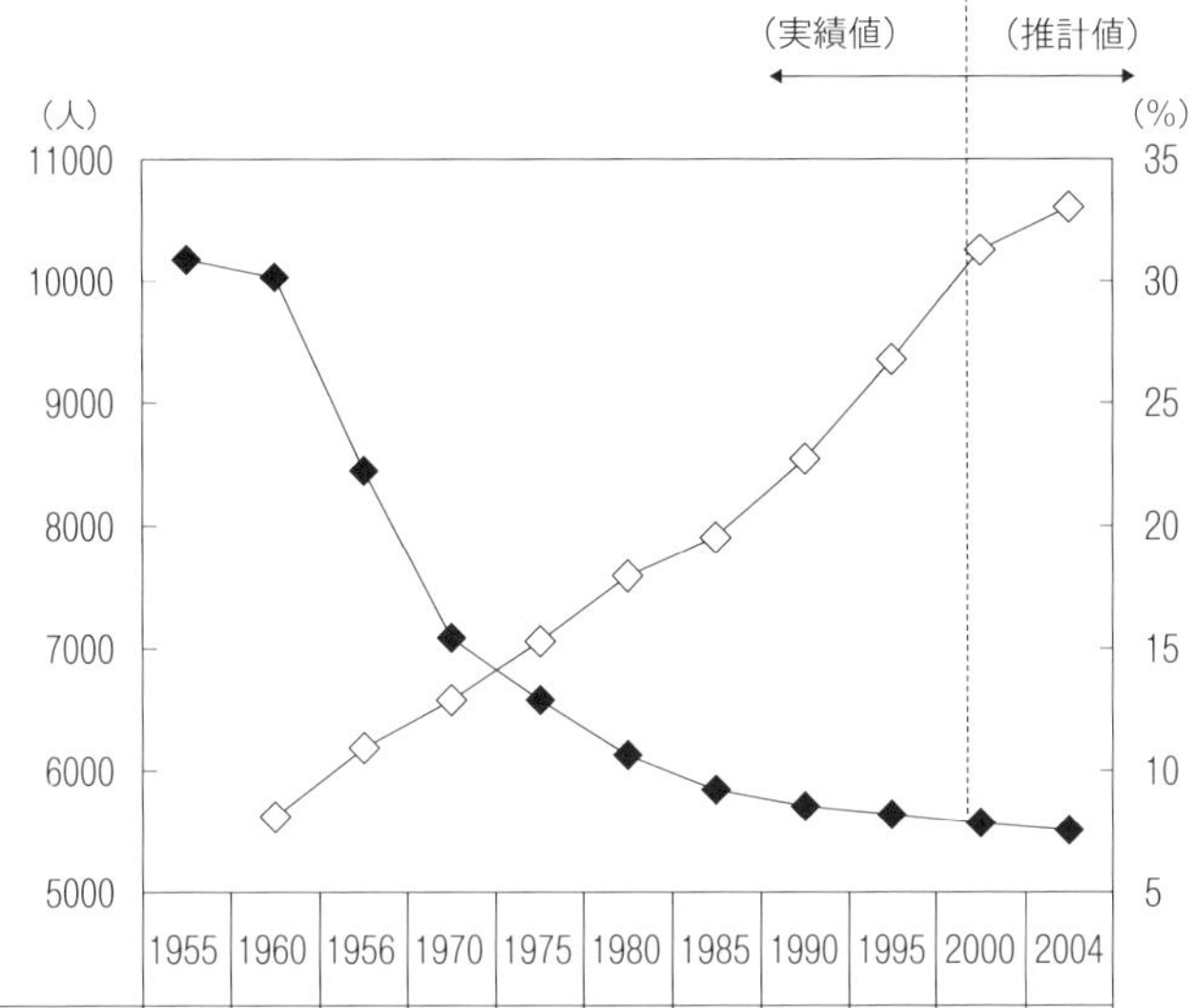

	1955	1960	1956	1970	1975	1980	1985	1990	1995	2000	2004
◆ 総人口数	1018	1003	8447	7081	6577	6122	5842	5704	5639	5570	5510
◇ 高齢者比率		8.1	10.9	12.9	15.3	17.9	19.5	22.7	26.8	31.3	33.0

図５－２　人口と高齢者比率の推移

出所：「美山町老人保健福祉計画・介護保険事業計画」による．

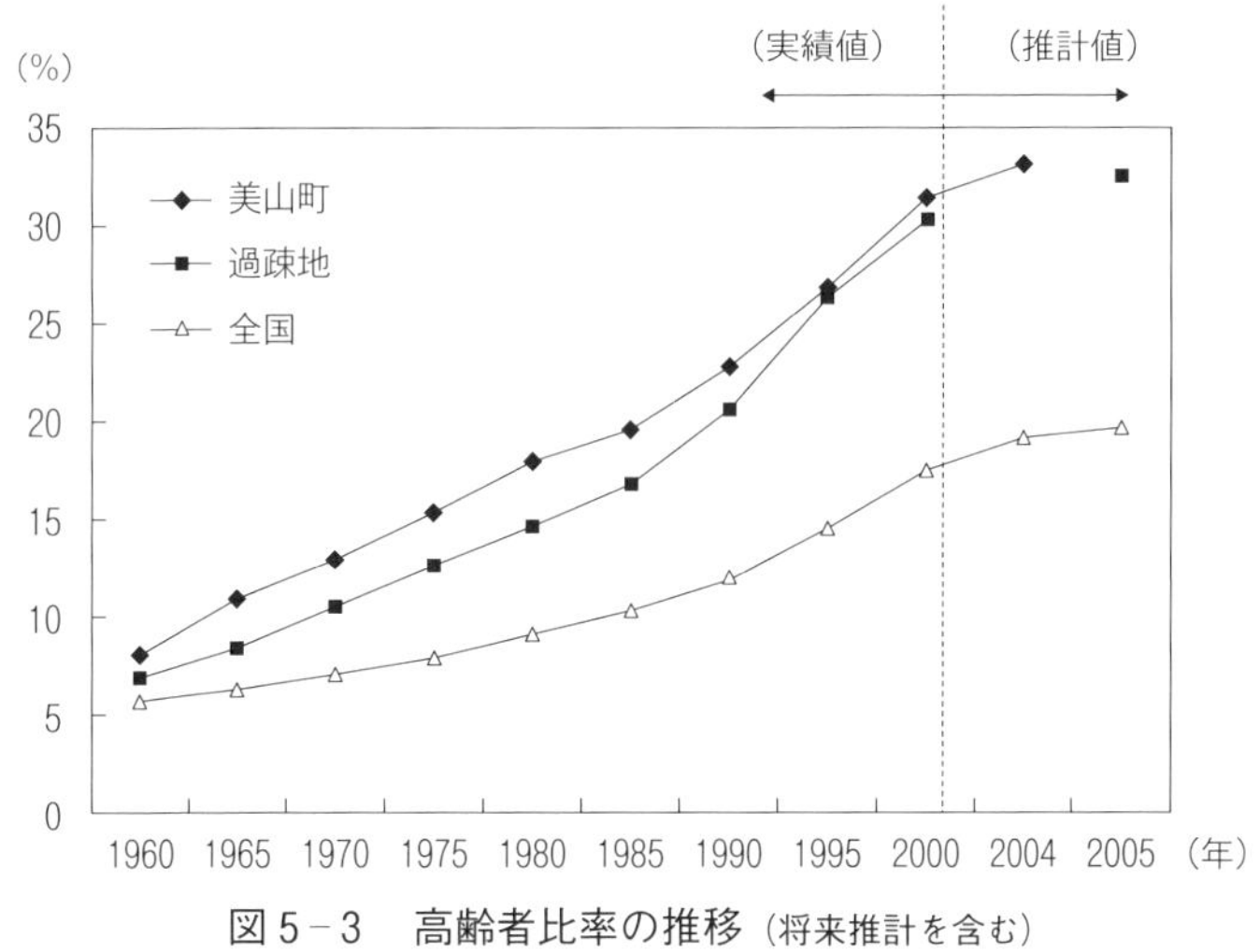

図５－３　高齢者比率の推移（将来推計を含む）

出所：1995年までは総務庁統計局「国勢調査」，2000年以降は国立社会保障・人口問題研究所「日本の将来推計人口」（平成９年１月推計）」，美山町のデータについては「美山町老人保健福祉計画・介護保険事業計画」．

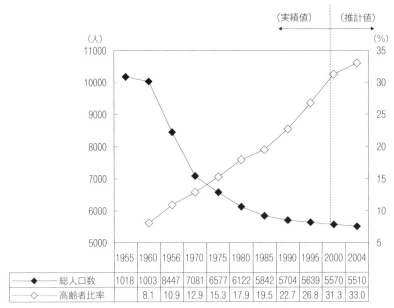

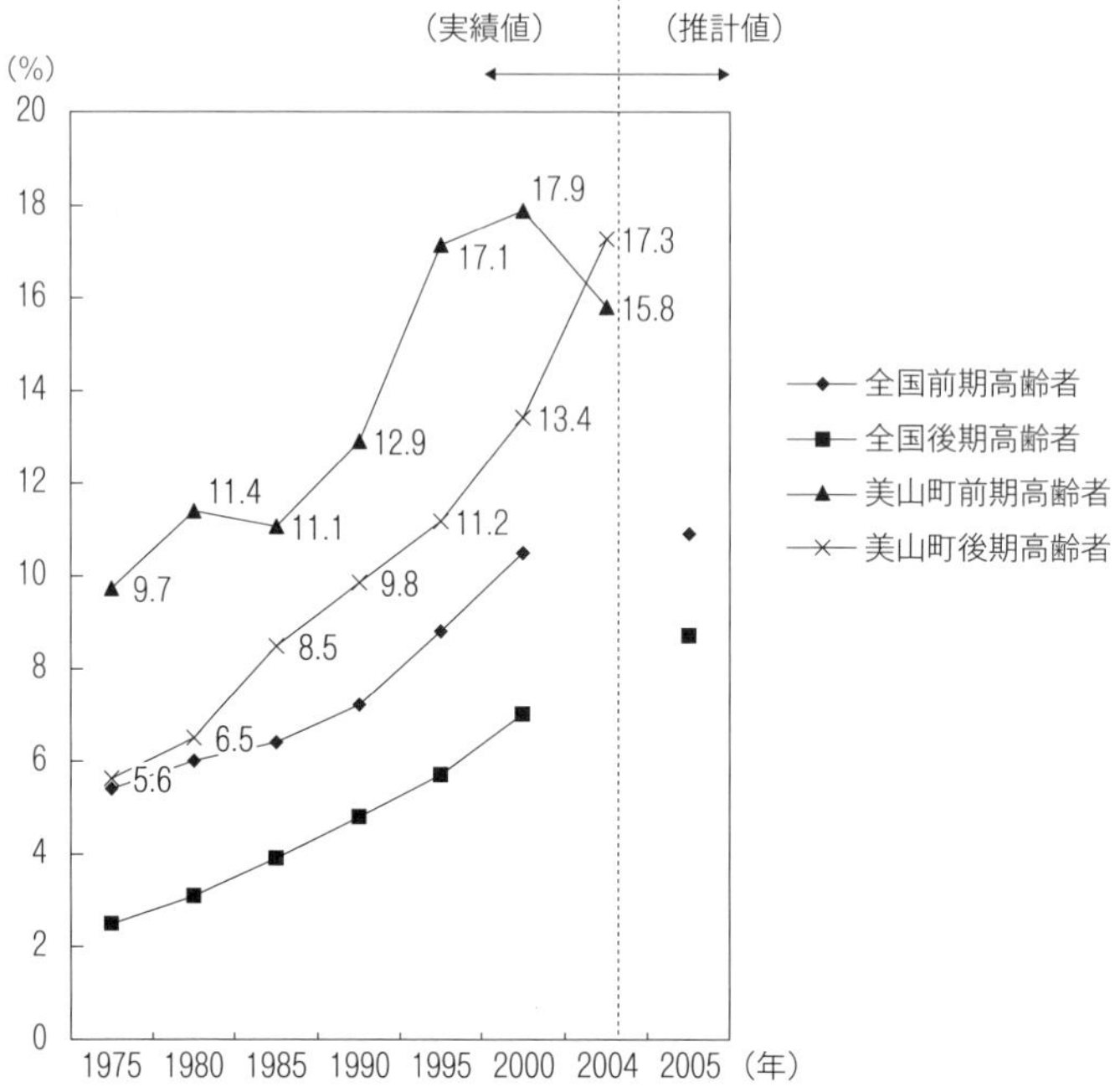

図5−4　前期高齢者と後期高齢者の構成比推移と将来人口

出所：1995年までは総務庁統計局「国勢調査」，2000年以降は国立社会保障・人口問題研究所「日本の将来推計人口」（平成９年１月推計）」，美山町のデータについては「美山町老人保健福祉計画・介護保険事業計画」．

する傾向にあると推測されている［美山町２０００：６］[3]。日本全体では、前期と後期の比は現在6対4であり、5対5になるのは２０２０年と推計されている（図5−4）。

さきに日本の高齢化の特徴は三つのS（スケール、スピード、シニア）で表されると述べたが、美山町は日本全体に比べて顕著にその特徴を有している。人口の過疎化が進行し、若年層の流出により、現在も急速な高齢化現象が進行している。美山町は将来日本全体が向かう人口構造をすでにモデルとして示していると言えよう。

この急激な、そして地域格差を生じている人口の高齢化現象は地域社会の経済活動、行政活動、住民活動等にさまざまな影響を及ぼすと考えられる。現在の日本が、近代化の中ですでに否定的な老いのイメージを形成し、「老人問題」を引き起こしていることは前節で述べた。美山町は、さらに過疎化がもたらした急激な人口の高齢化ゆえにこの「老人問題」が拡大されている可能性も考えられる。

3 美山町の高齢者

3―1　高齢者と家族

人口の急激な過疎化に伴い、世帯構成も変容してくる。美山町では人口は減少傾向であるが、世帯数は横ばい状態である。そのため、美山町の1世帯当たりの人員は減っている。

1955（昭和30）年の1世帯当たりの人員は4・8人であったが、平成12年には2・95人と少なくなっている［美山町2002：7］。1世帯当たりの人員の減少傾向は京都府、全国とも同様の傾向である。しかし、美山町の1世帯当たり人員は**表5–1**に示したように京都府、全国平均より高い値を示している。

全世帯に占める高齢世帯状況は、世帯の約3割が高齢者の独居世帯または高齢者のみの夫婦であり、京都府、全国平均と比べてかなり高い。

この家族の構造的な変化は家族機能にも変化をもたらすと考えられる。それには大きく二点あげられる。第1に家族の構成単位が小さくなることによる危機的状況への対処能力の低下が考えられる。特に高齢者世帯では危機的と言えないまでも生活状況の変化に対応すること自体が困難になっている場合もある。また、夫婦のみの高齢者世帯ではどちらか一方が介護を要する状態になった場合には、いわゆる「老老介護」という高齢者介護の状況となる。高齢者福祉制度が充実してきたとはいえ、重度の寝たきりや痴呆症状に陥った高齢者が単独で生活できるほど社会保障制度は充実していないのが現状である。

先に述べたように、美山町の自然環境は高齢者が生活する上で不便な側面がある。高齢者のみの世帯では家族の補完

表5－1 世帯構成　2000（平成12）年

	世帯数	1世帯当たり人員	65歳以上世帯			
			独居世帯		高齢者夫婦のみ世帯	
			数	割合（%）	数	割合（%）
美山町	1,809	2.95	225	12.40	255	14.1
京都府	860,309	2.59	32,948	5.90	215,193	6.65
過疎地	2,451,846	3.02	238,243	9.70	297,356	12.1
全　国	4554.5万	2.76	307.9万	6.76	298.2万	6.55

出所：美山町は京都府周山保健所資料．全国と京都府は厚生労働省「国民生活基礎調査」．
過疎地域は過疎対策研究会編［2002：35］による．

的な助けがなく、冬期の生活が成り立ちにくい状況が生じるため、危機的状況に陥るおそれがある。そのため、美山町では高齢者世帯のための雪かきボランティア等の近隣や公的なサポートで高齢者の生活を支えようとしている。高齢者だけでなく周囲の人達や行政が高齢者の生活に関心を持たざるをえない状況がある。

第2に家族構造の変化がもたらす家族の意識面での変化である。戦前の家父長制はなくなり家族内の序列に関する規範は衰退したが、①家の継承や家族の連続性、祖先崇拝や、②高齢の親の扶養や高齢の親との同居などの意識はまだかなり強く残っている［直井 1993：54―55］。ひとくちに高齢者といっても、「元気なうちは別居で、体が弱くなったら子どもと同居したい」や「子どもと離れても祖先から譲り受けたこの土地でできるだけ生活したい」等の多様な意識があるというのが現状である。

3―2 高齢者の自立度――平均寿命、有病率、介護保険認定状況――

集団の健康度を測る物差しとしてはこれまで、平均寿命、有病率、死亡率、生活自立度などが用いられてきた。以下では、平均寿命、有病率、介護保険の認定状況からみた生活自立度を既存資料から検討する。

平均寿命は地域の健康水準を表すものとして広く用いられてきた。また、健康に関連する社会条件を反映するものであり、総合的な健康の指標であるといわれている。美山町の平均寿命（平成7年）は男76・7歳、女83・6歳で全国平均の男76・38歳、女82・85歳よりやや高い。

表5－2　美山町要介護認定の状況

	美山町件数	美山町割合（a）	全国平均割合（b）	(a)－(b)
非該当	2	0.83%	5.60%	－4.74
要支援	39	16.25%	12.40%	3.85
要介護1	59	24.58%	23.30%	1.28
要介護2	49	20.42%	16.70%	3.72
要介護3	26	10.83%	13.60%	－2.77
要介護4	37	15.42%	15%	0.42
要介護5	28	11.67%	13.20%	－1.53
合計	240	100.00%	100%	0

注：介護保険制度の認定状況には在宅療養者，施設入所者の両者を含んでいる．
出所：2000年3月末資料．全国平均は厚生省老人保健福祉局調べによる．

美山町の老人医療の外来受診疾病統計（２０００年）では、高齢者に多い病気は循環器系の病気が35・2％で最も多く、消化器系の病気が16・4％、筋骨格系及び結合組織の疾患が12・4％である。この上位3疾患は全国の統計と同じ傾向にある［国立社会保障・人口問題研究所２００１：２２０］。

表5－2は介護保険の認定状況を示したものである。要介護度1が最も多く、次いで要支援、要介護2となっており、全体的に重度になるにつれ少なくなっている。全国平均と比べると要支援、要介護1、要介護2の占める割合が高く、要介護5の割合が少ない。すでに述べたように美山町は前期高齢者に比べ後期高齢者の割合が高いが、軽度の介護度の者の占める割合が高いことは注目に値する［美山町２０００：４］。

3―3　介護保険被保険者からみた高齢者の所得状況

ここでは、介護保険の被保険者の状況から高齢者の所得状況をみることにする。全国ベースの分布見込みと比較すると、第2段階被保険者数（市町村民税世帯非課税者）の比率が43・07％と高く、全体的に低い低所得水準を示している［美山町２０００：４］。

美山町の高齢者は現在、介護度の軽度な高齢者の占める割合が多いため、高齢者自身の介護保険の利用料は軽費であり、保険者である町の財政的負担は軽い。しかし、先に述べたように美山町では後期高齢者が急激に増加している。後期高齢者は前期高齢者に比べ寝たきりや認知症の発生が2倍以上高くなるという調査や研究結果がいくつか報告されている。

これらの報告を参考にして考えると、後期高齢者の比率が高くなると推測される美山町では今後、介護認定の重度な者が増加する可能性がある。そのため、低所得層に高齢者が分布していることから個人では高齢者の介護保険料や一部負担金が増加し、町行政では介護保険制度の介護保険料の値上げ、町の介護保険制度関連の予算の増加なども考えられる。さらに、美山町行政および町民に対して、保健、医療、介護の制度をはじめとするさまざまな分野の高齢者対策の重要性が増すことから地域社会全体のあり方について再考することを迫られるとも考えられる。

4　村おこしと高齢者の健康
――地域の人びとの語りから――

前節では、美山町の過疎化、高齢化が急速に進んでいることを示した。そして、全国平均に比べて長生きしながら、寝たきり等の介護を要する状態になっていないことを示した。それは若死にしない、要介護状態にならないという消極的側面、つまり病気ではないということだけなのだろうか。高齢者は健康だと感じているのだろうか。

先にあげた健康データは医学等の知識のもとに高齢者の集団としての状態を示したに過ぎない。この高齢者の健康状態に何が影響しているのかということについてはこのデータからはわからない。そこで、以下では高齢者が地域社会と密接な関係を持ちながら生活している姿をインタビューにもとづいて明らかにしたい。

美山町では、耕作面積は少ないが大半の家で自作の田畑を持っていることはすでに述べた。さらに美山町ではその農作物の直売コーナーがあちこちに見受けられる。伝統的建造物群保存地区に指定され多くの観光客が訪れる「北村」にもさまざまな特産品、農作物が集められている。そして、加工品の中には生産者の名前も書かれていて、かきもちや手芸品等も売られている。

そこで、村おこし事業が活発に取り組まれている芦生と北の両集落で地域の人びとから聞き取った高齢者像を分析し、そこからみえた「老い」や村おこし事業のもつ意味について考えてみよう。

２０００（平成12）年の美山町内の集落別にみた高齢者比率は最低が18・２％であり、最高は59・０％となっているが（町全体では32・３％）、ここで取り上げる芦生と北集落は、前者の芦生集落は美山町最奥の集落であるにもかかわらず町内で２番目に高齢者比率の低い集落であり（18・８％）、後者の北集落は町内では17番目で町平均よりやや低い値（29・１％）となっている。

4―1　芦生なめこ生産組合で働く高齢者

芦生は、１９６１（昭和36）年になめこ栽培から出発し、試行錯誤の後に事業は軌道にのり現在では芦生に住む大半の人がなめこ生産組合で働いている。当初の創業者たちも、若い息子や嫁と共に働き続け、すでに70歳代後半となっている。なめこ生産組合には定年制がなく、本人から退職の意思表示がなければ高齢者の意欲と体力が続く限りなめこ生産組合で働き続けることができる。

（なめこの組合の制服を着た自分を恥ずかしそうに見ながら）現役言うてもな、年は80近いけど。わしがいかなんだらどうしてるやろってこともないんやけど、今までやってきてここで止ってしまったら困るからね。やっぱりきとらんと気がすまんね（70代男性）。

保存している山菜を洗うとか、水仕事の厳しい仕事は年寄りの人がやってくれる。冬の水仕事は厳しい。若い嫁たちは中の仕事をしている。年寄りは辛抱強いからできる（40代男性）。

おかあさんはちょっとくらい（体の）具合が悪くても仕事にいかはりますね。肩が凝るとか、歳だからいろいろ言うけど、本当に元気。家で休んでいるより工場にいる方がいいみたいですよ（30代女性）。

なめこ生産組合には近代化がもたらした定年制はなく、従って高齢者は定年による「役たたず」という若年者からのまなざしを受けることもなく働き続けることができ、それどころかその辛抱強く働く姿を若年者が尊敬さえしている様子が窺える。ここ芦生では、高齢者は地域社会の仲間と捉えられている。

4―2　北村での村おこし事業への参加

北村（北集落）のきび工房で働く木村きぬさん（仮名）に村おこしへの取り組み状況と健康のお話を伺った。木村きぬさんは美山町の「村おこし推進委員会」の設立当初から関わった人物である。北村での特産品のきび餅づくりを集落の人たちと取り組み、その後の事業拡大に貢献した中心メンバーの一人である。彼女は現在60歳代後半で夫と二人暮らしをしている。

彼女は「村おこしの前は集まると、『こんなところに若い者はおいておけない（住まわせることはできない）』と話し合っていた」と前置きして、1989年頃の北集落での村おこしのきっかけについて次のように話してくれた。

茅葺の集落で何かここに来るとほっとするとか言いながら散策する人達に何かお土産ものを作りたいと考えていたところ、知井の村おこし推進委員会で昔作ったきびを作って村おこしができないかという話になった。私は子供の頃、きび餅を食べた思い出があって、きび畑は昔みた光景でとっても懐かしいし、そのきびで村おこしができないかなと思った。

彼女は北村を訪れる人たちの声を聞いて、徐々に今まで意識しなかった北村の魅力（1993年重要伝統建造物群保存地区指定）を認識し、この地域に愛着を感じる人たちに土産を作りたいと考えていた。しかし、自分たちが集まって何か作ろうという動きにまではならなかったが、それを実現させるきっかけとなったのは行政による村おこし推進委員会の設置であった。

当時、町は第２期村おこしと位置づけて、北村に隣接する中集落に体験型宿泊施設「美山町自然文化村」を１９８８（昭和63）年に開設している。第１期は農林業の振興を主たる目的に集荷施設など農業基盤に関るハコモノを充実させた。この時期に町は北村にも集荷施設を作っている。これに対して、第２期村おこしは１９８８（昭和63）年から１９９３（平成５）年までの時期で、都市との交流が図られ、また町の将来構想における北村の歴史的環境の位置付けを明確にした。

町からの本格的な村おこしをするための働きかけに対して、木村きぬさんは当初、婦人会という既存の地域組織に協力を求めて取り組みはじめたが、これは人手の問題で翌年に頓挫した。そこで、彼女は、自主的に取り組もうとする仲間を改めて募り土産物の商品化に取り組み始めるのである。これは、行政から強要されたものではなく、また行政にノウハウを伝授してもらったのでもない自分たちの力で知恵を出し合って取り組み始めたのである。

４―３　特産品づくりの意味

北村で始まったきび餅作りは困難の連続であったようである。すでにこの地域ではきびづくりはすたれていたため、きび栽培から加工までを試行錯誤しながらきび餅を特産品として商品化していった。このプロセスを彼女は、「何か目玉というか、そういうものがない地域」だから、「こだわり」を大事にして「自分らのきび工房として育ててきた」と述べている。

そして、このきび餅の成功が次の特産品のアイデアとなり、自然志向と相まって評価されるようになった。このきび餅が他の特産品づくりのきっかけになり、「人に喜ばれるものは何か」、「北村の地域らしさを現したのは何か」と、北村を訪れる人びとからのまなざしを感じつつ、北集落の茅葺民家のイメージにふさわしいものを考え続けた。そして、忍耐強く特産品生産のための農作業や商品づくりを行った。彼女は「若い者ならできん、嫌がる仕事」を続けたことに自分への自信を取り戻したようである。

このことで、北村の高齢者は、現役のつもりで生産活動に携わることになる。これは、自分が地域や若い者の負担になってはいけない、寝たきりになって厄介者になりたくないという思いが出発点となって、地域に役立つ者（役割を持つ者）というラベルを高齢者が受け取ることになったと言えるだろう。

金子は、高齢化は役割の縮小過程であるとしている［金子 1997：30］。これは、高齢者にとっての役割の変化を生物体としての老化現象と同様に受け止めている見方である。しかし、それは高齢者の本来の姿を捉えていない。個体の加齢が生物体としての連続的な過程であることに対して、役割は他者あるいは社会との関係で成り立つものである。

木村きぬさんの「自分らのきび工房として育ててきた」という言葉は新たな役割の獲得を意味している。このように、木村きぬさんは金子の言う「役割縮小過程」と全く異なる過程を経験し、現在も活動し続けている。

また、ここでの生産活動は内職のように単純作業の繰り返しではなく、さまざまな学習活動を含む。みずからの商品のアイデアや商品作りは成否の結果が明確になるため、高齢者は良い成果を得ようと新たな知識を取り入れながら知恵を出し合うことになる。

村おこし事業はその計画当初から高齢者が活躍できる場として意識されていたかどうかはわからない。しかし、行政は特産品つくりに取り組むためのハコモノつくりを行い、運営は地域の人達に任せた。そのことが、高齢者がみずから仲間を募って自主的に活動し始めるという当事者の力を育てた。特産品つくりは、高齢者が若い人の嫌がる仕事をやり遂げる力を持っていることを地域社会に示す機会となっている。

これについて、村おこしを仕掛けた助役（当時）の小馬氏は、(4)「村おこしの過程にはいろんな人がリンクすることが必要。年寄りには役割が大事。北村でも、話を聞かせてくれる人、特産品つくりをする人、さまざま。そのことが大事」

と述べている。北集落の村おこしは、高齢者の力をうまく活用して成功した例と言えるだろう。

また、木村きぬさんは「（観光客には）媚びないが、観光客から学ぶことも多い」と述べている。これは特産品つくりで得た自信を大切にしたいという自尊感情の表現である。高齢者にとって、かけがいのない自己という認識がありのままの自己を受け入れることになり、加齢の過程を否定的にではなく、ごく自然に受け入れることにつながる。

4—4　村おこしと高齢者の健康

木村きぬさんは村おこしでの苦労話や村おこしを通じてのいろんな人たちとの出会いについて語ったあと、次のように話した。

ちょっと2～3日用事で休んでいた人も「ここへ来なあかんわ、おもしろいな」と言いながら仕事ができるプラスアルファが大きい。「お陰で健康や」とか、みんないい方いい方にとって。

木村きぬ氏は自分の健康をただ「健康」や「病気でない」という言葉でなく、「仕事ができる」から「健康」と言い、むしろ仕事をすることが健康に良いと思っている。そしてそれを仲間の中で確かめている。これは芦生での高齢者と同様であった。

このように「健康」は抽象的なものとして感じられるのではなく、人びととの繋がりをもった日常の活動のなかで感じられるのである。高齢者の健康とは画一的なものではなく、「高齢者自身がどう感じているか」であり、病気でないという消極的なものではなく、また心身ともに完全な状態というわけでもない。むしろ、体力の衰えを「諦めつつ」も、「これができる」、「（若いものに）頼りにされている」という高齢者自身の固有の感覚で捉えられるものなのであろう。

4―5　村おこしが高齢者にもたらしたもの

このような村おこし事業は、芦生と北の両集落だけの取り組みではない。先に述べたように美山町の村おこしは1970（昭和45）年から3段階を経て取り組まれてきた。その結果、現在ではすべての旧村で取り組まれ、集落別にみると57集落のうち30集落に上っている。

美山町の村おこしは農業近代化施設や集落・地域環境整備として実施されてきた。主な内容は集落単位の集会所、農産物集出荷施設、農産加工場の建設や施設整備であり、高齢者が集い、農産物を加工する場づくりであった。さらに、生産物直売所や伝統食品等保存伝習施設においては高齢者が畑仕事やこれまで食品作りで培ってきた能力を生かしながら、生産活動に参加できるように工夫されている。こうして美山町では村おこし事業が定着し、多くの高齢者が参加している。

日本の高齢者の勤労意欲は高いと言われており、美山町でも同様の傾向が予測される。美山町では独居、高齢者世帯が多く、高齢者が独立した生計を営み、さらに高齢者が低所得層に多く分布しているという状況を背景にしてより勤労意欲が高まっているとも考えられる。身近に高齢者が活動できる多様な場が存在することが、高齢者の勤労意欲を実際の勤労へと結びつけ、さらに高齢者が生活意欲、健康の自信を獲得することにつながっていると推測される。その結果、急激な高齢化が進んでいて、中山間地域のため厳しいとも考えられる自然環境、生活環境の下でも美山町の高齢者は良好な健康状態を保つことができていると推察される。

美山町の高齢者にとって大切なことは「できるだけ現役で働こう」である。そして、そのことで、高齢者自身が健康を実感できる仕事（役割）をもち、それを相互に確かめ合うことで健康を維持できていると考えられる。

5　高齢化をめぐる言説
――美山町行政――

戦後日本では高齢化は老人問題として否定的イメージで語られ、「老人対策」が高齢者自身を「老い」という否定的イメージに閉じ込めてきた。これはすでに述べたが、最後に美山町の行政計画を取り上げ、高齢者についての行政の言説の変化を見てみよう。

5―1　「美山町第3次総合計画」

まず、「美山町第3次総合計画（1997年）」で描かれている高齢者像について考えたい。基本構想の第1章の行政府内アンケート調査結果をみると、地域活性化の中心となる産業振興策を担う産業振興課の項では、「わが町の活性化の根幹」と位置づけられた「第1次産業の農・林業」が後継者不足・高齢化によって「根本的な行詰まり現象になっており、特効薬となるべき解決策はみつからず」、さらには「活性化への目的がだんだん遠ざかっていく感がある」とされている［美山町 1997：21］。さらに、町内各種団体アンケート調査では、「産直グループについては、各地区に存在し、その数は十数カ所を数え実績・業績も各々にあげていて、地域おこし・活性化に努めている。（中略）高齢者が大半を占め、後継者、同調者の少なさが課題（中略）『何とか踏ん張って続けている』という処が本音である」と書かれ［同：17］、「高齢者とは言え、産直に参加することが、『生活の中での生き甲斐だ』と公言されていることは大きな成果であり、明るさである」［同：17］（強調点引用者）とされている。

ここでは地域の活性化の根本的な阻害要因として「高齢化」が挙げられ、「高齢者とは言え」という表現に象徴されるように、高齢者に対して偏見を交えたまなざしが向けられている。この時期には村おこしにかかわる高齢者の積極的な意味はまだ見出されてはいない。

また、同じ町内アンケートの住民福祉課の項では、「高齢者のニーズは多様化し、その対応には何といってもマンパワーの確保の充実が先決である」とし、「福祉行政の推進が待たれる」〔同：19〕とし、超高齢社会である美山町が「高齢者福祉」を特に重視していることが窺える。しかし、それ以外の部署では「高齢者」、「高齢化」について言及している部分はない。生きがいをもって生活している高齢者の先に述べたような多様な姿が示唆しているように、住民福祉課以外の部署でも高齢者の生きがいを支える具体的な施策が模索されるべきなのである。

5—2 変化する行政の語り——『美山健康プラン21』（2002年）——

しかし、行政にもその後変化が見られる。2002年3月に策定された『美山健康プラン21』（2002〜2006年度）では、高齢期を「加齢に伴う身体機能の低下を自覚するようになり健康への不安が高まる時期」としながら、「年を重ねることにより得られる知恵や豊かな経験、価値観の多様さなど人間性が完成する時期」として積極的に捉えている（左記の『美山健康プラン21』抜粋参照）。

ここで描かれている高齢者は、「いきいき」というポジティブな修飾語によって特徴づけられ、その生き方をも視野に入れる形で描かれている。これは、1997年の町総合計画の中での修飾語のない「高齢者」と大いに異なるものである。

このように、行政がポジティブな高齢者像を語り始めたとはいえ、長年にわたり続いてきたエイジズムが簡単に変化するとは思えないという見方も存在するだろう。しかし、これを行政の変化の兆しとして捉えることもできるのではないか。今後の行政は、各種行政計画や施策を通じて、ここに描かれたような積極的な高齢者像を作り出していくことが重要であると言える。

『美山健康プラン21』抜粋（強調点引用者）

Ⅰ　総論

健康で住みやすい理想の町

元気な顔の多い町

・元気老人（生涯現役）が多い。

夢とほこりのもてる町

・お年寄りから子どもまで役割があって、社会に溶け込める。

・世代間の交流ができる。

・農林業に誇りが持てる。

ゆとりがあり穏やかな町

・お年寄りや子どもが安心して暮らせる。

楽しく食事ができる町

・地元の旬の野菜が食べられる。

Ⅳ　基本計画ライフステージ毎の健康づくり

・いきいき高齢期

高齢期は、加齢に伴う身体機能の低下を自覚するようになり健康への不安が高まる時期ですが、反面、年を重ねることにより得られる知恵や豊かな経験、価値観の多様さなど人間性が完成する時期です。

心身の老化や生活環境の変化に伴う不安や孤独をはねのけて、自分らしく、楽しみや生き甲斐を持って、いきいきと「生涯現役」「元気老人」で過ごせるように、自分に合った健康づくりを確立していくことが必要です。

目標
「生涯現役で元気老人を目指し、豊かな生活の知恵や伝統を若い人に伝えよう」

まとめ

戦後日本の高度経済成長の中で都市を中心として形成されたエイジズムによって地方でも高齢者をマイナスイメージで捉える偏見・差別が生まれ、高齢者に負の「老い」のイメージを付与する「文化」が形成された。

高度経済成長のため都市が若年人口を地方から収奪した結果、美山町のような中山間地域では、人口の急激な過疎化、高齢化現象が起こった。これを地方行政は、「地域社会の負担」として危機感をもって捉え、都市のエイジズムを行政計画や行政施策を通じて地域社会へと媒介した。このことは、地方行政が地方経済の疲弊の中で具体的な活路を見いだせず高齢者をスケープゴートすることにつながった。実際、美山町の高齢者は、経済的にみて低所得層に分布し、先の高齢者のイメージに「貧困」のイメージをさらに付加するものである。そのことは、地域社会の人びとの高齢者をみるまなざしに「地域社会の危機を招くもの」「生産性の低下した者」「地域社会に負担をかける者」というマイナスのイメージを付与し、「老い」のスティグマを貼り付ける。

スティグマ化された「老い」は地域社会での「高齢化問題」となり、行政での「老人対策」を生み出す。地域社会は高齢者を保護されケアされる対象者として認識した結果、「福祉対策の充実」という名の下で高齢者を特別視することを当然のこととさせていった。「老人対策」によりこのようにして貼り付けられた「老い」のスティグマは、さまざまな場面で反復されることを通して高齢者自身に内面化され、当然のことながら、高齢者はより「老人」らしく振舞うようになる。

しかし、美山町には高齢者にさまざまな活動の場があった。ゲートボール場や集会所もあれば、「北村」のように接客・飲食業、販売活動に携わる人、特産品づくりの工場、自家製の野菜の直売所等々である。特に高齢者の特産品づくりという生産活動への参加が大きな意味をもっていた。それは、高齢者の役割づくり、学習の場としての意味があった。そこには高齢者同士はもちろんのこと、若い世代との会話もあり、笑顔があった。

このように高齢者が役割を果すことができる場が多様に存在しており、そのことが高齢者の健康によい影響をもたらしていた。高齢者は生産活動への参加という具体的な役割を周囲（特に若い世代）から認められることにより「老い」という負のイメージから解き放たれたのである。

このような仕組みを作ったのは、かつてはエイジズムに囚われていた「地方行政」であった。それは、高齢者対策として意識されたものではなかったが、結果として村おこし等の施策が「高齢者」がそのもつ力を発揮させることになった。

すでに成功している取り組みが今後も継続されることを願いつつ、最後に町行政に望むことを述べたい。それは、一つには、町行政が、「この地域で住み続けたい」、「この地域を何とかしたい」という住民の力を育てる場づくりやそのための地域住民との対話をさらに進めることである。二つには、町行政が地域住民の福祉の向上を目指すならば、これまでのように「老人」というステレオタイプで高齢者を捉えるのではなく、高齢者が地域の潜在的な力であることに気づくことが重要である。

美山町には、地域の人たちの楽しい会話や人びとの暖かさ、笑顔といった測り切れない豊かさがある。今後、美山町方式といわれるような新たな中山間地域での町づくりを創造されることを期待する。

注

（1）過疎地域とは過疎地域自立促進特別措置法（平成2年3月31日法律第15号）の過疎地域の要件（人口要件と財政力要件）を充

たす市町村のことを言う。全国市町村3227団体のうち過疎市町村は1171団体（36・3％）である（2001年）。

（2）『美山町老人保健福祉計画・美山町介護保険事業計画』をもとに作成。2000年4月以降の美山町の推計値は、総人口については出生数、死亡数の近年の傾向から毎年20人減と推計し、また年齢別人口については各年度の年齢到達者及び除外者を加算、減算し、その上に過去4カ年における年間生存率平均値を乗じて推計したものである。

（3）1995（平成7）年の「国民生活基礎調査」によると、健康上の問題により日常生活動作に影響のある人の割合は65歳以上では7・0％と、高齢者の多くは他者の手助けを必要とせず、自立した生活を送っており、他者の介助を要する高齢者は一部にすぎない。しかし、健康上の問題により日常生活動作に影響のある人の割合を年齢階級別にみてみると、65～74歳で4・8％、75～84歳9・7％、85歳以上では16・5％であった。75歳以上の後期高齢者ではそれ以前と比べて日常生活動作に障害のある人の出現割合が急カーブで増加し、日常生活を維持するために必要とされる介護サービス量が飛躍的に増加する。

（4）小馬勝美氏は、2002年度に国土交通省の『観光カリスマ百選』に選ばれている。その選定理由は、「約2000戸の民家のうち630戸近くが茅葺きという日本一の残存率を活かし、『美しい町づくり条例』を制定して町並み保存に力を入れるとともに、『田舎を安売りしない』とのこだわりで地元の食文化を活かした都市農村交流を進めた結果、住宅は必ず木造とするなどの厳しい入村規定にもかかわらず多くの都市住民が定住するなど、地域の活性化に貢献した」（「国土交通省平成14年度第2回委員会の結果」http://www.mlit.go.jp/kisha/kisha03/01/010324_2_.html）というものである。

参考文献

朝日新聞社編［2000］『民力2000』朝日新聞社出版局。

金子勇［1995］『高齢社会――何がどう変わるか』講談社。

金子勇・長谷川公一［1997］『マクロ社会学』新曜社。

過疎対策研究会編［2002］『過疎対策データブック』東京官書普及。

厚生省監修［2000］『平成12年版　厚生白書』。

国立社会保障・人口問題研究所［2001］『日本の将来推計人口（平成9年1月推計）について』厚生統計協会。

孝橋正一［1976］「老後・老人問題の社会経済学」孝橋正一編『老後・老人問題』ミネルヴァ書房。

直井道子［１９９３］『高齢者と家族――新しいつながりを求めて――』サイエンス社。

西田厚子［２０１１］「定年退職者研究再考――定年退職者差別とアイデンティティの危機の観点から」『奈良女子大学社会学論集』（奈良女子大学社会学研究会）18。

浜口晴彦・内田満・柄沢昭秀ほか編［１９９６］『現代エイジング事典』早稲田大学出版部。

Butler, N. R. [1975] *Why Survive? Being old in America.*: Happer and Row Publishers（内薗耕二監訳『老後はなぜ悲劇なのか？――アメリカの老人たちの生活』メヂカルフレンド社、１９９１年）.

資　料

京都府周山保健所［２０００］『北桑田健康プラン21――目標「生活習慣病を予防し元気老人をめざそう」』。

美山町［１９９７］『美山町総合計画／温もりのあるふるさとの町――緑と水の郷構想――』。

美山町［２０００］『美山町老人保健福祉計画・美山町介護保険事業計画』。

美山町［２００１］『京都府美山町における村おこしの取り組みと課題　第６回改訂版』。

美山町［２００２］『美山健康プラン21――自然いっぱい　元気いっぱい――』。


（西 田 厚 子）

第6章　山村の内発的発展を支えるリーダーたち(1)

――リーダーシップ論の革新のために――

はじめに

集団・組織にとってリーダーがどのような人物であるのかが非常に重要であると言えば、誰もが納得するであろう。しかし、社会学は、社会心理学と異なり、驚くほどにリーダーやそのタイプについては関心を払ってこなかった(2)。

本章では、第1章における芦生の内発的発展の分析から得られた知見にもとづいて、山村の内発的発展のための一つの重要な条件となるリーダーシップについて考えてみたい。また、その考察を通して、内発的発展に適合的なリーダーがどのような形で山村に供給されうるのかについて考え、同時に社会学におけるリーダーシップ論の革新可能性についても考えたい。

1　二つのリーダー像

第1章の分析から得られた山村の内発的発展のための条件は、以下の三点に要約することができよう。

（1）「都市の論理」に対抗できる価値や意味の発見・対象化。
（2）みずからの生活世界の中にある「対抗的価値・意味」の発見・対象化を手助けしてくれる「異質な他者」とのネットワークの形成。
（3）そのネットワークを活性化させ、その結節点となる人物の存在。

これらの条件から見えてくるリーダーは、従来の社会心理学のリーダーシップ論が描くリーダーとはかなり異なったものである。従来のリーダーシップ論は、リーダーとその集団・組織の成員との関係（①目標設定とその成員への周知、②目標達成への成員の動機づけと動員、③成員間の意見調整、④成員欲求の充足など）の考察を中心に据えた理論となっており[3]、上記（1）〜（3）の条件からイメージされるリーダー、つまり「集団・組織の外部とのネットワークを一つの重要な活動の場とするリーダー」の分析に適合的な理論とはなっていない。

しかし、われわれは、日常感覚としてリーダーには二つのタイプがあると考えている。一方は、上記のような従来のリーダーシップ論が描くような内部成員との関係構築や成員間の意見調整能力などに秀でたリーダーであり、他方は、外部との交渉に優れた能力を発揮するリーダーである。われわれは、なぜか前者に対して堅実、地味などといったイメージをもち、後者に対しては、切れ者、派手などといったどちらかと言えば否定的なあるいは正負ないまぜの両義的なイメージをもちがちである。

以下では、個人や集団・組織などを媒介・仲介する個人・集団についての理論である「媒介者論」[4]に依拠して二つのタイプのリーダーの分析を行いたい。

2　媒介者とは？

社会心理学のリーダーシップ論の場合もそうであるが、社会学は総じてシステム（社会・組織・集団など）内部に生起するさまざまな現象や事柄（役割、規範、規範からの逸脱、機能要件の充足等々）の分析にそのエネルギーを注ぎ、システムとシステムとの〈間〉で生起する事柄についてはあまり関心を示してこなかった。すなわち、システムを重視し、システム〈間〉関係を軽視してきた。媒介者論は、二つのシステム（個人と個人、集団と集団、集団と社会、農山村と都市など）を媒介する個人や集団の特性を分析し、またそれを通してシステム〈間〉関係の分析への道を拓こうとする理論である。この点において、媒介者論は、「集団・組織の外部とのネットワークを一つの重要な活動の場とするリーダー」を分析するための手掛りを大いに与えてくれるはずである。

そこで、少々迂遠ではあるが、この媒介者論そのものについて説明をしておきたい。まず、媒介者は次のように定義される。

媒介者とは、「二つのシステムの〈間〉にあって、それらの相互作用を媒介・仲介し、結節点となる個人や集団」である[5]。媒介者は、この定義からも想像できるように、以下の2-1～2-4のような特徴をもっている。

2—1　境界性ゆえの有徴性

媒介者は、二つのシステムのどちらにも属さないが、それら双方と接点をもつというその境界性や非組織性ゆえに、過度に正や負に意味付けされやすい。言い換えれば、正や負の特別な意味を他者から付与されやすい。たとえば、頭脳の明晰性やカリスマ性、あるいは逆に暴力性や呪術的能力等々である。媒介者は、過度に正や負に意味付け、有徴化（marqué）されやすい存在なのである。

これは、マージナル・マン（周辺人、境界人）がそのマージナリティ（＝境界性）ゆえに差別されるという社会学の知見に通じる。しかし、社会学のマージナル・マン論は、マージナル・マンに対する負の意味付与（スティグマの付与などの負の有徴化）の側面しか見ておらず、マージナル・マンに対してはその同じ境界性ゆえにカリスマ性や権威あるいは権力が付与されること（正の有徴化）もあるということを見落としている。マージナル・マンにはリーダーや支配者としての有資格性が付与されることもあるのである。[6]

媒介者も、その境界性ゆえにスティグマを付与されることもあれば、逆にカリスマ性を付与されることもあるという両義的な存在である。

2―2　非代替可能性

近代的組織・集団などのシステム内の役割を担う個人は、他の個人によってその役割を代替される可能性が高い。組織内の個人は組織の「歯車」に過ぎないとしばしば言われる。それは、近代官僚組織において典型的に示されているように、その組織内部の役割が内部の規則や慣行によって規定され、その規則や慣行に従うことによって基本的には誰によってでも遂行可能となるからである。

ところが、二つのシステムを媒介する個人の活動は、規則などによって規制されることの少ないシステム〈間〉関係を舞台として展開される。[7] そこでは裁量可能性が高く、個人の活動の自由度が高い。そして、その個人が媒介活動を通して形成したネットワークはその個人抜きには作動しない可能性が高く、他の個人によってその立場が代替される可能性は低い。

2―3　顕名化（nonymization）

個人が媒介活動を通して形成したネットワークがその個人抜きには作動しない可能性が高い場合、それらのシステムを媒介する個人の存在は、その固有名詞とともにクローズアップされやすくなる。また、境界性ゆえの媒介者の有徴化も、媒介者をその固有名詞とともにクローズアップさせる可能性を高める。

システム〈内〉関係が代替可能で匿名的（anonymous）な社会関係であるのに対して、システム〈間〉関係は、そこで媒介作用を担う個人を顕名化（nonymise）させやすい社会関係であると言うことができよう。このように、システム〈間〉関係の媒介において個人がその固有名詞においてクローズアップされてくる現象をここでは「顕名化（nonymization）」と呼ぶことにする。

2―4　媒介者の権威や権力――有徴性、観察可能性、中心性、配分・伝達作用――

媒介者は、彼がまさに媒介者であることによって、システム内部で獲得される権威や権力とは異なったタイプの権威や権力を獲得する可能性をもっている。その要因について以下に述べておこう。

まず第一に、媒介者は、すでに述べたように、システム内の個人よりもその境界性ゆえにもつ「有徴性」によって正や負の権力・権威を付与されやすい存在である。権威や権力が人びとによる意味付与作用に大きく依存していることを考えれば、正や負の多様な意味を引き寄せる「有徴性」を媒介者がもっていることは、媒介者が権威や権力を獲得する上で大きな働きをすると考えられる。

第二に、媒介者は、システム〈間〉の結節点となることによって、システム内部の中心性とは異なった「中心性」、すなわち二つのシステムの〈結節点〉となるという中心性をもつ。この中心性は、二つのシステムが相互作用をする際に媒介者に依存する度合いが高ければ高いほど強くなり、そうした状況において媒介者は双方のシステムに対してその行動をコントロールする可能性をもつことになる。

第三に、これは第二の媒介者の中心性と深くかかわってくる要因であるが、媒介者は、相互作用の「当事者」である双方のシステムに対して、言わば「観察者」というメタ・レベルの位置を確保しており（観察可能性）、そのこと自身によって当事者である双方のシステムに対して優位に立つことができる。

媒介者を介して相互作用する双方のシステムが直接に相互作用することがないあるいはできない場合、両者はお互いの情報をもつことができない。ところが、媒介者は、それら双方のシステムを観察することができ、それら双方についての情報をもっており、それらの情報を場合によっては媒介者自身にとって有利になるように双方のシステムに伝えることもできる。情報操作が可能な位置に媒介者はいるわけである。このことが双方のシステムに対して有利な地位を、そして権威や権力を媒介者に与えることにもなる。

第四に、これがもっとも重要かもしれないが、媒介者は、その媒介するシステムに対してモノや情報を配分・伝達することによって権威や権力を獲得する可能性をもつ。その権威や権力の大きさは、配分・伝達されるモノや情報のそのシステムにとっての重要性に応じたものとなろう。また、この場合も、双方のシステムがモノや情報の配分・伝達に関してその媒介者に依存する度合いが高ければ高いほど媒介者の権力や権威は大きくなろう。

また、その媒介作用が権威や権力に落差のある二つのシステムの間の媒介である場合、優位なシステムのモノや情報などを劣位なシステムに媒介するという行為そのものが劣位なシステムならびにその構成員に対する権威や権力となる。この場合も、劣位なシステムがその媒介者に依存する度合いが高ければ高いほどその権威や権力は大きくなる。(8)

以上に述べたように、媒介者は、その有徴性、中心性、観察可能性、そして配分・伝達作用によって権威や権力を保有しまた付与される可能性が高い存在なのである。

そして、媒介者の権威や権力について考える際の大きなポイントとなるのが、システムがその媒介者に依存する度合いが高ければ高いほど媒介者の権力や権威は大きくなるという点である。もしも二つのシステムが直接に相互作用を行うことができるようになったならば、媒介者の存在理由の大半は失われ、その権威や権力も消失してしまうことにもなる。(9) 媒介対象となるシステム相互を「分断」しておくことは、媒介者がそのメリットを享受するために重要な要件である。

以上に述べたように、媒介者が手に入れうる権威や権力は決して小さなものではない。しかし、逆に、媒介者の犯す失敗は、媒介者の有徴性ゆえに意味付与のドラスティックな反転を引き起こし、権威や権力の剥奪・失墜へ、さらには追放へと媒介者を導くことにもなる。

こうした意味付与の反転は、媒介者をその固有名詞とともによりいっそうクローズアップさせる働きをし、先に述べた媒介者の顕名化（この場合には、「汚名」ということになろう）をさらに促進することになる。

3　媒介者論からリーダーシップ論へ

3―1　媒介者と調整型リーダー

以上が媒介者論の概要であるが、次にこの媒介者論をリーダーシップ論へと繋いでゆく作業を行おう。本章の最初に、二つのタイプのリーダーを取り上げたが、まず最初に論じておきたいのは、「内部成員間の意見調整能力などに秀でたリーダー」についてである。

このタイプのリーダーは、媒介という現象と一見したところ関係をもたないようにみえるが、そうではない。システム内部のサブシステム間の相互作用を媒介することも媒介作用の一種と見なすことができるからである。システムが通常の集団・組織であれば、その内部のサブシステム（たとえば、企業の部や課や個々の成員）相互の関係は、基本的には誰かによって「媒介」されるものであるよりは規則等によって「規定・規制」されるものである。しかし、規則等によって「規定・規制」されるといっても、サブシステム相互の独立性が高いような場合には、そこにかなり純然たる媒介作用を見出すことができる。自己主張を通そうとしてサブシステムが相互に対立する場合、それらの対立を緩和・解消するために個人や集団がこのサブシステム間の「調整」を行うという局面が存在せざるを得なくなる。そうであるならば、そうした場合における集団・組織内部の「調整」と媒介作用との間には厳格な線引きを行うことが実際上は困難であることが分かる。

では、媒介者と「調整者」との相違は何か。媒介者の定義（二つのシステムの境界にあって、それらの相互作用を媒介し、それらの結節点となる者）を念頭に置いて考えるならば、まず第一に強調すべきことは調整者における境界性の弱さ・低さであろう。調整者は、二つのサブシステムにとっては部外者であるにしろ、やはりシステム内部の成員と認識されており、媒介者のようにその強い境界性ゆえに極端な形で正や負に有徴化される可能性は低い。しかし、調整が失敗するとき、調整者も、やはり弱いながらもその境界性ゆえに責任を過重に付加されてしまう可能性がある。第二に、調整者は、相互に近接し直接的な相互作用も可能なサブシステム間の媒介をするわけであるから、結節点ゆえの中心性という特徴を媒介者ほどには保持することはできない。第三に、観察可能性については、その中心性というよりは非当事者性ゆえに調整者も保持することができる。そして、第四に、調整者も、媒介者と同様に彼がその調整対象とするサブシステムに対してモノや情報を配分・伝達する作用を担う可能性をもっている。

以上のように考えると、「内部成員間の意見調整能力などに秀でたリーダー」というのは、純然たる「媒介者」ではないにしろ、「調整者」としてシステム内部の媒介作用（内部媒介）に能力を発揮するリーダーであるということになる。以下では、「内部成員間の意見調整能力などに秀でたリーダー」のことを「調整型リーダー」と呼ぶことにする。

3―2　媒介者と媒介型リーダー

一方、「外部との交渉に優れた能力を発揮するリーダー」は、媒介者的性格を帯びていることが推測されるが、このタイプのリーダーと媒介者の根本的な違いは、前者がシステム（集団・組織）内部の存在であるのに対し、後者はシステム外部の存在であるという点である。これは、媒介者と調整型リーダーとの違いと同じである。

この点を前提として、媒介者の定義（二つのシステムの境界にあって、それらの相互作用を媒介し、それらの結節点となる者）をアレンジするならば、「外部との交渉に優れた能力を発揮するリーダー」、つまり「媒介者的性格を帯びたリーダー」

の定義を得ることができよう。すなわち、「自己の所属するシステムと他のシステムとの相互作用を媒介し、それらの結節点となるリーダー」である。このタイプのリーダーを「媒介型リーダー」と呼ぶことにしよう。

では、この「媒介型リーダー」は、どの程度媒介者とその特徴を共有するのであろうか。重要な違いは、まず第一に、やはりその境界性の弱さ・低さである。媒介者がシステム外部の存在であるのに対し、媒介型リーダーはあくまでもシステム内部の存在であり、媒介者のようにその境界性ゆえに極端な形で正や負に有徴化されることを免れる。しかし、「調整型リーダー」と比べると、はるかに正や負に有徴化される可能性をもっている。それは、媒介型リーダーが外部の人びとや外部の集団・組織と密接な関係（ネットワーク）を築き、集団・組織内部の人びととは異質な考えや行動、そして時として理解不可能な考えや行動を示すからである。第二に、媒介者の結節点ゆえの中心性は、媒介型リーダーが他のシステムとの限られた相互作用チャンネルとなるならば、媒介者と同様に保持することができる。第三に、観察可能性については、媒介者と同様に保持することができる。そして、みずからが所属するシステムに関して言えば、媒介型リーダーはそれを内と外の両面から観察することができるがゆえに媒介者よりも高い観察可能性をもち、またその観察可能性はシステム内部の人びとよりもはるかに大きくなる。そして、第四に、媒介型リーダーも、媒介者と同様に彼がその媒介対象とするシステムに対してモノや情報を配分・伝達する作用を担う可能性をもっている。

以上に見てきたように、媒介型リーダーは調整型リーダーよりもはるかに媒介者的性格を強くもっており、媒介者と同様にその固有名詞においてクローズアップされてくる（顕名化）ことにもなる。それゆえに媒介型リーダーに対しては、はじめに述べたように、「切れ者、派手などといったどちらかと言えば否定的なあるいは正負ないまぜの両義的なイメージを人びとはもちがちである」ということにもなるのである。

以上の分析を通して、先に述べた山村の内発的発展に必要とされるリーダーがまさに「媒介型リーダー」であるということが分かる。この媒介型リーダーこそ、「みずからの生活世界の中にある都市に対抗できる意味や価値の発見・対象化を手助けしてくれる〈異質な他者〉とのネットワークを形成・活性化させ、それとの結節点となるような人物」である。このような媒介型リーダーの存在によって山村は内発的発展への道を歩む可能性を高めることができる。

4　山村の内発的発展と媒介型リーダー

4―1　山村における媒介型リーダーの候補者たち

では、具体的にはどのような人物が媒介型リーダーとなりうるのであろうか。媒介型リーダーとは、「自己の所属するシステムと他のシステムとの相互作用を媒介し、それらの結節点となりうるリーダー」のことであった。この定義に適うような人物を山村を舞台として考えるならば、ここでの「他のシステム」は主として「都市的世界」ということになろう。むろん、「他のシステム」は、「外国」でもありえるし、芦生の場合がそうであったように、京都大学に象徴される「学問的世界」ということもありうるが、ここでは都市的世界を想定するのがやはり妥当であろう。(10)

そうすると、先程の媒介型リーダーは、山村においては、「みずからの住む山村と都市的世界との相互作用を媒介し、それらの結節点となりうるリーダー」であるということになる。そして、山村においてこの定義を充たしうる人物を、その人物の経歴・生活歴という観点から考えた場合、即座に浮かんでくるのが、都市からUターン（帰郷）してきた者たち、結婚による転入者、またその動機や契機はさまざまであるにしろ大都市部からIターンしてきた者たちである。(11)

彼らは、山村と都市の双方の世界についての生活経験をもつ基本的に両義的なそれゆえに境界的な存在である。彼らは、その境界性ゆえに、ただ排除されるだけの存在（マージナル・マン）となる可能性を多分にもっている（都市での落伍者というレッテル、村のしきたりに馴染めない嫁や婿、変わり者のIターン等々）。特に大都市部からIターンしてきた者たちはそうした排除の対象となる可能性を高くもっている。彼らは、都市からUターン（帰郷）してきた者たち、結婚による転入者と比べ、山村に頼るべき人間関係上の係留点をもたず、山村の共同体のメンバーシップをなかなか与えられないからである。

しかし、Uターン（帰郷）してきた者たちにしろ大都市からIターンしてきた者たちにしろ、彼らは山村の人びとによって都市的世界との「媒介者」として遇される可能性はもっている[12]。そして、彼らのうちで山村と都市の双方の世界についての観察者として山村の人びとよりも広い視野をもち、その二つの世界のネットワークの結節点となりうることができる人物は、媒介者であることを脱し、山村のリーダーとしての資格を付与される可能性をもっている。

そして、彼らは、その境界人としての有徴性ゆえに人びとからの評価がさらに高まる可能性（正の有徴化）をもっており、その時、彼らはまさに「媒介型リーダー」と呼ぶにふさわしいリーダーとなる。すなわち、その境界人としての有徴性ゆえにリーダーシップを取りうる人物として山村の人びとから高く評価され、その観察可能性の高さゆえに当事者（山村の永続的居住者）が陥りがちな偏狭さを免れ広い視野をもち、その結節点としての中心性によって二つの世界（山村と都市）に対して一定のコントロールを働かせることができ、また山村にモノや情報さらには有益な人物を都市からもたらすことができるリーダーとなるのである[13]。

4―2 媒介型リーダーと調整型リーダーとの関係

ここで、媒介型リーダーと調整型リーダーとの関係について少しだけでも言及しておこう。媒介型リーダーは、たしかに外部世界とのネットワークを組織していくことに長けているが、山村内部のたとえば複雑な人間関係についてはあまり多くを知らないあるいは関心がないといった欠点をもつ可能性がある。そのような場合に、媒介型リーダーと相互補完な働きをする調整型リーダーが必要となる。調整型リーダーは、その視野がたとえ狭くとも山村の人びとを含めさまざまな地元の事柄について熟知している永続的居住者によって担われる可能性が高い。調整型リーダーは、媒介型リーダーのようには「顕名化」され目立つことがなく、それゆえにわれわれのような外部からやって来る研究者によってしばしば見落とされがちであるが、その存在は集団や組織にとって必要不可欠である。

なお、媒介型リーダーと調整型リーダーの両者は、ここで述べたように複数の人物によって別々に担われることもあるが、二つのリーダーのタイプを一人の人物が兼ねるといった場合もあろう。そうした場合、その人物は強力なリーダーとなりうると言えよう。

芦生の場合はどうであったのか。みずからの生活の場でもある芦生奥山のもつ学術的価値、生態学的価値、あるいはそれがマイナーサブシステンスを本業化するだけの豊かさをもっていることを芦生の人びとが認識するきっかけを提供したのは、「異質な他者」である京都大学の教員・職員たちであった。「異質な他者」である彼らは、主体的に媒介者であろうとしたわけではないにしろ、媒介者と呼べる人びとである。

そして、芦生には、彼らとの、また他のさまざまな都市居住者（組織労働者、産直グループ、芦生ゼミの学生、山の愛好者等々）とのネットワークを形成・活性化させる結節点となる「媒介型リーダー」と呼べる人物達が存在した。１９５０年代に美山町内の他地区から結婚を機に芦生に移り住み、近年に至るまでリーダー格の存在であった転入者である。彼は、集落やなめこ生産組合の活動などにおいて長らく中心的役割を担ってきた。

そして、芦生には地元にずっと居住しつづけ、媒介型リーダーと相互補完的な役割を担ってきた調整型リーダーの存在も見られた。両者の間にはときには齟齬も見られたであろうが、協力して芦生の村おこしに貢献したのである。

もちろん媒介型リーダーと調整型リーダーの関係は、協力的なものばかりであるというわけではなかろう。美山町の場合を見て見よう。美山町の今回の町村合併劇においては、町内の媒介型リーダーに分類される人びとの多くが合併反対に回ったのに対して、調整型リーダーに分類される人びとや町行政は合併推進の立場を取り、両者の間に大きな意見の相違が見られた。前者が京都府や国といった外部との関係の中で美山町単独でもやっていけると判断したのに対して、後者は身近な近隣町村との関係の中で合併を選択していったのである。合併の是非をここで論じることはできないが、美山町の合併劇では二つのタイプのリーダー達の選択志向の相違が如実に現れたということができよう。

まとめに代えて

本章は、第1章での芦生の内発的発展の分析を受ける形で、山村の内発的発展を支えるリーダーについて論じた。媒介者論を援用する形で析出されたのは、媒介型リーダーであった。そして、その媒介型リーダーの具体的な担い手としてUターン者、転入者、Ｉターン者が有力な候補となることを分析的に論じた。

Uターン者や転入者が中山間地域の地域社会のリーダーとなるということは経験的には比較的よく知られた現象であるが、本章は、媒介者論を援用することによってそれを理論的に分析した論文として位置づけることができよう[14]。今後は、媒介者と媒介型リーダーとの関係、媒介型リーダーと調整型リーダーとの関係等の分析をフィールドに即した形でさらに進めていきたい。

注

（1）本章は、田中［２００２］「山村の内発的発展を支えるリーダーたち――リーダーシップとそのあり方――」木平勇吉編『流域環境の保全』朝倉書店（96―１０１頁）を加筆・修正したものである。

（2）S. Whiteford は、以下のブログで社会学におけるリーダーシップ論不在のアメリカ的背景に言及している。Is there such a thing as "A Sociology of Leadership?" (http://talentplus.com/talent-plus-viewpoint-blog/746-is-there-such-a-thing-as-a-sociology-of-leadership)（２０１６年9月1日閲覧）。

（3）たとえば、Blake and Mouton [1964] の「マネジリアル・グリッド（Managerial Grid）」論や三隅［１９８４］のＰＭ（Performance—Maintenace）理論が主要なリーダーシップ論として挙げられる。

（4）媒介者論については、田中［１９８８、１９９１、２００２］を参照。

（5）媒介者論は文化人類学のパトロン―クライアント論から着想を得た理論である。パトロン―クライアント関係は、ある人をパトロン（P）とするクライアント（C）が、別の人のパトロン（P）となるというように連鎖的に繋がっていく関係である。図式化すれば、$P_1－C_1＝P_2－C_2＝P_3－C_3＝P_4$……ということになるが、$P_1$のクライアントでもあり、なおかつ$C_2$のパトロンでもある$C_1＝P_2$という人物のことを、パトロン―クライアント論ではブローカー（broker）と呼ぶ［Paine 1971］。このブローカーに着目し概念的に拡張したのが「媒介者」である。

（6）マージナル・マンについてはPark［1924］を、スティグマについてはGoffman［1963］をそれぞれ参照。

（7）システム〈間〉関係がシステム〈内〉関係よりも規則などによって規制されていないことについては、国家内部の法体系である国内法と国家間の法体系である国際法の粗密の差を想起すると理解しやすいであろう。

（8）明治以降、戦後の高度経済成長期ごろまで、欧米（優位な世界）への留学や研修から日本（劣位な世界）へ帰ってきた人びとは、「洋行帰り」として羨望の眼差しをもって特別な扱いを受けた。

（9）古来、支配の常套手段となってきた「分断と支配」は、たとえば植民地の特定民族の優遇などによって民族間に対立を生じさせ、それを利用して宗主国の支配を安定化させる手法であるが、それは、支配者が民族の分断によってみずからを媒介者の位置に置き、その結果生まれる中心性を利用して支配を強化していると見ることもできる。

（10）本章では紙幅の関係上詳述できなかったが、媒介者が媒介する二つのシステムは、個人や集団あるいは社会に限られる必要はなく、今ここで取り上げたような「学問的世界」でも、「聖なる世界」でも、また文化システム一般でもいいわけである。たとえば、世俗世界（現実の社会）と「聖なる世界」という二つのシステムを媒介する媒介者は、言うまでもないことだが「聖職者」ということになる。

　リーダーには、「聖なる世界」の世俗社会での実現を希求する「聖職者」のように、「理想」との媒介者となり、組織の成員をその実現に向けて牽引するようなタイプもある。たとえば、はじめに述べた「リーダーとその集団・組織の成員との関係（目標設定とその成員への周知、目標達成への成員の動機づけと動員、成員間の意見調整、成員欲求の充足など）」の内の前二者の働き（目標設定とその成員への周知、目標達成への成員の動機づけと動員）は、このタイプのリーダーが強くもっている。この「理想」との媒介者としてのリーダーに対しては、たとえば、「理想主義的で現実を見ない」、「融通が利かない」あるいは「強引である」などといった批判がしばしば投げ掛けられる。このタイプについてのさらなる議論は別の機会に譲りたい。

（11）菅［1998］は、Iターンを「大都市居住者による、係累のない田舎への、自発的な意志に基づく移住」と定義し、Iターンしてきた人びとの動機や地元の人びととの関係についても詳述している。また、Ｉターンについては、本書第4章柴田論文、第7章寺田論文、第9章中井論文も参照。

(12) 美山町への初期のＩターン者が都市—農村交流において大きな働きをしたことについては、本書第4章柴田論文を参照。

(13) Ｕターン（帰郷）者とＩターン者との違いは、リーダーシップの観点から見れば、山村内部の媒介型リーダーとなる可能性の高さの違いにあると言えよう。

(14) 媒介者や媒介型リーダーについての本章での議論と近似した議論として鬼頭［１９９８］の「よそ者論」を挙げることができる。彼の「よそ者論」は、現代の環境運動における「よそ者」の役割という限定の下での分析であるとしても、その「よそ者」をあまりにも実体的に捉えているというのが媒介者論的視点からの批判である。

参考文献

鬼頭秀一［１９９８］「環境運動／環境理念研究における『よそ者論』の射程」『環境社会学研究』4。

菅康弘［１９９８］「交わることと混じること——地域活性化と移り住むもの——」間場寿一編『地方文化の社会学』世界思想社。

田中滋［１９８８］「政治犯罪とマス・メディア」仲村祥一編『犯罪とメディア文化』有斐閣。

田中滋［１９９１］「中央—地方関係論再考——〈地域—機能〉複合分化システム論と媒介権力論の構想」青木康容・中道実編『現代日本の政治社会学』昭和堂出版社。

田中滋［２００２］「媒介者たちの社会学はどこへ？——フィールドとしての社会学」『フォーラム現代社会学』創刊号。

三隅二不二［１９８４］『改訂版　リーダーシップ行動の科学』有斐閣。

Blake, R. R. and J. S. Mouton [1964] *The Managerial Grid*, Houston: Gulf Publishing Company（上野一郎監訳『期待される管理者像』産業能率大学出版部、１９６５年）.

Goffman, E. [1963] *Stigma: Notes on the Management of Spoiled Identity*, Prentice-Hall（石黒毅訳『スティグマの社会学——烙印を押されたアイデンティティ』せりか書房、１９７０年）.

Marx, K. [1857-58] *Grundrisse der Kritik der politischen Ökonomie*, Dietz Verlag, Berlin（高木幸二郎監訳『経済学批判要綱』大月書店、１９５８—65年）.

Paine, R. ed. [1971] *Patrons and Brokers in the East Arctic*, Institute of Social and Economic Research, Memorial University of Newfound land.

Park, R. E. [1924] 'Human Migration and the Marginal Man,' *American Journal of Sociology*, 33 (6).

（田中　滋）

第Ⅱ部

「都市の憧れ」と山村の戸惑い

——山村とポストモダンとの出会い——

「かやぶきの里」北集落

（撮影：田中滋）

第7章　新たな観光とIターン者
——美山町における町おこしを例として——

はじめに

本章は、エコツーリズムを中心として、「新たな観光（alternative tourism）」の試みについて美山町におけるさまざまな実践例を採り上げて考察を行う。

西村幸子は、現代観光需要の量的巨大さを考えれば、エコツーリズムという観光形態だけでは、その受け皿たり得ず、エコツーリズムとマスツーリズムを対立的に捉えるのではなく、補完関係として捉えるべきであると論じている。そして、エコツーリズムが行うさまざまな試行錯誤をマスツーリズムへフィードバックさせることによって、観光全体を「持続可能な」ものとしていくべきであると論じている［西村　1998］。この指摘には耳を傾けるべき点があると思われる。とくに美山町の事例においては、マスツーリズムの成功とエコツーリズム、グリーンツーリズムの試みが並列して行われている。1993年に重要伝統的建造物群保存地区に指定された北集落の茅葺き民家群によって美山町は観光地として注目を浴びるようになった。その後、その北集落における点の成功を「面へ広げていこう」という声の方が現地では多く聞かれるが、むしろ、マス化の波にさらされている茅葺き民家群観光へ新たな観光の取り組みをフィードバックさせていくことも重要であると思われる。

本章においては、その方法を模索するのではなく、フィードバックさせるべき美山町におけるエコツーリズム、グリーンツーリズムの特徴を把握し、その特徴の原因を探ることを課題としたい。

その特徴とは、グリーンツーリズム、エコツーリズムに関わる者の多くがIターン者であるということである。美山町においてグリーンツーリズムを実践している施設として江和ランドという施設がある。それをつくったのは地元出身者であるが、そこで働く人、開設者以外はIターン者である。また、河鹿荘における原生林ツアー、おひさま寺の試みのいずれもIターン者が始め、現在もその中心である。また、芦生山の家における原生林ツアーのガイドも地元の人間も行うが、ダム反対運動の会が発展した「芦生の自然を守り生かす会」の会員であり、京都市内から隣町にIターンした男性がガイドの中心であった。そして、修学旅行生受け入れにおいて、そのプログラムをコーディネイトしたのはおひさま寺の主催者であるIターン者であり、その講師の多くもIターン者である。

北集落以外の美山町での観光客の立寄り場所、宿泊施設のマスコミ露出を見てみよう。『サライ』（2002年5月16日号）で「せせらぎが生むご馳走」特集で、「茅葺きの古民家で、大囲炉裏を囲み、岩魚を味わう」として取り上げられた民宿はIターン者が経営者であった。また、2002年9月に発行された『HANKYU MOOK 大人の京都』「泊まり飯、いろり酒」特集では、美山町の民宿、お食事処が多く取り上げられているが、北集落のとみ家以外に紹介された5件の民宿はすべてIターン者の経営する民宿であった。さらに、2003年10月特大号の『Hanako west』の「恋する京都」特集の中で、美山町は「自然の生活を求めて／その先の京都へ」として取り上げられている。そこで紹介3件の料理店、ハーブ販売店、パン屋もすべてIターン者による店である。そして、翌月の11月号でも「どこか懐かしい田舎に泊まる」としてとりあげられた店もIターン者の経営であった。

美山が観光で注目された初期、たとえば1996年発行の『京都・大阪・神戸グルメマニュアル'96』で、「休日のごちそう　おいしいものを食べに、ちょっと足を延ばして自然の中へ」で、美山町の中で取り上げられたのは、「明治36年創業」の料理旅館であった。だが、茅葺き民家群が重要伝統的建造物群保存地区の指定を受け、全国的に注目されることにより、美山町は「日本の田舎」、「日本のふるさと」という意味を帯びるようになった時に、その「田舎」「自然」「懐かしさ」を求め、観光客が美山町を訪れたときに、北集落以外で訪れるものとして雑誌メディアに紹介されているのはIターン者が作り上げた「田舎」なのである。もちろん、地元出身者には、元々の生業があるという条件の違いはある。だが、美山町にも、観光化以前から営業している地元出身者の店舗もある中で、Ｉターン者の店舗ばかりメディアに取り上げられていることは注目すべきであろう。

従って、本章では、観光現象における、Ｉターン者と観光、特に新たな観光の試みの関係を問いたい。具体的な対象としては、農地法や地域社会の慣習等によりIターン者の参入が直接は難しいグリーンツーリズムではなく、エコツーリズムを対象とする。そして、ダム反対問題という比較的特殊なルーツを持ち、規模の小さい芦生山の家の原生林ツアーではなく、河鹿荘の原生林ツアーをその中心とする。

そのために、まず美山町以外の日本のエコツーリズムとIターン者の関係を見て、その後、再び観光についての考察を行う。

1　エコツーリズムとIターン者

日本のエコツーリズムの歴史において、美山町よりも早く、またよく知られているものに、１９９３（平成５）年に世界遺産に登録された屋久島と、イリオモテヤマネコなどで知られる西表島がある。これら二つのエコツーリズムの実践を見てみよう。

瀬戸口・下村・伊藤ほか［２００４］によると、屋久島のエコツアーガイド52名中、地元出身者は14名であり、約73％がIターン者となっている。とくに地元出身のツアーガイドが増加したのは１９９７年以降であり、それ以前の地元出身ツアーガイドは1名のみであった。エコツアーガイドに対しては、「元からの島民にとっては、ガイドだけがいい思いをしているという感情があ」り、「外から来たある人は『よそから来て勝手に金儲けしやがって』と言われたことがあるという」〔田島 2004：45〕。そして、観光客で島がにぎわうことに対して、「観光客の熱狂ぶりが『屋久島は、そんなにすばらしいんだ』という誇りを島の子供たちに植えつけている面も」あるが、「屋久島高校の生徒の意識調査で、少なからず観光客に嫌悪感を持っていることが分かった。島で日常生活を送っている高校生と、非日常を求める観光客の間に、意識の上でのせめぎあいがあるのだろう。観光客は遊んでばかりいる人っていうイメージで（1）」というように、アンビバレントな感情も持っているようである。

西表島ではどうであろうか。1996（平成6）年に「西表エコツーリズム協会」が発足し、同協会は「世界的にも貴重な西表の自然を大切にしながら、この自然と共存してきた人びとの歴史と文化を基本とした西表島らしい新しい旅行のあり方を目指して活動を具体的にすすめている」〔石垣 2000〕。梅津ゆりえ〔2002〕によれば、「西表島のエコツーリズムは、島のアイデンティティの確認と強化によって島を守ろうという島民たちの思いによって始まった運動である」とされている。だが、梅津は同一の論文内で、「西表島民のエコツーリズム協会への評価の目は意外に厳しい。その要因は二つある。（中略）一つはカヌーガイドの技術の低さや安全管理意識の欠如、観光客のマナーの悪さなどが、協会の責任と見なされるということである。（中略）もう1点は、協会の個々の活動が『西表島エコツーリズム協会』の活動として『何をやっているのかわからない』と映ることである」〔海津 2002〕とも記す。つまり、「島民たちの思い」による運動に対して、島民の「評価の目は」厳しいのであるが、実は、「現実に『西表エコツーリズム協会』に加盟している観光関連業者の多くは内地出身者によるものであり、エコツアーのガイド役もほとんど全て内地出身者」〔松村 2001〕であり、屋久島と同様の構造がある。

われわれの美山町における調査においても、エコツーリズムの中心はIターン者である。

2 美山町における「新たな観光」の実践

美山町では、２００３（平成15）年度に少人数の体験学習を実践する修学旅行生を受け入れたが、それ以前からグリーンツーリズムやエコツーリズムも行われている。グリーンツーリズムとしては、前述のように江和地区において江和ランドという宿泊施設と貸し農園を組み合わせた施設があり、また、エコツーリズムとしては河鹿荘、芦生集落の山の家で京大演習林への原生林ツアーが行われており、また、河鹿荘でイベントの企画を行っていた人物が、河内谷集落（知井地区）の寺を地区から借り受け、柿の木山おひさま寺という里山ツアーなどを企画する組織を立ち上げている。以下はこれらの「観光」実践を見ていきたい。

まず、グリーンツーリズムの実践として、江和ランドが挙げられる。江和ランドは「減反政策がいやだった地元出身者の『おもしろい百姓』ができるのではないかという試みの中で誕生」した貸し農園施設であり、その誕生時には「『百姓ともいえぬ百姓をやって儲けるとは？』『都会の人を受け入れて村の将来はいったいどうなるのだろうか？』など、村の集会でもだいぶ議論になり、反対にも遭」った中で始めている［鹿取２００３：53―64］。貸し農園を中心に、京大演習林へのハイキングやジャズライブなどのさまざまなイベントが行われており、その利用者は主に京都市内在住者である。彼らは貸し農園の農作業の他に、たとえば、幼い子供と共に訪れ、「地元の人に川の魚の種類を教えてもらったり、養鶏場を見学させてもらったり、江和ランドの仲間と野草の観察をしたり」［佐々木２０００：11］して江和ランドでの滞在時間を過ごす。

次に、原生林ツアーを見てみよう。主として京都大学演習林（現研究林）への「原生林ツアー」を行っているのは、芦生山の家と河鹿荘であるが、この演習林は、もともと知井地区の「奥山」であり、地区にある神社の改修時のために木を切ることをやめていた山林であった。それを大正年間に地代と立木処分の収入を分配するという契約で京都大学が演習林として使用することになったものである。この演習林には、何度かダム計画が浮上し、地元芦生集落住民は安全性に対する危惧から、そして大学側は学術的な価値から反対し［坂本 1993］、立ち消えになっていった。このような経緯の中で、地元のダム反対運動の会が、それに賛同する者たちとダム予定地の視察などを行う中で、芦生山の家による演習林ツアーの原型ができあがっていった。現在でも、山の家のツアーガイドを行う男性はツアーの目的を「地域にちょっとでもお金が落ちるのと、前の晩に山の話やダム問題を知らせるため(2)」としている。一方、河鹿荘の演習林への原生林ツアーは、登山、ハイキングなどを愛好するIターン者らがつくった山歩きサークルの活動が元となっている。彼ら山歩きの愛好家が、ツアーを企画することによって始まっている。演習林ツアーの参加者は、ダム反対運動の会が発展した「芦生の自然を守り生かす会」を中心とした芦生山の家のツアーが年間800人、河鹿荘が年間で2200から2300人であるというように(3)、積極的にイベントなどを企画する河鹿荘のツアーの方が大規模に行われ、マスコミの露出も大きい。

この河鹿荘で、各種のイベントを企画していたIターン者が、そうしたイベントが、「パァーッと、お客さんが来て帰ってしまう観光になる傾向(4)」が不満で、河内谷集落の元寺院を地区から借り受け「柿の木山おひさま寺」をつくり、コンサートや里山歩きなどを企画し、観光客を集めている。たとえば、

江戸時代後期の美山町は、5つの村に別れてそれぞれがのどかで、つつましやかな生活をおくっていました。その村のひとつここ知井村は、美山町の東の端に位置し、清流由良川の原流域となっている自然豊かな地域だ。当時、知井村を治めていた園部藩主、栃餅衛守兵衛（とちもち　つくべえ）は、原因不明の病に冒され、命が危ないというわさだ。それを聞いた心優しい知井村の幾人かの有志が立ち上がった！　確か、由良川の原流域の川の始まる最初の一滴は、万病を治してしまう強い力のある水だと伝え聞いている。そうだ！　あの一滴をお殿様に飲ませてあげればきっと病も癒えるに違いない。さあ、準備をして出発だ！　まずは、わらぞうりを編み、竹筒で水筒を

作り、おくどさんで飯を炊かねば！　もたもたしているひまはないぞ！　というわけで、村人たちは、早速準備をして山に詳しいものたちと連れ立って出発した。はじまりはじまり……(5)

というプログラムストーリーをつくり、そのストーリーに沿って、茅葺きの里見学、竹を取り、水筒と藁草履づくり。翌日に、おひさま寺にあるおくどさんで炊いたご飯で、にぎりめしをつくり、芦生の森を歩く、というような企画を行っている。

この「おひさま寺」の利用者の感想を見てみよう。「食事が終わっても、大阪と美山の人たちの四方山話は尽きませんでした」「『また遊びに来ます』そう約束して、スローな一日はアッという間に過ぎました」「囲炉裏には何だか不思議な力があるようです」「今日初めて会った人たちが、いつの間にやら輪を作り、ゆったりとした昼下がりを過ごします」「次はもっとゆっくり『泊りがけ』で遊びに行きたいと思いました」「静かな夜に、この囲炉裏端で皆さんと今日の続きができたらいいなと思います(6)」などの言葉が並ぶ。

最後に、修学旅行について見てみよう。たとえば、２００３（平成15）年度に行われた修学旅行は、「かやぶきの里から未来が見える」「江戸時代はエコ時代」をキーワードに、「豊かな自然と伝統文化を生かした自然体験、暮らし体験を」行うという目的を掲げ、「搾乳牛の管理作業とバター作り」「川魚釣りと天麩羅料理」「りんごの摘蕾作業とパン作り」「カヤの収納作業とおもちつき」「わら細工（プロミスリング作り）とおもちつき」の五つの少人数のグループに分かれ、それぞれに美山町在住の講師を付け体験学習をするというものであった。その感想をみてみよう。

美山町では、美山のたけのこを使ったたけのこご飯もご馳走になって、夜遅くまでいろいろな話をしてもらった。農業のこと、自然のこと、生活のこと、その中で一番印象的だったのは、Ａさんのこんな言葉である。

「こういう所に住んでいるのは、ある意味で東京に住んでいるより贅沢してるかもしれん」

この言葉で、Ａさんは美山町を誇りにしているのだなと思い、感動した。なぜ、不便なうえに費用もかかる茅葺き屋根を残そうとしているのかを考えることが美山町ホームステイの課題だったが、私はその答えが少しだけ見えたように思う。それはたぶん、美山の人が美山町のことが本当に好きだからなのではないだろうか、と。ところが最近、美山の人たちの熱意と誇りを踏みにじるような事件が多いのだそうだ。都会の人が山菜を根絶やしになるくらい採っていってしまったり、杉などの植林で山崩れが起こったり、それによって美山町の環境も変化してしまっていることを説明してくださった。

美山町は本当に美しい日本のふるさとだった。美山での一日を通して、私たちはそのふるさとを肌で直に体験し、自然の状態を保つためにはその土地の人だけでなく、みんなで考えなくてはいけないことを知った。一日だけだったが、美山町ではいろいろなことを教えてもらい、内容の濃い一日だった。(7)

とあるように、地元の人と修学旅行生との交流が図られている。「パァーッと、来て帰ってしまう」観光客が、ここでは地元民と「四方山話が尽き」ず、美山町に「本当に美しい日本のふるさと」を感じている。

3　観光と現代社会

3―1　物語としての観光

このように、日本のエコツーリズムなどの新たな観光においてIターン者が大きな役割を担っていることを確認したが、本節においては新たな観光の実践だけではなくマスツーリズムも含め、広く観光という現象を考察し、Iターン者がこれらの観光において活躍する理由を考察したい。

一般に観光では、観光者、観光対象、観光媒介の三極構造が言われる（たとえば、岡本［2001］）。安村克己は、観光は、「現在の観光研究では、一般に、ゲスト（観光者）、ホスト（観光地住民）、そしてブローカー（政府や観光産業など）、という3要素の社会関係から成り立つ観光システムとして措定されている」とし、観光におけるゲストとホストの不平等な事態は、「世界システムの不平等構造と重なり合う」〔安村 2001：4―64〕としている。故に、観光はしばしば「帝国主義の一形態」〔Nash 1977〕と批判されるのである。具体的に見てみよう。

たとえば、永渕康之によれば、20世紀初頭のバリ島は、汽船による世界一周旅行の流行とともに、欧米人の観光コースに組み込まれたのであるが、植民地政府は保養所を一般観光客に開放するなど、郵船会社による観光開発を積極的にバックアップした。そして、「バリ」文化保護政策をとり、現地社会に混乱を与えない統治であることを欧米社会にアピールし、同時に、ジャワ島中心に展開されていた民族運動からのバリ島の切り離しをはかったという。その結果、1920年代から1930年代にかけて欧米人の手によって、今日バリ文化として知られるケチャダンスなどが「創造」されていった〔永渕 1996〕。

これは、植民地時代の事例である。では、現代社会ではどのような観光開発が行われたであろう。日本の沖縄の事例を見てみよう。多田治〔2004〕によれば、1972年の日本復帰以前の沖縄においても、本土から「沖縄戦没者慰霊」のための訪問団という形で多くの人が訪れ、観光産業は第三位の経済的規模があった。ただ、本土復帰以後、1975年に「海――その望ましい未来」をテーマに沖縄国際海洋博覧会が開催されたときに、海浜公園には、ヤシ、ソテツ、ハイビスカス、ブーゲンビリア、マリーゴールド、サルビア、デイゴなどの植物が植えられ、また、国道58号線にも同様の植物を中央分離帯に植樹し、亜熱帯イメージが演出されていった。この海洋博は、そのテーマにもあるように海による文化交流を示すものが展示され、文化交流による沖縄文化と亜熱帯イメージがアピールされた。そして、海洋博後の反動不況のときに県のリゾート開発公社が広告代理店に観光振興策を依頼し、「沖縄県観光振興総合計画に関する報告書」がまとめられた。その中で、「戦争の島」＝沖縄では楽しめる要素が心理的に制限されるとされ、「沖縄の歴史や文化」の開発の必要性が指摘された。その結果、沖縄の琉球王朝からの歴史、独自の文化が強調されるようになっていく。このようにして、現在の亜熱帯のリゾート地、独自の歴史、文化を有する沖縄というイメージができあがっていったのである。

フーコーのまなざし概念を観光研究に応用し、「観光のまなざし」の研究を唱えたUrry［1992］は、観光のまなざしは、「記号を通して構築され」、観光の専門業者は、まなざしの再生産を後押しし、「まなざしの対象は複雑でしかも変容していく階層性の中にある」としている。まなざしが記号によって構築されているならば、観光とはホスト社会にある記号を組み合わせ、ゲストがその物語の体験をすることであると言える。そして、バリや沖縄で見たように、マスツーリズムとは、ゲストとホストの不平等構造を前提に、ホスト社会の「記号」「記号の意味」そして、それらの記号を組み合わせた「物語」をブローカーがゲストのために創り上げるものであると解釈できる。あるいは、豊かなゲストに消費させるためにブローカーが、物語を構築、再生産していると言ってもいいだろう。

そのようにマスツーリズムをとらえるならば、新たな観光とは、マスツーリズムによる暴力的な記号の操作に対抗した、ホスト社会のための物語創造の試み、あるいはホスト社会による物語の生成の試みであるといえるであろう。日本各地で行われている村おこしのためのグリーンツーリズム、エコツーリズムも、「悪夢の選択」［古川・松田 2003］であり、政府の財政悪化、バブルの崩壊による民間企業投資の減退、そして3セクの失敗の結果、村自身に村おこしをするように強いたものであったとしても、ムラあるいは地域主導による記号、物語の創造の試みであると評価できるのである。

3—2　新たな観光を求める現代社会

新たな観光が前節で見たような試みであるとするならば、そのような試みは現代社会のいかなる側面から生まれてきたのであろうか。

第一に挙げられるのは、もちろん、マスツーリズムに対する懐疑、反省である。ただ、「新たな」（＝alternative）という言葉が、カウンターカルチャームーブメントにおいて用いられた言葉であり、また、新たな観光という語のかわりに用いられる持続可能な観光の「持続可能」(sustainable)という言葉も地球環境問題に対する取り組みから生まれた言葉であることからも明らかであるように、新たな観光という語が生み出される背景には、単に観光現象だけではなく、広く近代に対する反省や懐疑を持つにいたった社会状況がある。それが最もよく現れているのが、「持続可能」という言葉のルーツともなった地球環境問題である。田中滋が、「地球の有限性が明らかとなり、地球環境問題等の環境リスクの重大性が盛んに言われるようになって以降、人間はヒューマニズムという神の座をエコロジズム(ecologism)に譲り渡すことになった」[田中 2005]と述べているように、地球環境問題は近代に対する反省の必要を迫った。そして、地球環境問題はそれを引き起こした科学技術、ひいては人間理性への懐疑、疑念へともつながっていき、エコツーリズム、グリーンツーリズム需要の原因である、自然の賞賛、あるいは、前近代的生活への憧憬ともなっている。

次に、現代社会の特徴として挙げられるのは消費社会ということである。かつて、科学技術を応用し、商品の大量生産が可能となった時代、企業は少品種を大量生産することで大きな利益を上げることができた。だが、現代社会においては、そのようなフォーディズム型の生産は過去のものとなり、多品種少量生産の時代となっている。そして、商品を売るために、マーケティングが必要な時代になり、そのマーケティングもマスを対象としたものから、より細分化されたセグメントを対象とするマーケティングが必要であるとされている。このように大量の、そして、多様な商品に囲まれた現代社会においては、かつては単純にその製品を消費していたものが、製品の意味を消費する記号消費の時代を迎えたとされる[Baudrillard 1970]。

そして、環境問題を引き起こした近代への懐疑と自然への賞賛は、多様な商品を記号として消費する消費社会においては、それ自体が商品となる。田中[2005]は、環境問題は、現代社会において「〈消費　対　環境リスク〉という図式の下で展開する」とし、その図式への個々人の「多様な対応の受け皿となるような商品化が日本において盛んに行われている」とし、それを「環境の商品化」と呼んでいる。現代の「大衆文化において象徴的に構成されたものとしての自然は、非常に有用な構成概念」[Meister and Japp 2002 : 6]となっているのである。

ここにエコツーリズムなどの新たな観光が提唱されるに到ったもう一つのルーツがあると言えるだろう。つまり、観光の持続可能性が検討されるに到ったということは、当然のことながら、それほどまでに観光が拡大し大量に消費されるようになったからであり、また、エコツーリズムなどの新たな観光が提唱され、実践されるということは、その消費形態の多様化の証左であるとも言えるのである。近代の生み出したマスツーリズムへの反省としてのエコツーリズムは、消費社会である現代社会において、観光という分野の多様な商品群の中の一つとして消費されることになるのである。

3―3　消費社会における消費

では、その消費社会における消費の形態をここで詳しくみてみよう。ボードリヤールの消費論を発展させる形で大塚英志は、「消費者にとって重要なのは自ら〈物語〉ることによってより強く物語の〈世界〉とアクセスし、しかもその〈世界〉が（中略）イベントの参加者によって共有されることの実感」［大塚 1989：32］であるとし、擬似的な大きな物語を背景とした可能性の一つとしての物語を生産、消費するというタイプの消費があるとしている。また、岡田斗司夫は、商品と情報があふれる現代社会では、

フツーの人はどの情報を選んだらよいのか、誰のいうことを信じたらいいのかわからず困っているのだ。「僕はこの辺がおもしろかった」とか「君にはこれがおもしろいと思うよ」とか、コーディネイトしてくれる人、膨大な情報の中から自分の性に合う価値観、過ごし方、遊び方、ジャンルを教えてくれる人を求めている［岡田 1996：41］。

と述べ、「ソフト自体の価値や品質を見極め、ぴったりの人びとのお手元に届けることができる人、頼りになる批評家であり、コーディネイター足りうる人びと」［岡田 1996：41］が消費者を主導するとしている。このような人物は、

対象に対し「単に『好き』とか『面白かった』では終わらない、終われない、ありあまる気持ち」をもっており、「作る側、お客という区別意識がひく」く、「飽くなき向上心」をもった、「ジャンルをクロスする高性能なレファレンス能力で、作り手の暗号を一つ残らず読み取ろうとする貪欲な鑑賞者」〔岡田　１９９６：33〕であるとしている。

つまり、記号としての商品と情報にあふれた消費社会においては、なんらかの強い愛着をもてる対象の情報を膨大な記号の中から高度なリファレンス能力によって整理し、同じ嗜好を持つ消費者に対して、「小さな可能性としての物語」を、語りうる人物が求められているのである。このような消費のタイプとそれを牽引する人物像を考慮しながら、次節において、再びエコツーリズムの実践、とくにエコツアーガイドの声に耳を傾けてみよう。

4　エコツアーガイド

まず、美山における事例から見てみよう。先に河鹿荘の原生林ツアーはＩターン者によって始められたと述べたが、地元の人の芦生原生林に対する意識は、

地元の人が、山なんか行って、それでお金払ったりする者の気がしれないというか、そんなとこ入って何が面白いのってよく地元の人に聞かれることがありますけどね。山は木を切り出してなんぼのものだっていう、そういう考え方がやはり地元の人たちには結構広くあって。(8)

というように、林業が主たる産業であった地元の人にとっては、あくまで山林は経済林であり、鑑賞するものではなかった。そして、観光による村おこしをするに当たっても、「茅葺きの里として、そこに店を作り、多くの観光客を呼んで、（中略）お金を落とさせる、そちらの方が有効だっていうのが地元の人たちの考えていたところ」であり、「芦生というのにはあまり価値を置かなくって、北村とかそういう方にどちらかというとウェイトが置かれていた」(9)という。

その中で、原生林ツアーの企画を立ち上げたIターン者は、その動機を「私自身が芦生へ行きたいがために、こういう企画を立てたというのが出発点」であるとする。そして、ツアーガイドとしての立場を「今流に言えば、インタープリター」という立場であり、「ものを教えているんじゃないんだという、一緒に楽しみましょうよ、遊びましょうよっていう立場に自分をおきたい（中略）ただ、ここは私たちが頻繁に歩いて、よく知っているからいろんなこと話しますよ、案内しますよっていうことですよねぇ、そういう立場です[10]」と語っている。同様に、Uターンで地元に帰りツアーガイドをしている者も、

（自然を）知りたいと思う人たちはそこへ訪れることによって自然の仕組みだとか、私たちガイドが一緒について入るということで、知ることができますよね。（中略）そこを歩いただけで大事なんだなという感覚を持って、自然のいろんなことってすばらしいんだなという感覚を持って帰ってもらうだけでも、（中略）それに対する理解を持ってもらえるきっかけになると思う[11]。

と述べている。これらから、芦生の自然に強い愛着を持った、そして、ツアー客と極めて近い立場に立ちながらも、控えめな表現ではあるが、その自然について語ることのできる人物像が読み取れる。

次に、屋久島のIターン者、エコツアーガイドがガイドにとって必要であることを記した文章を見てみよう。小原比呂志よれば、

エコツアーガイドというのは、そのフィールドについて広い知識と観察眼を持ち（インプット）、それを現地でお客さんに提供する（アウトプット）仕事です。（中略）やはり自然観察と勉強あるのみ。さまざまな視点を身につけ、広い視野から自然を理解できるよう鍛えるしかありません。（中略）インタープリテーション技術も大切です。まず自分がよく理解していること。その上で、お客さんの状態を見ながら適切な解説をすることです。きちんと消化

され磨かれて、心から出た言葉でないと効果的に伝わりません［小原　２００５：７］。

とし、ガイドに必要な五つの条件として、

１．自分のフィールドをさまざまな角度から観察し、そこに存在している物語を観察する。２．読書に文献調査。日ごろの情報収集に努める。３．よそのフィールドに出かける。自分のフィールドと照らし合わせ、自分のフィールドを客観的に見る材料を得る。４．わかりやすい表現技法を追求する。５．自分の専門分野の勉強、調査研究を続ける。また、登山などアウトドアスポーツの技術と、危機管理能力を伸ばすトレーニングを怠らない［小原　２００５：７］。

を挙げている。

これらに共通するのは、まず、なによりも彼ら自身が、その地域の自然に強い愛着を持った鑑賞者であり、その上でツアー参加者に語りかけているということであろう。

おわりに

前々節における岡田［１９９６］の描く人物像と前節から読み取れるエコツアーガイドの人物像の類似は偶然ではない。なぜなら、岡田は高度に情報化された消費社会におけるソフトの消費形態について述べているのであり、エコツーリズムとは、環境が大きな社会問題となり、自然が象徴的に有用な概念となっている消費社会を背景としながら、ローカルな自然の物語を消費するという側面をもっている。つまり、エコツアーガイドは、観光という物語を発信する人なのであり、エコツーリズムとは、その物語を同じ嗜好を持った消費者と共有するというものなのである。

エコツアーガイドだけではなく、美山町のIターン者達は、近代的な意味であるところの経済的価値を失った、すなわち、ゼロ記号化した美山町の山や田園風景などに新たな記号内容を見いだし、その地を選んだ者達である。つまり、Iターン者達は、その地域の何かに強い愛着を持ち、かつ、観光客となる都市民の需要も把握できる立場にいる。それが、観光においてIターン者が目立つ原因の一つであると言える。そして、それはIターン者だけではなく、観光による「村おこし」に欠くべからざるものであると言えるだろう。

ディズニーランドのリピーターを取り込む魅力の一つは、常に新しいアトラクションを造り続け「永遠に完成することのない」「天地創造」にあるという〔能登路 1990：48〕。エコツーリズムをはじめとする、観光による「村おこし」は、一商品としてディズニーランドと同様に消費社会の中にある。観光による「村おこし」が、リピーターをつかみ成功を持続させるためには、ディズニーランドと同様に、常に新たな魅力を創造し続ける必要があるだろう。そのためには、日頃の情報収集に努め、わかりやすい表現技法を磨き続け、心からの言葉で新たな物語を紡ぎ続ける必要があるだろう。

注

（1）http：//www10.plala.or.jp/kakinokiyama/　2004年6月11日閲覧。
（2）芦生集落、男性。2000年9月25日に聞き取る。
（3）柿の木山主催者、2004年3月22日に聞き取る。
（4）注(3)と同じ。
（5）http：//www10.plala.or.jp/kakinokiyama/　2004年6月11日閲覧。
（6）http：//www.e-toko.com/ex/miyama/dango.htm　2004年6月25日閲覧。
（7）http：//www.kit-net.ne.jp/papyrus/forum/forum021/frame0.htm　2004年6月25日閲覧。
（8）Iターン者、男性。2000年9月14日に聞き取る。

（9）注（8）の男性と同じ。
（10）Ｕターン者、男性。２０００年9月14日に聞き取る。
（11）注（8）の男性と同じ。

参考文献

石垣金星［２０００］「西表島から島おこしを考える」『地域開発』４２５。

大塚英志［１９８９］『定本　物語消費論』新曜社（角川書店、２００１年）。

岡田斗司夫［１９９６］『オタク学入門』太田出版。

岡本伸之［２００１］「観光と観光学」岡本伸之編『観光学入門』有斐閣。

小原比呂志［２００５］「ガイド・インストラクターとしての自然派センス」『自然保護』４８３。

海津ゆりえ［２００２］「島おこしから西表島型地域マネージメントへ――パラダイム・シフトを促すエコツーリズム」『地域開発』４５９。

鹿取悦子［２００３］「農山村社会の再編とグリーン・ツーリズムの可能性――京都府美山町の観光農園・江和ランドの取り組みから」古川彰・松田素二編『観光と環境の社会学』新曜社。

坂本礼子［１９９３］「森林環境保全と内発的発展」『ソシオロジ』38（1）。

佐々木泉［２０００］「ごろ寝だけして帰る人もいる『かやぶきの里』の貸農園」『現代農業』11月増刊号。

瀬戸口真朗・下村彰男・伊藤弘・小野良平・熊谷洋一［２００４］「屋久島におけるエコツアーガイドの動態とその背景に関する研究」『ランドスケープ研究』67（5）。

永渕康之［１９９６］「観光＝植民地主義のたくらみ――１９２０年代のバリから――」山下晋司編『観光人類学』新曜社。

田島康弘［２００４］「屋久島のエコツーリズム――ガイド業者に対する調査から――」『鹿児島大学教育学部研究紀要　人文・社会学編』55。

多田治［２００４］『沖縄イメージの誕生　青い海のカルチャラル・スタディーズ』東洋経済新報社。

田中滋［２００５］「公害から環境問題へ、そして環境の商品化へ――環境問題コントロールの現在」宝月誠・進藤雄三編『社会的コントロールの現在――新たな社会的世界の構築をめざして』世界思想社。

知井村史刊行委員会［１９９８］『知井村史』知井村史刊行委員会。

西村幸子［１９９８］「エコツーリズム――持続可能な観光に向けての模索」『観光に関する学術研究論文　第３回観光振興又は観光開発に対する提言』アジア太平洋観光交流センター。

能登路雅子［１９９０］『ディズニーランドという聖地』岩波書店。

宝月誠・進藤雄三編［２００５］『社会的コントロールの現在――新たな社会的世界の構築をめざして』世界思想社。

松田素二・古川彰［２００３］「観光と環境の社会理論――新コミュナリズムへ」古川彰・松田素二編『観光と環境の社会学』新曜社。

松村正治［２００１］「八重山諸島におけるツーリズム研究のための基礎調査」『アジア・太平洋の環境・開発・文化』２。

安村克己［２００１］『観光　新時代をつくる社会現象』学文社。

Baudrillard, J.［1970］*La Société de Consommation : Ses Mythes, ses Structures*, preface de J. P. Mayer, Paris : Denoël（今村仁司・塚原史訳『消費社会の神話と構造』紀伊国屋書店、１９７９年）.

Meister, M. and P. M. Japp eds.［2002］*Enviropop : Studies in Environmental Rhetoric and Popular Culture*, New York : Praeger.

Nash, D.［1989］"Tourism as a Form of Imperialism," in V. L. Smith ed., *Hosts and Guests : The Anthropology of Tourism*, Philadelphia : University of Pennsylvania Press（三村浩史監訳「帝国主義の一形態としての観光活動」『観光・リゾート開発の人類学――ホスト&ゲスト論でみる地域文化の対応』勁草書房、１９９２年）.

Urry. J.［1990］The Tourist Gaze Leisure and Travel in Contemporary Societies, London : Sage Publications（加太宏邦訳『観光のまなざし』法政大学出版局、１９９５年）.

（寺田憲弘）

第8章 「原生林」の誕生
——「自然」の社会的定義をめぐって——

はじめに
——「自然」という「鏡」——

この章では、「自然」を考察の対象としている。

近代社会においては、「自然」は人間存在の外部に存在する環境であるとして人間社会と分けて考えられてきた。「自然」は人間の意思や思惑に関係なく独立して作動するものとして考えられ、故にこの自律する「自然」を人間の意思によって統御し、自在に操作することが目指され、そのための道具として科学や技術が生み出されてきた。「自然」を制御することは人間社会の生産力や生活文化を向上させ、社会を進歩させることであると信じられ、科学や技術の発展は人間の力の具体的発現形態であると考えられてきた。人間社会の対象として、端的に言えば、開発の対象として、「自然」は客体化されてきた。このように近代社会において、「自然」と「人間」は二分法的に捉え続けられてきたのである。

この二元論的な思考からすると、「自然」を考察の対象にしようとすることは、「人間社会」の分析を主題とする社会学の眼目を外しているとの誹りを受けるかもしれない。この章では題材として「原生自然」を取り上げているが、その原義（＝「人為から隔絶された自然」）は、「自然」と「人間」の隔絶を強調するものであるから、「自然」を扱う「社会学」という論理的な撞着の印象を抱かせるものとなっているかもしれない。
「自然」は人知の及ばぬ自律システムとしての側面を有することも確かである。だが、この章での考察によって明らかにされる人間社会との密接な関わりの帰結として表面化してくる「自然」についての社会的プロセスは、「自然」を社会学的なテーマとして取り扱うことが、極めて妥当であることを示してくれるだろう。

この章での「自然」についての考察によって示される「人間」と「自然」との関係とは、「人間も自然の一部である」という「自然」に対する「人間」の従属性を示した生態学的関係というよりも、人間社会が「自然」に投影される、つまり「自然」に人間の社会関係が特徴的に映し出されているという社会文化的な位相での「人間」と「自然」の関係である。

1 自然観光と原生林
――「貴重な自然」＝「原生林」という図式――

〈人が森から離れた時代だからこそ、森に帰って、聖者たちの静かなる声に耳を傾けてみれば、生命の不思議と感動が胸に満たされるでしょう〉（「芦生の森」ツアー・パンフレットから抜粋）

京都府美山町、点在する集落を縫うように由良川が流れ、丹波の山々を抜けて日本海に注ぐ。その最上流部に「芦生原生林」と呼ばれる森林が広がっている。「芦生の森」は人びとを魅了し、この森をフィールドとしたハイキング・ツアーは多くの参加者を集める。

ツアーに関心を寄せる人びとは、冒頭のような森への誘いの一節に触れ、聖なる森に分け入り、自然と交感して精神的に満たされる、そんな一場面に自らの姿を重ね合わせようとするだろう。自然との交流、そして精神的な充足。その成就を描写するキャッチコピーは、人びとを「芦生の森」へと誘うのである。実際にこのツアーは年間、数千人を集客する観光の目玉として、億単位の料金収入をもたらし、この地域にとっての貴重な「外貨」獲得の機会となる「地場産業」となってきた。

ツアーのフィールドとなる「芦生の森」が人気を博してきた理由は「原生林」である点に帰せられよう。一般に「原生林」は「自然のままの森林」（『広辞苑』第六版）であり、人手の入っていない自然とされ、貴重なものであると広く認識されている。

たとえば、アメリカでは「原生自然」は、公共財であり、保護の対象とすべきであることが国民的な合意として共有され、国立公園制度によって厳重に保護されている。「原生自然」（wilderness）の概念は、環境保護運動の中心にある概念であり、自然保護行政においても用いられ、その社会的役割は重要な位置を占めている［桑子 1998］。国立公園内で山火事が発生しても、あえて消火活動をしない（自然の成り行きに委ねる）など、その保護に人手を加えることを極力控えようとする徹底した不干渉主義にみられるような、我々の感覚からすると極端とも思える「自然のまま」（＝人為の排除）の原則の貫かれ方には、「原生自然」（＝人為の不在）こそが有意味であるという同地での自然観が端的に表れている。

「芦生原生林」も同様に貴重な自然、希少な生態系として、その自然的価値が評価される公共的な財産であるとの認識が一般的になされている。たとえば、「芦生原生林」は「関西では屈指の原生林」(1)「西日本最大の天然林」(2)であり、そこには「手つかずの自然」(3)「人間がいじっていない自然のままの天然林」(4)が残されている「貴重な自然」(5)の「宝庫」(6)であるとされる。「芦生原生林」はこれまでたびたびテレビ、雑誌、新聞などの各種マス・メディアに取りあげられ、特集が組まれるなど、露出度も高い。

2　自然観光の成立

2―1　「芦生の森」と美山

「芦生原生林」は京都府北東部の美山町の一角、福井県、滋賀県との県境を接する山林地帯に対する呼称である。美山町(7)は北を福井県名田庄(8)、東を滋賀県朽木(9)と京都市に接し、人口約4000人（約1800世帯）、面積約3万4000ヘクタールで、このうち約97パーセントを山林が占める農山村である。由良川を舞鶴湾から約40キロ遡った地点に位置する大野ダムから上流域が美山町である。

その源流部にあたる芦生地区は美山町の東端に位置する最奥の集落である。四方を山に囲まれた、人口約50人、世帯数にして二十数世帯の小集落が芦生地区である。林野の占める割合は99・9パーセントにもなり、平地は宅地と耕地が川沿いにわずかに広がるのみである。

芦生の集落より上流の林野は、京都大学大学院農学研究科の付属演習林となっている(10)。1921（大正10）年に旧知井村の九ヶ字(11)の共有林に地上権を設定し、京都大学とのあいだで契約が交わされ芦生演習林が創設された。その面積は4185ヘクタールで、地上権の存続期間は大正10年より向こう99カ年とされた。芦生演習林は、京都市の北約35キロメートルに位置する(12)。

2―2　「芦生の森」について語られること

芦生演習林は「原生的な自然が存在する森林」［錦見他 1995］であると言われる。演習林には原生的な自然が近畿圏において最大級の規模で残されているとされるが、このような「理想的」な状況がもたらされるに至った経緯は、「大学演習林」という存在との関係で説かれる。すなわち、戦後復興の木材特需による林業景気で、全国の山林が造林事業によって次々と人工林化していったのに対し、学術目的で創設された演習林では時勢に左右されることなく、「開発と植林の魔の手から救われ」[13]、「人の手をなるべくかけずに天然林を保持しつづけてきたため、他の地域とは比較にならないほど広大な天然林を残している」のである〔枚田他 1992〕。「大学演習林は、他の事業体のように木材等の生産をして収益をあげることだけを目的とせず、実習、研究施設としての役割をもっているがゆえに特徴ある森林を残すことができ、（中略）都市住民の森林レクリエーションの格好の場を提供する結果となっている」〔同上〕のである。その結果、4200ヘクタールの2分の1にあたる2100ヘクタールが改廃されることなく天然林として温存されてきた。「大学演習林」という砦によって、俗世から遊離し、開発圧から絶縁された「聖域」を形成していたことが幸いして、今となっては得難い原生的自然を残すに至ったというのが、「芦生の森」について巷間で語られる来歴となっている。

2—3　「パックツアー」スタイル

原生林ツアーはこの「芦生原生林」をフィールドとして行われる。ツアーを主催するのは地元の2団体で、個々にツアー・プログラムを提供しているが、両者は似通ったツアー形式を採用しており、その典型例は次のようなものである。

参加者は美山町内の所定の場所に午前中に集合する。ツアーの主眼は原生林内を廻り歩く散策で、数種類のハイキング・ルートが設定されているが、集合場所からハイク開始地点まで距離があるため、手配されたマイクロバスでの移動となる。それぞれの出発地まで送り届けられ、そこからが徒歩での散策となる。数キロから最長約10キロまでの各コースを歩き終えると、終着地点に待機した送迎車によって再び移動し、そこで解散となる。概ね朝出発・夕方解散の日帰りで催行され、一組が20名程で、これに1、2名のガイドスタッフが随行する。

2―4　閉じた森から開かれた森へ

このような「パックツアー」スタイルでのツアー・プログラムが提供されるようになったのは、1991（平成3）年以降のことである。「芦生原生林」は大学の教育研究施設であり、団体旅行を行うには大学演習林側の利用許可を得ることが必要とされていたため、原生林ツアーの創設に当たっては、地元団体と演習林のあいだで演習林内の観光利用に関する取り決めが交わされている(14)。

大学演習林側のスタンスは、「演習林の管理は大学が行っていてその目的は教育・研究である」「だからレクリエーション利用は演習林の本来の利用目的ではない」というもので、「レクリエーション利用については、事故・遭難などにより管理責任が問われる危険性が高く、主目的である研究・実習が妨げられないならば認める」という消極的な態度に留まるものであった。部外者が大学演習林を利用しようとする場合、正規の方法として「一般入林」と「団体入林」の二つがあり、それぞれ演習林への申請が必要とされ、特に団体入林(15)に関しては事前申請による許可が必要とされていた。

そうしたなかで、1988（昭和63）年頃から「芦生原生林」がマスコミや口コミを通じ一般に知られるようになったことで「一般入林者の急増という事態」が起き、これが問題化した。特に問題視されたのが演習林の「本来の利用目的」ではない「レクリエーション利用」についてであり、事故・遭難などの管理責任や研究・実習の妨げの問題の他、多数の人間が立ち入ることによる「貴重な自然」の「オーバーユース」（=自然破壊）、「林道への無断侵入、周辺集落でのゴミの増加、駐車場の込み合い、山菜の採取、雑草の侵入等」が懸念された。

また、演習林への入林には申請が必要とされていたのにもかかわらず、実際には不特定多数の無申請での入林者が存在し、その実態の把握という課題も持ち上がっていた。

さらに、1991（平成3）年からは地元団体や旅行会社によって組織されたツアーが申請されるようになりはじめ、演習林は「パックツアーの受け入れに何らかの対応をする必要」に迫られた。

他方で、全国の演習林の動向として、1982（昭和57）年の行政管理庁による行政監察（演習林の相互利用と共同利用）と臨教審の提言（演習林の開放）によって、演習林の利活用の促進、市民への開放が外部から要請されるという流れもあった。

レクリエーション利用を問題視しつつも、大学の森の利活用や開放の求めに応じる必要にも迫られるなか、演習林は1991（平成3）年にレクリエーション利用の実態把握のための調査を行う。その報告に示された演習林サイドの考えとは、レクリエーション利用についての一定の理解と市民への開放の意識をもちながらも、人員不足から急増する入林者の管理や開放の要請に主体的に対応することは不可能であり、市民の有意義な利用のためには、「市民による組織が必要」であろうと結論づけるものであった。そうした状況下で交わされたのが、以前からツアーを催行していた地元2団体との1992（平成4）年の取り決めであった。この取り決めで、地元団体によるパックツアー入林が許可されるのと同時に、利用地域の限定や入林規則の遵守、ガイド・車・ドライバーの用意、ツアー申し込み窓口の限定などの申し合わせがなされた。

大学側は、教育研究を最優先した演習林の適正利用のため、自生的に組成し始めた団体型ツアーの動向を取り込むことによって、地元団体との「共同管理」の体制を整備した。また、地元団体の「パックツアー」に委ねることで、「演習林の開放」という課題にも応えつつ、他方で「パッケージ化」することで、増大する一般入林者に制限を加え、入林者の「教育・監視」（管理統制）を行おうとした。

2―5　パック型「原生林ツアー」という公準

パックツアーを許容し、「入林者のコントロール」（入林者の実態把握、規則・心得の徹底、利用範囲の限定など）を委ねるというのが、「大学の森の開放」を求める外圧と、レクリエーション利用に消極的な内部の論理という異なるベクトルへの対処法として生み出された落とし所であった。相反する課題を何らかのかたちでクリアしなければならなかった芦生演習林をめぐる「政治的」状況こそが、パックツアー型の「芦生原生林ハイキング」化を推し進めた要因の一つであったといえよう。それは「原生林ツアー」が公認のものとされ、制度化・規格化・様式化する社会文化的条件であったといえる。このようにしてパック型「原生林ツアー」がいわば「公準化」されていった。

3　「近代観光」という顔

3―1　「芦生ブーム」到来

以上のような経緯のなか成立した原生林ツアーはうなぎ上りに集客数を伸ばした。たとえば、主催団体の一つである美山町自然文化村の実績によると1991（平成3）年度に年間の参加者数約230名、実施本数にして13本であったものが、4年後の1995（平成7）年には約10倍の約2600名、120本に急増し、2000年代には3000人、150本を超えるようになった。ツアー・スタッフ[16]によれば「これはもう爆発的に増えた」という。その様子を「芦生ブーム」と形容したが、このような語り口からも、押し寄せる人の波やツアーの急成長ぶりを目の当たりにして色めき立った様子を窺い知ることができる。

3―2　パッケージ・ツアー

「爆発的」な「芦生ブーム」の訪れ（原生林ツアーの盛況）には、「パッケージ・ツアー」という形式の採用に起因する部分もある。パッケージ・ツアーは旅行のための構成要素が「事前に調達された（お膳立てされた）旅行商品」であるため強い動員力が働きやすく［玉村 2003］、マス・ツーリズム化との親和性が高いとされる。

分かりやすい見どころを設定したツアー・ルートの開拓、ガイドやガイドブックによる導き、交通手段や飲食・宿泊の手配、安全の確保や非常時の対応といったリスク管理など、参加者の利便性に高度に配慮し、人びとは特段の技術や知識を持ち併せていなくてもツアーに参加することが可能で、しかも高いリスクや多大なコストをかけることなく、安全快適にツアーを楽しむことができる。

演習林との取り決め上、1本30名弱という団体規模で1日あたりの催行本数も制限されるという制約はあるにせよ、パックツアー化は、特に女性や高齢者など「従来訪問することができなかった人びとに訪問の機会を与え」[錦見他1995]、「原生林」への門戸を広げ、「開かれた森」を創り出すことにつながった。

パッケージ・ツアーやマス・ツーリズムは、近代化された社会の産物である。近代になって「観光」が誕生したとD・J・ブーアスティンは指摘する[Boorstin 1962＝1964]。その変化は旅行（travel：骨折り、苦労をともなう困難な事柄）から、観光（tour：楽しみのための見物）への構造転換であった。パックツアーを組織し商業化した先駆であるトマス・クックの例にみられるように、観光客の大量輸送と組織化によって、旅行は危険や苦労をともなう厄介な一大事業から、簡便化、低廉化、安全化、大衆化された、望めば誰でも享受可能な選択肢の一つへと変化した。旅行は個人の多大な自発性や能動性が求められる困難な営みから、受動的で消費的な大衆が気軽に手に入れることができる「商品」へ変貌した。

3—3　商品としての「原生林」

原生林ツアーもパッケージ・ツアー化（お手軽商品へと転換）され、マス・ツーリズム化（大衆化）の経過をたどった。そもそも、何の用意も予備知識もない観光者がおいそれと入り込んでいけるような場所ではなく、人為から隔絶されているのが〈原生林〉の原義である。観光化される以前に〈原生林〉を「享受」することができた者といえば、情報や手立てを調達でき、専門知や技術を介しての〈原生林〉の「経験」が可能な研究者や報道関係者、登山者や好事家などの一部の人びとに限られていた。原生林ツアーの登場によって、「原生林」は入手可能な「商品」となり、原生林の「経験」の機会は「特別なもの」を持たざる大衆へと開かれた。

山奥までの交通アクセスが確保され、そこにハイキング・ルートが設定される。歩きやすく整備された歩道を、ガイドの導きによってスムースかつ安全に周遊し、見どころ（＝見るべき価値のあるものが創りだされ分かりやすいように提示される）をガイドの案内やガイドブックの解説を頼りにすることで、予備知識や事前学習を必要とすることなく、「原生林」を堪能することができるようになった。「観光」が可能になったのである。パッケージ・ツアーの登場は、「芦生原生林」での「観光」が開発され、原生林ツアーという「商品」が創出されたことを意味する。このようにして登場した原生林ツアーは、現代都市社会の受動的な消費者にとって、たやすく選び取ることができる消費の対象として開拓された。原生林ツアーの商品化はツアー主催団体の関係者にも強く意識されていた。「私ははっきり芦生原生林ハイキングというのは商品だと言いきっています。どこに対してもこれはもう商品です」（前出、男性）という言葉にみられるように原生林ツアーを商品として創り出した意図が明確に読み取れる。「芦生原生林」は観光化され、商品化され、そして「消費」され始めたのである。

4　空間表象と社会関係
――自然と人間の関係――

4―1　「原生林」を求めて

「原生林」の観光化は、消費対象としての「原生林」という「文化的資源」を立ち上げ、それへのアプローチや経験の仕方を整序し、人びとを「原生林」へと結びつける回路を秩序だったものとして組織化・制度化することで、「原生林」を商品化した。「原生林ツーリズム」ともいうべき観光文化を構築してきたといえる。

この観光文化が、大学演習林の立場や地元団体や旅行会社の動向との兼ね合いという政治的状況を社会文化的条件の一端としながら、組織化され、構造化されて成立してきたことを先に見てきた。それは「原生林」を「供給」するサイドから、「原生林ツーリズム」の生成の場における文化的ポリティクスについて見てきたことを意味する。ここでは、さらに他方における社会文化的要因として、「原生林」を求める人びとの欲望、つまり「原生林」の需要サイドについて考えてみたい。

原生林ツアーが生成し、とりわけ都市の消費者を「原生林ツアー」という回路へと吸い寄せることで、著しく成長した経過（前節参照）から読み取れるのは、観光文化としての「原生林ツーリズム」（＝人びとを「原生林」へと接続する回路）が、「原生林」を求めて押し寄せる人びとの欲望の受け皿となっていたということである。そこに読み取れるのは、「原生林」を求める人びとの欲望が拡大してきたという社会的事実である。

観光文化は観光の「まなざし」の上に成立している［Urry 1990＝1995］。観光の「まなざし」とは、社会的に作り出された価値の体系（＝ものの見方の枠組み）であり、この観光のまなざしによって、あるものが観光の対象となるかどうかが分かれる。つまり、「原生林」を求める人びとの欲望は、そこが〈原生林〉であるかどうかという関心によって呼び起こされたものではなく、社会的に作り出される「原生林」（＝有意味なもの）という枠組みによって方向づけられた社会的構成物なのである。

「原生林」への欲望が、社会的に生み出されているとするならば、その生成の過程について詳しくみていくことは、「原生林ツーリズム」の生成要因（＝「原生林」を求める人びとの欲望）をより深く理解することにつながる。

人びとの「原生林」を求める欲望は、「原生林ツーリズム」の組織化に先行して存在したといえる。「原生林ツーリズム」が成立する１９９０年代前半に先立つ80年代後半から、多くの人びとが大学演習林へと押し寄せた現象や、それが「一般入林者の増大」として問題視された状況は、人びとの「原生林」を求める欲望の肥大を物語る。

ツアー・スタッフ（前出）は、「芦生の森」に向けられる人びとの熱いまなざしをひしひしと感じ取って、それを「芦生ブーム」と言い表した。彼は押し寄せる人びとを組織化したツアーを企画したらどうかと発想して、原生林ツアーを発案した人物でもあるが、そこには、ツアーが「商売としてビジネスとして成り立たなければならない」という前提があったという。「ビジネス」を成立させるほどの「需要」が存在しているという見立ては現実のものとなり、ツアーは

表8－1　パックツアー参加のきっかけ（%）

	1位得点	2、3位得点	総合得点
アクセスがある	5	10	8
中をバスで移動できる	4	12	9
ガイドがつく	13	29	27
原生林がある	65	14	32
演習林である	1	9	7
許可をとるのが大変	4	4	3
入林規制されると困る	0	5	2
多くのツアーに参加したい	5	2	2
人に誘われたから	1	13	10
その他	2	2	0
合計	100	100	100

出所：錦見他［1995］「芦生演習林の新しいレクリエーション利用形態についての研究」.

立ち上げ以降、急成長を遂げ、継続的に多くの人びとを「原生林」へと運び入れた。「原生林」への需要が、ビジネス成立の予感を抱かせるほどのものであったこと、また、現実に成立したビジネスを維持し続けさせるほどのものであったことは、人びとの「原生林」を求める欲望の存在を傍証する一例であろう。

パックツアー参加者へのアンケート調査の数字がここにある。この調査は一般入林者の急増を受けて、演習林の利用形態の実態を明らかにするために行われた先述のものである。そのなかで「パックツアー参加のきっかけ」では「原生林がある」という項目が群を抜いている（表8－1）。この調査結果は、人びとが求めているのは「原生林」であることを明確に示している。人びとが「原生林」に価値を置き、重要視していることを裏付ける結果であるが、では、「原生林がある」ことが動機の語彙として成立するための前提はどのようなところに求められるのだろうか。

4―2　森林を求めて

「森林と生活に関する世論調査」［総理府1999］によれば、森林に親しみを感じるかという質問に対し、「非常に親しみを感じる」「ある程度親しみを感じる」をあわせた割合は90％近くであり、また、どのような目的をもって、山や森へ行ったかという質問項目に対して、「すぐれた景観や風景を楽しむため」「森林浴により心身のリフレッシュをするため」「何となく自然の中でのんびりしたいため」という回答が上位を占めている。また、どのような企画や行事に参加したいかという質問に対しては「心身のリフレッシュのための森林浴などに参加したい」という回答が一位であった（表8‒2、8‒3、8‒4）。

以上の内容は次のような記述に端的に集約されている。すなわち「余暇活動における自然とのふれあいは、人間性の回復、自然に対する豊かな感性の醸成など、今日の都会化された日常生活を送る多くの国民に必要なものである」［環境庁1998］と。ここでの主語である「都会化された日常を送る多くの国民」である都市生活者が、「日常」を離れたところでの自然との接触を求め、自然のなかで精神的な充足を得る機会を求めているという認識の存在を確認できる。

ここで重要であるのは、自然を希求するメンタリティが都市的な生活者に特有のものであるという社会的属性であり、また、現代社会に特徴的なものであるという時代的特性である。自然を求めるメンタリティが都市生活者に特有であること、つまり都市以外の生活者のそれとは差異（ズレ）があるということは、「原生林ツアー」の発案者であるスタッフの話題からも読み取ることができる。「なぜわざわざ高い料金を支払って、こんなところまで山を見にくるのか気が知れない」というのが地元住民の内心抱く思いなのだ、と彼はいう。この言葉が物語るのは、地元住民には理解しがたい特有の価値体系（＝自然への欲望）を抱いているのが主に都市生活者であること、つまり自然への欲望が都市的な心性であるということである。

人びとの自然への欲望は、通時的に流布してきたものではなく、時代特性的な性格を伴った、とりわけ現代に特徴的な心性でもある。それはたとえば、農山漁村が都市的な自然志向を受けて都市社会にとってのレジャー空間として創り変えられてきたと

表8‒2　あなたは、森林に親しみを感じますか（％）

非常に親しみを感じる	45.3
ある程度親しみを感じる	43.3
あまり親しみを感じない	8.6
ほとんど親しみを感じない	2.4
わからない	0.5

出所：総理府［1999］「森林と生活に関する世論調査」.

表8－3　あなたは、ここ1年くらいの間に、主にどのような目的をもって、山や森などへ行きましたか（複数回答）（%）

すぐれた景観や風景を楽しむため	25.5
キャンプやピクニックなどを楽しむため	16.6
登山やスキーなどスポーツを楽しむため	12.4
釣りや山菜採りなどを楽しむため	17.5
動植物などを観察するため	8.9
森林浴により心身のリフレッシュをするため	21.2
何となく自然の中でのんびりしたいため	25.3
森林の手入れや下草刈りなどのボランティア活動を行うため	3.8
行ったことがない	35.0
その他	2.2

出所：総理府［1999］「森林と生活に関する世論調査」．

表8－4　あなたは、山や森において開催される、どのような企画や行事に参加したいと思いますか（二項目まで選択）（%）

一定期間山村に滞在し、山村の人びとと一体となった学習や体験に参加したい	14.0
森林の手入れや下草刈りなどのボランティア活動に参加したい	13.8
心身のリフレッシュのため森林浴などに参加したい	46.5
子供たちが自然を体験できる行事に参加したい	34.1
参加したいとは思わない	26.0
その他	1.4
わからない	2.3

出所：総理府［1999］「森林と生活に関する世論調査」．

いう、「国土」空間編成の政治性についての現代的展開から読み取ることができる。

都市の欲望が自然へと向けられて「自然の位置づけ」に変化が起こり、自然環境を湛える農山漁村の「自由時間空間」（レジャー空間）化が始まったのは1970年代のことである[17]。1970（昭和45）年、山村振興基本問題諮問委員会は、山村地域は「優れた自然を長期にわたって保護保存し、経済社会の健全な発展に寄与すべき大きな国家的役割を担わなければならない」［国土庁1986］と提言した。また、「農林漁業の第三次産業化に関する調査研究会」は、1971（昭和46）年度の中間報告書で、レクリエーション資源としての自然的環境・資源を保全し、レクリエーションを提供する「農山漁村の自由時間空間」が「国民の余暇活動の供給に対応して整備されなければならない」とし、これを「緑の空間計画」として提唱した〔緑の空間計画に関する調査研究会 1973〕。

高度経済成長期以降の都市の生活環境が悪化するなかで、都市生活者のレジャー・レクリエーション活動のための「自然」が重視されたのは、それが「国際化・ハイテク化・高度情報化・24時間都市化により緊張の連続を強いられる頭脳労働に従事する大都市住民、しかも、東京集中やオフィス・ビルの林立でゆったりとした居住空間を保障されない大都市住民に、自然とのふれあいの場、やすらぎや明日への活力を提供してくれる」からであり、そのための「レクリエート空間の形成」を求められたのが農山漁村であった〔中村 1988〕。農山漁村のレジャー空間化は、「日本列島改造論（72年）」、「四全総（第四次全国総合開発計画・87年）」、四全総策定と同時に施行された「リゾート法（総合保養地域整備法）」と展開し、開発資本による観光・レジャー開発、80年代から90年代初頭にかけての「リゾート開発ブーム」へと繋がっていった。

一連の空間的な再編成（農山漁村のレジャー空間化）は策動的に進められてきた「国土」空間編成のプロジェクトであり、農林水産物の供給、水資源の涵養、国土保全といった従来からの農山漁村の「役割」に加えて、都市民に「緑と憩いの場」を提供するという「新たな役割」を課すことを意味した〔栗栖 2008〕。それは、「都市化・工業化の進行の過程で、都市生活環境の悪化とともに、周辺環境が喪失してきた機能を、外延部に残されている森林によって補完させる、すなわち、都市（さらには、工業化・都市化政策を促進してきた総資本）による森林の現代的な新たな包摂過程」〔依光 1984〕、つまり「自然の囲い込み」の過程と理解されるのである。

一連の空間的な再編成（＝「自然」の囲い込み）の基盤となっているのは、「都市民の〈再生の場〉としての森林（＝自然）」というフレームである。それは70年代以降優勢となり、自然に対する都市の欲望の肥大化を伴いながら、現代都市の自然への「まなざし」を構成していった。そこには自然へと向けられる現代都市の欲望という「まなざし」が構成される時代的変化の存在（＝時代的特性）を確認することができる。

自然とのふれあいによる「都市労働者の志気の再生」や「癒し」の達成とは、都市世界の欠落への「自然」という「場所性」による補完と言い換えられる。場所性の喪失を補完するという都市世界のエートスによって都市の自然への欲望は構成されている。そこでは自然とのふれあい（原因）によって、都市化された生活環境での緊張や活力の低下が回復される（結果）、という因果的関係が前提とされ、それが自明の摂理であるかのように当然視されていることが読み取れる。さらに掘り下げると、そこに内在しているのは、自然によって人間精神が充足するという予定調和であることに気付く。自然と人間の精神とを密接に関連づけて捉えるという思考法であり、その関係は自然と人間精神が融和的に結ばれるという正の相関関係となっている。たとえばそれは、ソローの『森の生活』に綴られているような自然と精神生活の調和的なコスモロジーである〔Thoreau 1854=1991〕。

我々の日常的世界は、自然についての言説で溢れ返っているが、その言説の背後には、「自然とのふれあい→人間性の回復・再生」という自然と人間精神の調和的な関係を指し示す図式がメタ・テクストとして存在しており、そうしたメタ・テクストは自明で普遍的な道理として受け取られている。自然と精神を調和的に関連付ける認識枠組は、古代宗教や、世界各地の土着の生活文化にみられる自然と人間精神とが接合された思想・文化を連想するとき、人類に普遍的であるかのようにも思える。だが、自然と人間精神の調和的な関係は自明で普遍的な道理ではなく、時代的・文化的な社会状況の産物、つまり、社会文化的に創り出されたコンテクストであると言わざるを得ない。

たしかに自然との交感と精神的な高揚を関連づける認識パターンは、さまざまな文化習俗に観察され枚挙に暇がないが、普遍的に見受けられるという訳でもない。たとえば、12世紀の北西ヨーロッパで森林がどのように受け取られていたかというと、ケルト人やゲルマン人がアニミズムによって森を「聖なるもの」として神聖視して信仰した一方で、一神教であるキリスト教は「聖なる森」の信仰を否定し、森には神など存在せず、森は闇に過ぎないとして次々に切り開いていった〔安田・菅原編 1996〕。同じ森林空間に対するこの態度の差異は、自然に如何なる意味付けをすべきなのかという自然に対する社会の文化的規定が、それぞれの社会文化で異なっていることを示している。この事例では森林という空間に付与された意味が、それぞれの宗教性、つまりそれぞれの社会が構成する文化的コンテクストによって、結果として対極的に規定されていたといえる。

自然に与えられる意味は社会的・文化的・歴史的な文脈に依存しているのであり、換言すれば、自然の意味は社会関係を反映したものとなる。自然と精神を調和的に捉えるコスモロジーは、現代都市に特有の社会的なコンテクストを反映したものであると考えなければならない。

自然とのふれあいによる人間性の回復や精神の充足、森林浴による心身のリフレッシュ・癒しなどの言い回しはいずれも、現代的な社会文化的コンテクストのなかで自然と人間の調和的世界観が具体的に言語化された慣用表現となっている[18]。このような世界観と一体となった「自然」の具体的なレトリックの一つが「原生林」という修辞表現なのである。つまり、原生林ツーリズムにおいて、「原生林」という言説は、単に「人手の加わっていない自然」という自然環境の類型の一つを指し示すのではなく、自然と人間の調和的世界観と分かち難く結びついているという前提を背負った表現形式となっているといえる。そして、さらにいえば、ここでの「自然」とは、災害を引き起こすような自然、厳しく荒々しい自然ではなく、マイルドな「自然」である。それは、個別具体の内実を具有する多元的な自然の諸相というよりも、人びとの願望に沿って都合よく切りとられてイメージの上で操作が為された象徴的な「自然」である。都市の欲望が夢想する自然と人間の和合的世界に適うように描き出された「自然」は、言説（＝イメージ）の水準での飼い慣らされた「自然」であり、象徴的にイメージ化された「物語」としての「自然」である。いわば、現代都市世界の想像力の所産としての「自然」（＝物語）といえよう。

このような「自然」という物語の変奏の一つ、すなわち、具体的ヴァリエーションの一つが「原生林」であり、現代都市の「自然」にまつわるドミナントな言説（＝「自然」という物語）を背景としたサブ・ストーリーとして「原生林」という小さな物語が存在している。

原生林ツーリズムは、以上のような現代都市世界の社会文化的コンテクストを原動力としながら、展開をはじめた文化的システムである。都市世界の欲望は「原生林」を「誕生」させ、近代観光の技術を援用しながら「原生林」（＝「自然」のヴァリエーションの一つ）を享受するための文化的回路としての原生林ツーリズムという観光文化を創り出してきたといえよう。

4―3　自然空間の意味変容／「原生林」の社会史

これまで、原生林ツーリズムという「自然」に対する社会的に構成された「まなざし」を基盤として成立している現代都市型の観光文化に関して、「自然」への人間社会のかかわり方、そのなかで特に「自然」に対する都市世界の欲望に着眼しながら、自然環境を対象とするツーリズムに反映されている社会文化の一端について展望してきた。自然観光は「自然」を観光資源とするが、この「自然」とは人間と無関係に自律的に存在している実存ではなく、現代都市社会の想像力が誕生させた言説をその正体とするものであり、社会文化（＝社会的構成物）の一つであった。ここでの「自然」とは人間の社会文化（自然と人間社会の関係）が反映された象徴的な記号であったといえよう。以降では、「自然」は現代都市の社会文化が投射された文化物であるという視座に立ちながら、「自然」（という文化物）の等価的ヴァリエーションの一つである「原生林」について、その社会的・歴史的コンテクストについてみていきたい。

原生自然という言葉はその字義から、脈々たる悠久の歴史や連綿と続く時間を髣髴させる。だが、「原生林」を言説という歴史文化的な地平から眺めてみれば、それは非歴史的・超時間的なものという訳ではない。図8―1、図8―2は朝日新聞紙上で「原生林」の語が含まれる各年の記事件数の経年変化をグラフにしたものである。[19] ここからは、原生林という言葉が明治30年代半ばに登場し使用され始めた、ということを見て取れる。原生林という語を冠した書物の古いものは、大正末期の前田夕暮による『原生林』（1925）とされ、言葉自体は、大正期の「新しき用語」として当時発行の新語辞典に収録されているが、以上から明治大正期以降にこの言葉が世に出始めたことが読み取れる。[20] 同時に読み

図８－１　「原生林」の語を見出しとキーワードに含む記事件数（朝日新聞紙上［1879〜1983年］）

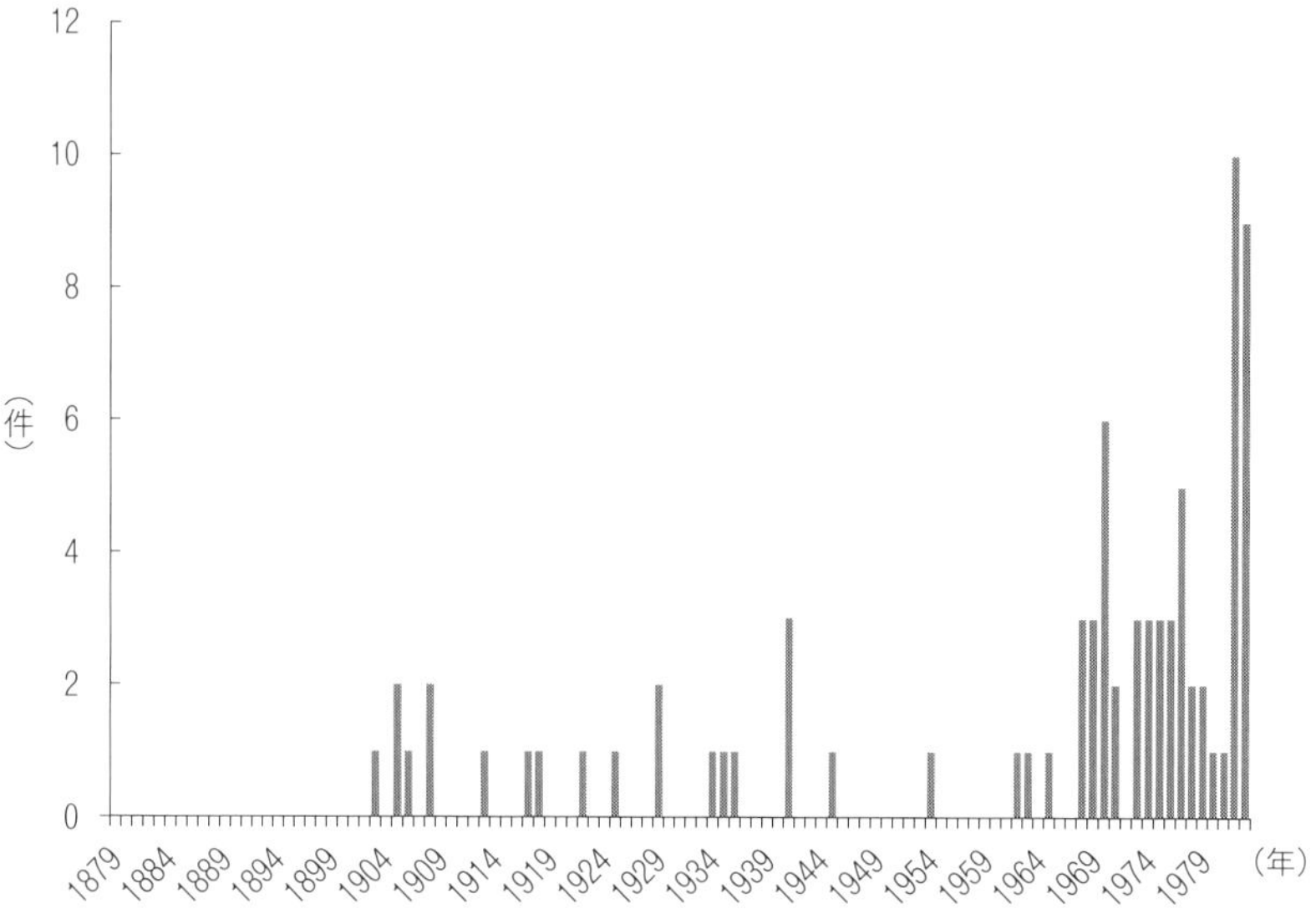

取れるのは、「原生林」という言葉が明治期に登場して以降、１９６０年代まではそれほどの使用例がなかったということである。１９６０年代以前は、マス・メディアの言説空間に、「原生林」はほぼ存在していなかった。ところが、１９７０年前後から使用され始め、１９８０年代に入って急激にその使用頻度が高まる。「原生林」という言説は、時代とともに推移しているのである。

芦生の森林も「原生林」として超歴史的に存在し続けてきたわけではない。この地域の自然環境が「原生林」という「ことば」で表象されるようになったのは、実際は１９７０年代以降のことである。また、「原生林」だけでなく、「天然林」「自然林」「原始林」「秘境」などさまざまな表現によって呼び習わされてきた。この地域の「自然」は言説空間においてさまざまな表象のされ方がなされてきており、それぞれの「ことば」は同じ対象を指示しながらも、それぞれの語彙が醸し出すニュアンス（＝暗示的意味）は等価ではない。ある空間に付された「ことば」が帯びる暗示的な内容は社会文化を反映した意味内容になっており、この符牒によってその空間の社会文化的な「場所性」が立ち上がっているといえる。

図8－2　「原生林」の語を見出しと本文に含む記事件数（朝日新聞紙上［1984～2010年］）

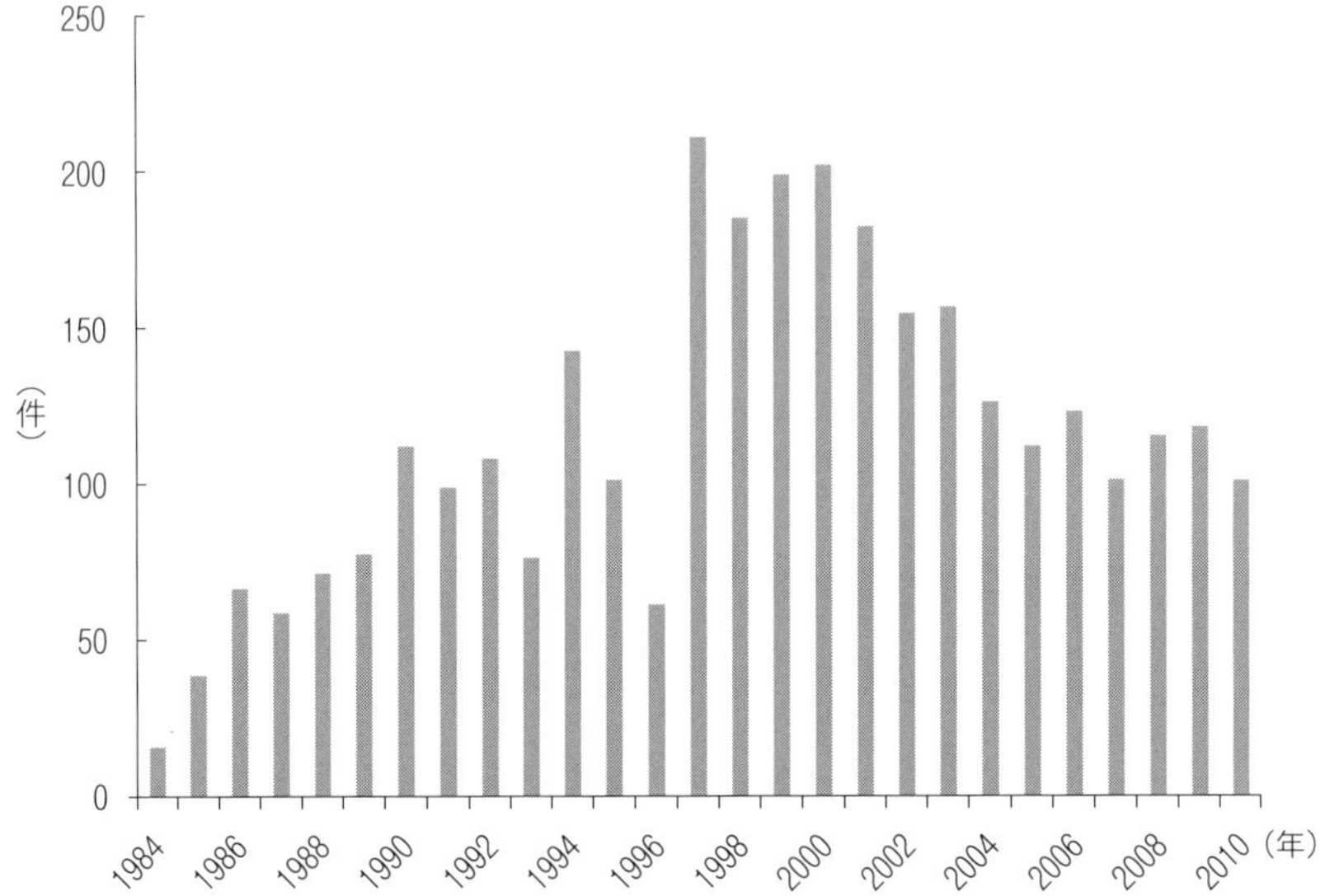

まず、「原生林」という言説がどのような社会的状況を背景としながら登場してきたのかを全国的な森林の意味付けの変容からみておこう。

先の表から明らかなように、「原生林」という「ことば」が言説空間に頻出するようになったのは80年代以降のことである。当時は、白神山地において青秋林道建設によるブナ原生林の危機が叫ばれて、各地で原生林伐採反対運動が展開された時期に当たる。この運動は各種マス・メディアによって取り上げられ、大きな社会的影響力をもった。マス・メディアを通じて白神山地のブナ原生林の自然保護を訴える「言葉の戦略」によって、原生林を保全すべきだという世論が形成されていったのだ［井上 1995］。この運動をきっかけに、白神山地の名が世に知らしめられるとともに、原生林の価値と有意味性が社会的に流布した。

自然保護運動で「原生林の価値」についての主張が為されたことは、森林に対して付与される社会的意味の「変質」を明示する出来事であった。それまでの森林の「価値」とは、一般的に薪炭・木材・パルプ材などの「資源」を産出する「経済林」としての価値が最優先されるものであった。経済産業的な利益と結び付かない原生林は造林や開発の為に伐採されることも多く、その価値はほとんど認められていなかった。当時、近代林学では、合理的・効率的に木材生産をあげる森林こそが、もっとも「健全」な森林であるとされ、近代的山林経営を行うことで森林の保全も調和的に果たすことができるとされ、森林政策や林業経営はこの路線に沿って人工林の拡大を行ってきたと指摘されている［柿澤 2001］。だが、このような状況に価値構造的な転換が生じて近代林学のパラダイムが崩壊し始め、白神山地に代表されるような原生林に対する社会的評価が高まっていったのが当時の状況であった。

柿澤宏昭は森林史を森林に対する社会の要求という社会的側面から捉え直しているが、ここでも80年代に社会の森林に対する要求が原生林の保全へと転換したことが示されている。森林史をたどってみると、戦後復興期や高度経済成長期においては、増大する木材需要を充たすため、森林は木材生産の場として重要視された。国の林政も木材需要を充足し、安定して木材を供給する人工林を拡大することに重点を置いた。60年代までは薪炭も盛んに生産され、山林は燃料の生産の場でもあった。しかし、60年代の木炭から化石燃料への燃料革命、木材の輸入完全自由化、木材需要の低迷に続く70年代の木材価格の下落と林業不振、これらが大きな影響を与え、国内の林産業は衰退し、森林の木材・燃料供給源としての役割は急速に縮減した(21)。

生産の場としての役割、経済林としての価値に代わって、森林に求められるようになってきたのが、「水土保全」と「レクリエーション」の場としての役割だった。前節で言及したように、森林のレクリエーション空間化は1970年代から始まった。「自然休養林」「野外スポーツ地域」「自然観察教育林」などの国民に自然とのふれあいの場を供給するレクリエーション空間の拡大が求められたのだ［農林統計協会 1998］。

森林に「自然とのふれあいの場」や「国土保全」という役割が期待されるようになったことは、森林に求められる「場所性」に変化が生じたことを示している。生産的・経済的な価値が重視されていたものが、森林が森林としてそこに存在すること（保護・保全・保存）、そしてその森林からさまざまな有意味なものを享受できること（ふれあい・レクリエーション）が重要な意味をもつように変化した。

森林の「場所性」の変化は、具体的にどのような木々が大切にされてきたのかという樹木への社会的評価の変遷にも表れている。その市場的価値ゆえのスギ・ヒノキといった樹種が「用木」と称されて重んじられ、瞬く間に林野がスギ・ヒノキの人工林へと姿を変えていくなか、市場的価値の低いブナのような樹種が「雑木」（＝非有用木）と呼ばれて軽んじられていた状況が一変して、ブナのような樹種こそ「自然」としての価値をもつものとして評価されるようになり、保護の対象となって、世界自然遺産を象徴する樹木としての位置付けを与えられるまでなった。この変化からは、「生産」重視の森林から、国土保全や国民に自然を供給することに重きを置く森林へと、森林の意味が再編成され、森林に対して求められる意味に構造的な転換が起きた様子を確認することができる。

4—4　「資源」から「意味」へ、「生産」から「消費」へ

森林の社会的意味の転換という観点からみれば、白神山地の原生林保護運動は、森林に対して、「資源」としてではなく、「自然」としての「意味」を求めるような社会的な要求の高まりを受けて登場した自然保護運動であり、それまでの森林に与えられていた社会的意味の転換を要求する文化的対抗運動であったといえる。森林のレクリエーション空間化もまた、物質的な資源生産活動の場から、森林の意味（＝「自然」）を享受する意味的消費の場へと森林の社会的な意味構成が転換する社会的動向の一つとして出現したといえる。

森林は薪炭や木材などの「資源」を要求される「生産」の場、つまり物質的生産活動の場から、自然という「意味」が求められる意味的消費の場へと変化した。資源という具体的な使用価値をもった「モノ」を供給する場から、自然という抽象的・象徴的な「意味」を提供する場へと変質したのである。

80年代に流通するようになった「原生林」という「ことば」は、社会が欲望する「自然」を具体的かつ象徴的に表現する言説として登場したものであり、その背後には以上のような森林や自然に対する価値的な構造転換という社会的・

歴史的コンテクストが存在してきたのである。[22]

4―5 「芦生原生林」の来歴

「原生林」という「ことば」に芦生の森林というローカルな場所の固有性が結びつけられて表象化（イメージ化）されるようになるのには、どのような経緯が存在していたのだろうか。芦生の森林がどのように語られてきたのかを追いながら、「芦生原生林」が言説空間で構成されていくその歴史的文脈を辿ってみよう。

戦前から登山愛好者のあいだで「由良川の源流は面白い」と言われ、今西錦司らによって紹介されていた。だが、芦生について「原生林」というコンセプトを打ち出して一般向けに出版された書としては、『京都の秘境・芦生――原生林への招待――』〔渡辺 1970〕がおそらく初発である。当時は「原生林」よりも「秘境」という「ことば」のほうが世間に流布していた。たとえば、71年には「秘境・さいはてブーム」で知床や利尻に観光客が押し寄せるという社会現象が起きている。芦生も『日本の秘境』（1961）や『全国秘境ガイド』（1967）のなかで秘境の一つとして紹介された。芦生に関する記事では、「〝関西の秘境〟として知られる」[23]と紹介され、記事本文に「原生林」の語が使用されているものの、基調としては「秘境」としての場所性を強調した内容となっている。

80年代に入ると「芦生」というローカルな場所の固有性と「原生林」という「ことば」を接合した「芦生原生林」というフレーズが、「自然林」という表現のされ方に混じりながら登場し始める。1982年に朝日新聞社と森林文化協会が「二一世紀に残したい日本の自然100選」を募集（翌年に発表）しているが、これに「芦生の自然林」として選出された。朝日新聞社発行の『日本の自然100選』（1983）では「芦生の自然林」として掲載されているが、新聞紙上では「芦生原生林」[24]との呼称で発表された。

90年代になると「芦生原生林」という名称が一般的になる。特に90年代前半は新聞や雑誌などで、この名称が頻出する。衆目を集めるようになった「芦生原生林」へ人びとが訪れるようになり、演習林への一般入林者の増大が問題化して、その対応と絡みながらパック形式の原生林ツアーが誕生し、参加者を急増させ急成長した時期に相当する（2・3節参照）。

現在では、既述したように芦生の森林は「原生的な自然が存在する森林」であるとされ、原生的自然が近畿圏において最大級の規模で残されているとされる。「芦生原生林」は、「関西では屈指の原生林」「西日本最大の天然林」であり、学術研究目的で創設された大学演習林によって「開発と植林の魔の手から救われ」、「人の手をなるべくかけずに天然林を保持しつづけてきたため、他の地域とは比較にならないほど広大な天然林を残して」おり、「手つかずの自然」「人間がいじっていない自然のままの天然林」が残されている「貴重な自然」の「宝庫」であるとされている。

一般的に「原生林」は、「伐採などの手が加えられていない自然のままの森林」とされ、「手つかずの自然」「人間がいじっていない自然のままの天然林」として想定されている。また、芦生の森林は大学演習林として存在してきたことによって、「開発と植林の魔の手」から守られ、奇跡的に「原生林」が残されたという筋書きで語られてきた。一方で、次のような「芦生原生林」の内実は、言説空間においてほとんど語られてこなかったことでもある。

厳密には芦生の「原生林」は字義通りの人為がまったく加わっていない森林ではない。もともと芦生の山林は、旧知井村の九ヶ字の共有林であり、近世から村落の取り決めのもとに管理されながら薪炭の生産や木材の伐り出しが盛んに行われ、九ヶ字の財産林となっていた。共有林には番人の出村が作られ、山林の管理が行われてきた。現在は跡形もないが、いくつもの村が点在し、木地師の生活圏でもあった〔知井村史編集委員会 1998、中島他 1993〕。

大正期になり、この九ヶ字共有林に旧京都帝国大学の演習林が設置された。この演習林は一般に語られているような森林の改造や開発の盾となるような性格を本来的に有する存在ではなかった。そもそも、大学演習林は、地元の山林開発の欲求と旧帝国大学側の国内での財産林の確保という双方の思惑が結びついて生み出されたものであり、山林を経済的な開発の対象とすることが当初から意図されていた。演習林設置の際に交わされた「芦生演習林地上権設定證書」によると、「地上権設定ノ目的」は「京都帝國大學ニ於テ學術研究及實地演習ノ目的ヲ以テ造林事業ヲ施行スルモノトス」

（傍点部筆者）とされ、演習林設立の目的として学術研究、実地演習のための「造林事業」の施行が掲げられていた[25]。天然自然の森林を保ちつつ学術に利用するというのではなく、積極的な森林改造のエートスを内包するものであった。

演習林内には営林事業のための作業所が築造されたり、伐採・搬出用の林道やトロッコ軌道が造設されたりと、造林事業のためのインフラ整備が次々となされてきた。盛んに木炭生産が行われ、樹木が伐採・搬出された[26]。これは薪炭や木材の合理的・効率的な生産方法の追究という科学的・学問的テーマのための実験の意味もあったが、演習林を財産林として積極的に活用しようとする大学側の財政的な事情からの要請や、地元社会からの木材搬出による収益の確保の要求といった開発志向的な意向が強く反映した結果でもあった。昭和30年代半ばの木材景気の時期には、地権者への分配金の収益をあげるために樹木が大量に伐採された。また、戦中には軍の要請によって大量の原生木が伐り倒されている。これらの事実は巷でささやかれる大学演習林が学術という防壁によって俗世と隔絶して守られてきたという原生林をめぐるストーリーとは整合しない。実際には大学演習林といえども社会的な要請を反映しながら、その在りようを変化させてきているのである。

以上のような営林事業をくぐり抜けるようにして残ったのが、演習林全体の面積の2分の1にあたる2100ヘクタールの林野だとされている。これは裏を返せば、約半分は人の手が入れられてしまったということもできるのだが、その事実は「芦生原生林」をめぐる表象空間では捨象されがちとなる。また、残ったとされる「原生林」にしても、そこはかつて村の管理によって薪炭の生産や木材の伐り出しが行われ、小集落が点在して人びとが生活し、木地師たちが活動の場としていたのであり、人為のまったく加わっていない「手つかずの自然」とは言えない。これらの事実は、「芦生原生林」に精通する人びとにとっては既知の事実となっている場合もあるが、原生林ツアーに参加するような人びとを産み出す都市世界の言説空間においてはほとんど流通しておらず、捨象され不可視化されてしまっているのである。一方で、原生的な自然という一面が焦点化され、拡大強調される。芦生の森林を「原生林」と表現するとき、そこではこの森林空間に積み重ねられてきた社会的・文化的なコンテクストは非歴史化され、それに代わるものとして、きわめて都市的な「自然」に対する人びとの願望が埋め込まれているのである。以上のような事実からも、「原生林」という表象が、人びとの「自然」への願望の物語であり、実際の歴史を捨象して神秘化するフィクションとなっていることがわかる。

5　ダム開発と「原生林」

ここまで芦生の森林が「原生林」として表現されるような場として社会的に構成されるようになってきたプロセスを追ってきたが、既述した内容に加えて言及しておくべきいま一つの社会的な文脈がある。それは、芦生に浮上したダム建設計画をめぐる問題についてのコンテクストである。発端は、京大芦生演習林内にダム建設を予定した関西電力による1965（昭和40）年の計画であった。隣接する福井県名田庄村に下部ダム、芦生に上部ダムという、若狭湾沿岸の原子力発電所の夜間余剰電力を利用する発電を目的とした「揚原―揚水発電計画」が策定された。以後、ダム計画によって、それぞれの関係主体の間に賛否をめぐる激しい軋轢を生み出すことになった[27]。ダムによってもたらされる利益を期待する誘致派の美山町行政と反対姿勢の地元団体をはじめ、土地所有者である九ヶ字財産区、地上権を持つ京都大学といった主要な当事者に加えて、日本生態学会や京都弁護士会、京大生による自主ゼミなどの各主体の動向と絡み合いながら、府や官庁を巻き込み、議論が国会にまで波及するなどダム問題は長年にわたって紛糾した。1999（平成11）年に町長が議会でダム建設を白紙にすると言明し、2005（平成17）年に関西電力が計画撤回を表明することでダム問題は終息を迎えた[28]。

以上が概略であるが、長期にわたるダム問題のなかでその焦点は変遷してきた。初期においては、ダム建設に起因する災害への危惧や、ダムによる利益と不利益にはどのようなものがあるのかといった関心が強く、「安全性」や「経済性」についての論点が中心となっていたが、やがてダムを地域振興に役立てるという観点からの「経済性」を取るのか、学術的な価値が高い貴重な自然を守るべきだという「自然保護」を取るのかという争点へと主な論点をシフトさせた。

地上権者である京都大学は当初から学術研究にとって貴重な場所であると主張し、ダム建設のための演習林使用許可や地上権の返還などの要求に対して拒否し続けてきた(29)。80年代半ばには生態系保全や自然保護の視点から日本生態学会や京都弁護士会が自然へのダメージを回避するべくダム反対の宣言や決議を行い、国会においても原生林保護についての質問がなされるなどの動きが活発になる(30)。地域振興という経済的利得の論理に対して、自然的価値を主張することが対抗論理としての力を持ち得たのは、先述したような経済的価値から自然的価値に意味を求めるように変化した森林空間の再編成過程があったことを背景としていたからである。たとえば、京都大学にとっての演習林の位置付けは、60年代から山林の経済的価値が凋落するなかで、演習林の経済林的な運営が困難になり、一方で自然的価値が高まる風潮のなか、経済的価値ではなく自然的価値が重んじられる演習林へと大きく転換した。京都大学サイドの自然的価値を根拠とする主張は、このような演習林という場の意味の転換を一つの背景としている。

また同時にダム問題が存在したこと自体が芦生の森林の自然的価値を高めるように作用した点を読み取ることができる。仮にダム問題が生じなかったとすれば、各主体はことさらに芦生の自然的価値を訴えたり、声高に強調したりするようなことはなかったかもしれない。ダム問題の発生は芦生の自然的価値について討議する場を出現させたといえる。そこでそれぞれの主体は芦生の自然的価値について主張する言説を生産した。ただし、その言説は討議の相手に対して、というよりもむしろ、対峙する当事者らを見守るオーディエンスに向けて放たれた点に注意すべきであろう。オーディエンスの支持を取り付けることによって、自然的価値を根拠とする言説に主張する力を持たせることができたからである。ここでのオーディエンスとは世間や世論、市民といった一般的他者であり、周縁地域の自然にまなざしを向ける都市世界である。自然的価値を根拠にした主張は、当事者（特に地元）にとって、経済的利害のような直接的な関心度の高い論点ではないが、都市のまなざしを芦生の自然へと向けさせて、市民や世論の後押しを受けることでその対抗論理としての力を補うことにつながる理説であったといえる。自然的価値の主張においては、経済的な利害に対する関心の根強さに対峙するべく、より多くの一般的他者の支持を動員してその後ろ盾としたが、そのプロセスには市民や世論という、都市世界のオーディエンスに向けての芦生の自然的価値の発信があった。

芦生集落の住民による反対運動体も芦生の自然的価値を発信しようとした主体の一つである。当初から芦生の周辺住民はダム反対の姿勢を示して反対運動を展開したが、近隣のすべてが反対派ではないという事情や、小集落の住民による活動だけでは十分な反対運動を展開できないとの限界を感じたことから、広く市民に対して芦生の自然的価値を訴えて守ることを呼びかける活動を開始することになった。外部に反対運動の支援者を求める活動のなかで、芦生の自然的価値を広く知ってもらうために講習会や交流会を開催し、そのなかで芦生原生林散策を行い、外部に反対運動の支援を呼び掛けた。この芦生原生林散策が既述した芦生原生林ハイキングへと展開していく。

芦生の自然的価値は、マス・メディアにも取り上げられ、「芦生原生林」がより広く知られるようになり、多くの人びとが押し寄せる。押し寄せた人びとによるダメージという、自然の危機を感じさせる話題から、さらなる自然的価値についての議論が呼び起こされる。結果として世間や市民に流布しながら芦生の自然的価値は高まっていく。芦生の自然を犠牲にしようとしたダムそのものが起因して、芦生の自然的価値が高められる帰結となったというパラドキシカルな機制がここに展開していたといえよう。ダム問題というコンテクストは自然的価値を上昇させ、「芦生原生林」＝「価値の高い自然」という図式の浸透を促すように作用した。つまりダム問題は芦生の森林を「原生林」という場へと変容させる流れに棹差す力の一つとして作動したのであった。

おわりに
――「自然」は社会を映し出す「鏡」――

我々が事象を理解しようとする時、他者と共有可能な認識の枠組みを拠り所としながら、事物の認知に到達するというプロセスが介在する。このパラダイム（他者と共有する枠組み）に変改が生じた場合、認知される対象が同じであったとしても、その意味体系は大いに変わり得る。本章では、人間社会と「自然」との関係を主題として、社会のまなざしの変転によって「自然」の解釈のされ方にどのような差異が生じてきたのかについて、具体的には、森林という場の解釈図式の転換によって、異質なものへと変貌する様相をいくつかの角度から検証してきた。

ここで確認されるべきことは、たとえ「原生自然」であっても人間社会と遊離した無関係な外在ではなく、そこには人間社会のものの見方が投げ込まれ、社会の価値体系と密接に絡み付いて存在する、人間の社会的諸関係が投影された社会的な存在であるということである。つまり、「自然」は社会を映し出す「鏡」であるのだ。

本章で取り上げた事例についてイメージの推移を整理しておこう。事例のなかで山野に与えられたイメージは、単一的なものではなく、新たに塑造されたり、変改を加えられたりしながら複数のイメージが興廃してきた。そのなかで「原生林」と「経済林」の二つのイメージの軸が読み取れた。人為の積極的な介入による維持・管理という、人と自然を接合する論理に準拠し、山野を経済的資源として捉えるのが「経済林」イメージであった。一方、「原生林」イメージでは、人為の介入を禁忌し、人と自然を分離する思想に立脚し、山野を保護・保全の対象として捉えた。芦生の山野は「経済林」と「原生林」のイメージ間での相剋を経ながら、「原生林」イメージへと移行し、優勢となってきたと大まかに整理できる。

こうした変移は、それまでのローカルな文脈から脱文脈化し、新たな意味を再定置する再文脈化のプロセスとなる［小川 2002］。その経過においては、原文脈から締め出されてしまう要素が生じる。ある要素を特別視すれば、追いやられ排除される部分が必然的に生み出されるのだ。「原生林」イメージは都市世界の諸原理によって象られており、その背後には都市—農山村という非対称な力関係が横たわる。「原生林」という都市世界的なフレームに適合しない、ローカルな原文脈上の歴史的・文化的要素も存在したが、これらは「原生林」イメージの埋め込みの過程で捨象されてしまっていた。「原生林」のシンボル化の裏面では、地域社会が積み重ねてきた、環境と人びととの重層的な関係性を非歴史化して不可視化するプロセスも並んで進行していたといえる。

ローカルな原文脈からの逸脱が生じた場合、行き過ぎた「原生林」化への抵抗が試みられることもある。90年代後半、「芦生原生林」の自然的価値の評価が高まり世界遺産化への機運が盛り上がったことがあった。だが、地元（芦生集落）の賛同が得られず頓挫したことがある。「原生林」は地元社会を都市社会の開発圧から小集落を防衛する論理でもあったが、それが行き過ぎた場合、地元社会の生活自体を否定しかねない。(31) 切り売りされた一部のイメージが肥大化し過ぎてローカルな文脈から逸脱してしまいそうになったことに対して防衛的になされた、「原生林」イメージの調整を図る操作的行為であったといえよう。

類似したことは他の場面でも見られた。小集落にとって「芦生の山」とはどのような意味合いなのかについての詳細を訊ねた折りに語られたのは、「原生林」というラベルとは別立てで「ただの山」「生活の糧」という言葉も持ち併せているということであった。これらの言葉が正確には何を意味するのかについては計り知れない部分もあるものの、次のようなことは言えるだろう。それは「原生林」イメージには押し込めきれないローカルな原文脈の存在を示唆するものであり、「原生林」イメージが過度に語られることで起きるイメージの暴走に対してなされた牽制行為であろうということである。地元にとっては「原生林」は唯一のラベルではなく、そこからはみ出るローカルな別文脈を輻輳的に持ち併せていたと解することができるだろう。

「原生林」イメージを積極的に採用する人びとにも、逸脱的な要素は見られる。原生林ハイキングの事業化を推進した人びとのなかには、彼ら自身が「芦生原生林」を享受したいと希う願望を負託した一面もあったという。「芦生原生林」を自らも味わうことのできるような「遊び」の要素を併せ持った場所としても存立させたいというインフォーマルな動機づけが、原生林ハイキングのフォーマルな論理とは別の文脈で存在していたのである。

「原生林」という仮構はなぜ求められたのであろうか。「原生林」イメージにおいては、世界の一部が分節化されて断片化し、ある種の虚構性を伴いつつ意味創出される。現実世界では「原生林」イメージのシンボルである「芦生の森」

が消費の対象として商品化され、反開発の根拠としての役割を与えられ、地元社会の生活領域を庇保するロジックとして立ちはだかる。「原生林」という仮構は、現代都市世界の想像力の所産としての都市社会の欲望の対象として生み出された「自然」（＝物語）であったが、また一方では、地元社会も必要とした物語でもあった。ここにはこの仮構を成立させている複数の社会の共謀的な関係を読み取ることができよう。

「原生林」イメージは仮構性を伴う物語的な存在であるが、それは社会に求められて形作られてきたものであることは明らかである。内包される仮構性を読み解きつつも、それが必要とされてきたものでもあることを読み取らねばならない。社会からの求めによって誕生してきた「原生林」。それは裏を返せば、必要性が枯渇すれば、「原生林」としての場の意味も変質・消失していく蓋然性を生得的に具有しているといえる。場のイメージの賞味期限が切れ、次なる場のイメージが求められると、社会のまなざしの対象となる別様の次なる物語（意味・文化・象徴）が創り出されていく。

ただ、「自然」を選好取捨することは、今に始まったことではない。「自然」を「風景」として対象化するまなざしが時代や文化とともに展開してきたことや、「自然」の美的価値が変遷してきたことがこれまでに論じられてきた〔柄谷１９８８、ベルク１９９０、白幡１９９２、加藤２０００など〕。西田正憲は「自然」へのまなざしの変転する様子をたどり、時期によって「自然」の評価の枠組みが、宗教・神話・文芸・好奇・自然科学・観光と次々と移り変わってきたことを述べている〔西田２００４〕。その時々の社会の求める「自然」像に準拠して、「自然」の意味が体系化されてきたのである。

芦生の山野は経済的価値の追求される「資源」としての「経済林」から、貴重な自然的価値をもつ「原生林」へと記号的なシフトをしたが、それは「人間の再生」が果たされる「聖なるもの」としての場という神秘的な意味を付される「再魔術化」の過程でもあった。山野の「経済林」イメージは近代資本主義的な形式的合理主義化（非合理的なものの排斥）すなわち脱魔術化〔Weber 1920＝1989〕であった。「原生林」への場のイメージシフトは取り除いてきた非合理的なものを、再度その要素として埋め込む「再魔術化」〔Bauman 1992〕であったと捉えられる。「原生林」イメージは審美的・情緒的なコードであるとともに神秘的・呪術的な「聖なる」意味の文化的消費の体系でもあるといえる。

現代社会で希求される「自然」イメージの一つである「原生林」は、その「聖なる」表象をシンボルとするある種の共同体を形成していると想定できる。「記号が、あらゆる種類の集団にとって、有用な結合上の中心であることは証明するまでもない／それは社会的統一を物質的な形態で表わすことによって、これを万人にいっそう感じられるようにする」[Durkheim 1912＝1941]。宗教という共同体を「聖なるもの」（分離され禁止された事物）に帰依する者を結合させる信念と行事の連帯的な体系であるとデュルケムは解釈するが、これと同様の「原生林」という「聖」なる事物に連なる人びとの共同体、「原生林」という徴に込められた価値や意味に連帯する人びとの共同体を措定することができよう。

「原生林」という表象は、現代都市世界（自然を開発し人間世界を創造することを原理とする近代社会）へのアンチ・イメージを与えてくれる。しかしそれは現代都市世界の純然たる否定（反転）ではなくて、自然に人為を加えない不干渉主義を対置させることで、現代都市世界の不具合を補填しようとする補完要素でもある。

「原生林」表象によって世界は「聖」と「俗」の二領域に分割され、聖物は俗物からの禁止によって隔離されるという絶対的な異質性をもつという二領域の関係として体系化される。現代世界の抱える不安やリスクを補完するものとしての役割が担わされているのが、現代社会という「俗なるもの」から切り離された絶対的な不可侵領域としての「原生林」という「聖なるもの」という位置関係にある。予定調和的な社会の将来像に綻びが生じて不安が高じた際に、それを埋め合わせようと求められた先の一つが「原生林」というシンボルであったのではないだろうか。「原生林」イメージが普及した70年代以降は、公害問題や自然破壊、生態系の危機、地球温暖化、原発事故など人間が自然に与える影響が計算不能であることを突き付けられ、またオイルショックやバブル崩壊に象徴される資本主義経済の行き詰まりに直面し、オウム事件や連続児童殺傷事件などによって人間関係が予見困難となって不透明化したように、コントロール困難で知覚不能の「リスク」[Beck 1986＝1998]に怯えるようになった時期に当たる。社会不安や閉塞感が蔓延する時に、人びとが縋り付く先の一つが原点回帰であろう。原点や原体験に立ち返ることは、全体を包括する共通イメージの下に連なる別様の共同体を再構成し得る。

自らの一部を「他者化」して代理物に投影した自己の「逆像」は、自己統一性を保つ「否定すべき自己」であると同時に、自己の欲望が投影された「憧憬」の対象ともなる［小田 2003］。現代都市社会が取り除いてきた「始原」「初源」「過去」といった要素が投影された「原生林」イメージは、自己の「逆像」として現代都市社会の統一性を担保する統合機能を負っていると同時に、現代都市社会の欠落要素を補完する代理物として憧憬や欲望の対象ともなっている。現代都市社会という日常的世界を補完する「非日常」空間・「聖」なる空間として「原生林」という場は体系付けられている。都市世界という日常と「原生林」という聖なる非日常を行き来する「儀礼」を通して、都市世界の住人は「自己の再生」を果たそうとするのである。

あらゆるものを分節化して「聖」なるものへと転換し消費していく現代消費社会において、原生林ツーリズムとは、「原生林」（＝聖なるもの）を象徴とする現代都市世界版の「儀礼」といえるのだろう。

本章では、何気なく行われている自然と接する行為について、特に観光での場面を事例として取り上げながら、地域社会の自然環境の意味合いが変遷していく歴史的過程を中心に考察を進めてきた。現代社会において、地域社会で営まれている自然観光は、都市―農山漁村の間の関係性によって規定され、現代都市の社会的・文化的なコンテクストをきわめて色濃く反映している社会現象であることが示されたであろう。人びとが自然観光に求める「自然」は、自然そのものではなく、人びとの欲望（＝まなざし）が投影された「自然」であった。「自然」には人間の社会関係が反映されているのである。その意味では、ここでの「自然」を読み解く作業は「自然」に投げ込まれている社会関係を浮かび上がらせる作業であったといえよう。

注

（1）『毎日新聞』1996年10月12日付朝刊。

(2)『大阪読売新聞』１９９６年５月27日付夕刊。
(3)『大阪読売新聞』１９９６年４月22日付夕刊。
(4)『日本経済新聞』１９９５年８月28日付夕刊。
(5)芦生の自然を守り生かす会編［１９９６］。
(6)『日本経済新聞』１９９５年８月28日付夕刊。
(7)旧北桑田郡美山町。周辺三町との合併により２００６年からは南丹市美山町となった。
(8)旧名田庄村。現在はおおい町（２００６年以降）。
(9)旧朽木村。現在は高島市（２００５年以降）。
(10)２００３年４月、フィールド科学教育研究センターの発足に伴い、森林ステーション・芦生研究林と改称された。本章では当時、通称として人口に膾炙した呼称である「芦生演習林」を用いている。
(11)美山町は１９５５（昭和30）年に大野、鶴ヶ岡、宮島、平屋、知井の旧五カ村が合併して発足した。その知井地区の11の集落のうち、南、中、北、河内谷、江和、田歌、芦生、白石、佐々里の九つの集落が九ヶ字財産区として演習林の地権者となっている。
(12)標高は３５５メートルから９５９メートルで、標高６００から８００メートルの部分が全面積の約２／３を占める。斜面は全般的に急峻であり、傾斜は30度から40度のところが多い。
(13)「ビーパル話題鍋　〃はざかいの森〃京大芦生演習林の価値　樹種豊かで「世界遺産に！」の声も上がる」『BE-PAL』（１９９８年３月号）。
(14)この取り決めに至る経緯については、「芦生演習林の新しいレクリエーション利用形態についての研究」［錦見他　１９９５］に詳述されている。
(15)主な対象はマスコミの取材、小中高校の見学・観察などによる利用である。
(16)美山町自然文化村職員としてツアー企画やガイドを行っていた男性（２０００年９月のインタビュー当時40代）。
(17)農山漁村の「自由時間空間」化の動きについては「レジャー開発と地域再生への模索」［松村　２００１］に詳述されている。
(18)たとえば、「森林浴」は１９８２（昭和57）年に当時の林野庁長官によって提唱されたものであり［依光　１９８４］、当時ブームとなった。森林浴における自然と心身との関係性は「森林に入って清浄な空気を呼吸し、その香気を浴びて心身の健康をはかること」(日本国語大辞典)、「森林に入り、樹木の香気を浴び、精神的な安らぎと爽快な気分を得ること」(広辞苑第六版)などのように辞書的にも定義されているように一般化・通念化されているといえる。

(19)朝日新聞記事データベースの検索システムを利用して作成した。1984年を境として検索方法が異なるので、1983年以前を見出しとキーワード(図8-1)で、1984年以降を見出しと本文(図8-2)で検索した。

(20)『新しき用語の泉』には原生林の語が次のように収録されている。「人類の保護も受けず、また伐採もされずに、太古より自然に繁茂する森林のこと。處女林ともいふ」[小林花眠 1922]。

(21)林産業の衰退は山村の過疎化を促す一つの要因となった。スギ・ヒノキなどの建築用材樹種は、戦後の戦災復興、朝鮮戦争などによる木材特需による価格高騰で、山村に多大な富をもたらしてきたこともあって、高く価値付けられていた。そのため、その後の木材価格の下落は山村に経済的な影響以上に、相対的な剥奪感を生み、精神的な痛手をも与えた。

(22)ただし、原生自然をロマン主義的に解釈する認識自体は以前から存在した。

(23)『毎日新聞』1979年3月2日付朝刊。

(24)『朝日新聞』1983年1月8日付朝刊。

(25)付帯契約や覚書にも「第一期の造林事業は大正十一年から壱年以内に着手し、四十年以内に完了する」などの造林事業を義務づける内容が盛り込まれている。

(26)副産物としてシイタケ栽培や製炭事業が行われた。「スギの成長を助けるために広葉樹を巻枯し、伐採を行っていったが、それらの広葉樹の利用がシイタケ栽培にむすびついて行く」。また「スギの成長を助けるために除去した広葉樹は初めシイタケのホダ木に使われていたが、そのために必要な材積は極僅かであり、大量の利用法として製炭が行われた」[中島他 1993]。製炭によって当時の京都大学全体での需要以上の炭が生産され、余剰分は販売された。

(27)ダム計画案は時々の情勢や関係主体の動向に影響を受けながら、そのかたちを変容させている。

(28)芦生ダム問題の経緯について以下に示しておく。貯水池を由良川最上流の上谷とした当初の計画に対する京都大学の拒否によって、初期の計画は1969(昭和44)年を境に一時沈静化するが、ダムサイトを下谷へと変更した計画案が1978(昭和53)年に再浮上する。1979(昭和54)年、美山町が京大にダム建設用地として演習林の一部返還を要請する。1980(昭和

55）年、芦生集落住民による「住みよい地域づくりを考える会」が反対運動団体として発足し、1984（昭和59）年に同会は「芦生の自然を守り生かす会」として再出発。1983（昭和58）年に京大内でダム建設反対運動が開始され、翌1984（昭和59）年、京大生らの「芦生のダム建設に反対する連絡会」が発足、同年、京大生らの自主ゼミ（芦生ゼミ）が始まる。この84年に、「芦生のダム建設に反対する連絡会」の公開質問状に対し、演習林長がダム建設を拒否する回答を行うことでダム計画は再び頓挫する。地域の振興計画というかたちに姿を変えたダム計画案が「知井地域山村振興計画」として1985（昭和60）年に再浮上する。同85年、日本生態学会で芦生ダム計画に関する要望書が採択され、ダム反対と芦生の自然保護の要望がなされる。1987（昭和62）年、京大は演習林の一部返還要求拒否の回答を行う。1988（昭和63）年、国会での芦生原生林の保護と活用についての質問に、文部省が検討を約束。同年、京大は「学術研究上保存すべき森林である」として計画の受け入れ拒否を表明。1989（平成元）年、財産区が京大の契約不履行を理由に全面返還を求めて京都簡裁に調停を申し立てるが、裁判所の調停案に対する京大の拒否で物別れに終わる。同年、町議会は、演習林が契約を守らず山を荒廃させたとして善処を求める意見書を京大・文部省・大蔵省に提出。1999（平成11）年、町長が議会でダム建設白紙を言明。

なお、ダム問題の推移については以下の文献に詳しい。『トチの森の啓示』［芦生のダム建設に反対する連絡会 1985］、『京都の秘境　芦生の森から』［芦生の自然を守り生かす会編 1996］、「森林環境保全と内発的発展」［坂本礼子 1993］、『環境総合年表』［環境総合年表編集員会編 2010］など。

(29) 京都大学はダム建設のための演習林一部使用許可の申請に対し、学術研究上の貴重な場所であるという理由からこれを認めないと回答し（69年）、また、1987（昭和62）年には地権者からの地上権一部返上の要求に対して学術的な価値が高いという理由からこれを拒否した（前注(28)参照）。

(30) 日本生態学会では1985（昭和60）年に自然保護・生態系保護の立場からダム計画の白紙化を要望する決議がなされ、京都弁護士会は1986（昭和61）年に「ダム計画は自然に回復しがたい損害を与える」と発表、「芦生の自然は国民共有財産で国民的議論が必要」と提言した。1988（昭和63）年には国会で「芦生原生林保護」についての質問が出された（前注(28)参照）。

(31) たとえば、白神山地では世界自然遺産登録後、学術調査以外の立ち入りが禁止され、後に許可制となったものの、管理計画に地元の意向が反映されないなど、地元社会の論理とは離れたものとなっていったと指摘されている［根深 2001］。

参考文献

朝日新聞社編［1983］『日本の自然100選――21世紀に残したい――』朝日新聞社。

芦生の自然を守り生かす会編［1996］『京都の秘境　芦生の森から』かもがわ出版。

芦生のダム建設に反対する連絡会［1985］『トチの森の啓示』。

井上孝夫［1995］「自然保護運動の戦略――白神山地の事例を中心に――」『社会学評論』45（4）。

小川伸彦［2002］「モノと記憶の保存」荻野昌弘編『文化遺産の社会学――ルーブル美術館から原爆ドームまで――』新曜社。

小田亮［2003］「『野生』の他者化を回避するために――ノスタルジアとアンビヴァレンス――」S・ヘンリ編『「野生」の誕生――未開イメージの歴史――』世界思想社。

柿澤宏昭［2001］「森林保全とその担い手」鳥越皓之編『講座　環境社会学3　自然環境と環境文化』有斐閣。

加藤典洋［2000］『日本風景論』講談社。

柄谷行人［1988］『日本近代文学の起源』講談社。

環境総合年表編集員会編［2010］『環境総合年表』すいれん舎。

環境庁［1998］『環境白書（総説）平成10年版』大蔵省印刷局。

栗栖祐子［2008］「都市農山村交流・グリーンツーリズムの政策動向」『農中総研　調査と情報』8。

桑子敏雄［1998］「原生自然と空間の履歴」『中部哲学会年報』31。

国土庁［1986］『明日の山村をめざして――その役割と新たな展開――』地球社。

小林花眠［1922］『新しき用語の泉』帝国実業学会。

坂本礼子［1993］「森林環境保全と内発的発展」『ソシオロジ』38（1）。

白幡洋三郎［1992］「日本八景の誕生」古川彰・大西行雄編『環境イメージ論――人間環境の重層的風景――』弘文堂。

玉村和彦［2003］『パッケージ観光論――その英国と日本の比較研究――』同文舘出版。

知井村史編集委員会［1998］『知井村史』。

中島皇・今井英治郎・大畠誠一［1993］「芦生演習林の変遷（資料）」『京都大学農学部演習林集報』25。

中村剛治郎［1988］「四全総のどこが問題なのか――東京一極集中と地方経済――」『世界』517。

錦見祐次郎・赤尾健一・岩井吉彌［１９９５］「芦生演習林の新しいレクリエーション利用形態についての研究」『京都大学農学部演習林報告』67。

西田正憲［２００４］「自然観光における観光のまなざしの生成と発展」遠藤英樹・堀野正人編『「観光のまなざし」の転回——越境する観光学——』春風社。

日本交通公社［１９６７］『全国秘境ガイド』日本交通公社。

根深誠［２００１］『白神山地ブナ原生林は誰のものか』つり人社。

農林統計協会［１９９８］『図説林業白書　平成9年度』農林統計協会。

枚田邦宏・大畠誠一・山中典和・中島皇［１９９２］「芦生演習林利用者の実態と意識について」『京都大学農学部演習林集報』23。

ベルク、Ａ［１９９０］『日本の風景・西欧の景観——そして造景の時代——』（篠田勝英訳）、講談社。

毎日新聞社編［１９６１］『日本の秘境』秋元書房。

前田夕暮［１９２５］『原生林』改造社。

松村和則［２００１］「レジャー開発と地域再生への模索」鳥越皓之編『講座　環境社会学3　自然環境と環境文化』有斐閣。

緑の空間計画に関する調査研究会編［１９７３］『緑の農村への提言』農林統計協会。

安田喜憲・菅原聰編［１９９６］『講座　文明と環境　第9巻　森と文明』朝倉書店。

依光良三［１９８４］『日本の森林・緑資源』東洋経済新報社。

渡辺弘之［１９７０］『京都の秘境・芦生——原生林への招待——』ナカニシヤ書店。

Bauman, Z. [1992] *Intimations of Postmodernity*, London: Routledge.

Beck, U. [1986] *Risikogesellschaft Auf dem Weg in eine andere Moderne*, Frankfurt/M.: Suhrkamp（東廉・伊藤美登里訳『危険社会——新しい近代への道——』法政大学出版局、１９９８年）.

Boorstin, D. J. [1962] *The Image: or, What Happened to the American Dream*, New York: Atheneum（星野郁美・後藤和彦訳『幻影（イメジ）の時代——マスコミが製造する事実——』東京創元社、１９６４年）.

Durkheim, E. [1912] *Les formes élémentaires de la vie religieuse: Le système totémique en Australie*, Paris: Félix Alcan（古野清人訳『宗教生活の原初形態』岩波書店、１９４１年）.

Thoreau, H. D. [1854] *Walden, or Life in the Woods*, Boston : Ticknor and Fields（佐渡谷重信訳『森の生活――ウォールデン――』講談社、1991年）.

Urry, J. [1990] *The Tourist Gaze, Leisure and Travel in Contemporary Societies*, London : Sage Publications（加太宏邦訳『観光のまなざし――社会におけるレジャーと旅行――』法政大学出版局、1995年）.

Weber, M. [1920] Die protestantische Ethik und der 》Geist《 des Kapitalismus, *Gesammelte Aufsätze zur Religionssoziologie I*, Tübingen : J. C. B. Mohr（大塚久雄訳『プロテスタンティズムの倫理と資本主義の精神』岩波書店、1989年）.

（井戸　聡）

第9章　「ふるさと」のまなざし

――美山町Iターン者と観光開発を事例に――

はじめに

美山町は、「日本のふるさと」と評され、「美しい日本の原風景を残すかやぶき民家と清流の里」(美山町広報より)をキャッチ・フレーズとした都市農村交流、つまり農山村ツーリズムに地域振興の活路を求め、多くの観光客を呼びせることに成功している。また、「日本のふるさと」や「田舎」を取り上げるメディアで紹介されることも多く、「日本一の田舎づくり」を掲げるまちづくりも高く評価されている。都市住民のノスタルジアを農山村空間に投影したものを「ふるさと」とするならば、この美山町はまさに「ふるさと」への志向を持つ人びとにとって、一つの憧れの地であるといえよう。

そしてこのような農山村における地域振興の成功事例としての側面の他に、美山町にはもう一つ特筆すべき点がある。それは町の人口がおよそ4000人足らずであるにもかかわらず、過去20年ほどの間に転入したIターン者が約600人にも上るとみられるという点である［松田 2014］。さらに京阪神の都市からも車で2時間半と比較的交通の便がよいという利便性もあり、移住予備軍である「田舎暮らし」ファンたちの人気を集めている。このような移住志願者たちを積極的かつスムーズに受け入れるために、美山町は早くから独自の取り組みを始めている。

本章では、このような美山町をめぐる「ふるさと」のまなざしを通して、都市住民が農山村にどのような物語を求め、そして農山村はそれにどのように応えてきたかを考察する。

1　Iターン者のまなざし

1—1 「田舎暮らし」の時代

２００６（平成18）年2月に内閣府が発表した「都市と農山漁村の共生・対流に関する世論調査」では、都市に住む50歳代のうち28・5％が田舎での定住を望んでおり、団塊の世代の間において「田舎暮らし」への関心がきわめて高いことが明らかになった（『毎日新聞』２００６年2月16日朝刊）。いまやこのような「田舎暮らし」、つまりIターン移住ともよばれる脱都市移住の志向は、多くの人びとにひろく共有されるものとなったといってよい。また、都市の退職者の農山村への移住を支援する「達者村」事業を打ち出した岩手県や、「県・市町村『団塊の世代対策』推進協議会」を立ち上げ、移住希望者への情報発信や移住者の定住促進に取り組む山口県、また「田舎暮らし」に関心が高いといわれる団塊世代の大量退職を射程に入れた特定非営利活動法人「１００万人のふるさと回帰・循環運動推進・支援センター」の設立など、都市の人びとの「田舎暮らし」への志向を後押しし、過疎化のすすむ地域の活性化への新たな原動力となることを期待する動きも多い。

先進的に移住者の受け入れを行っている地域では、移住者たちと旧来の住民との価値観やライフスタイルの違いに由来する摩擦などを抱えながらも、移住者が、林業や農業などの新たな担い手となるだけでなく、宿泊施設や飲食店の経営者、または観光ガイドとして積極的に地域の観光業の活性化に取り組む姿なども多く見受けられる。またその一方で、農山村地域に関する一面的なイメージを抱いたまま移住してきてしまう移住者たちへの困惑の声も聞かれる。このような移住に対応する社会的な受け皿はまだ十分とはいえないが、現実に移住という行動にいたらないまでも、テレビの視聴者として、雑誌の読者として、または観光客として、「田舎暮らし」という物語を消費する都市の人びとの数は膨大である。

1―2　脱都市移住のめざすもの

現在、「田舎暮らし」と呼ばれる脱都市移住の志向は、わが国においては１９８０年代以降から「Ｉターン」として注目されるようになった。このような都市に住む人びとによる農山村への移住志向は、米国では１９７０年代から人口動態などで統計的に確認されるようになっており、その背後には現代の都市が抱える諸問題と、それにともなう人びとの価値転換があるといわれている。

それまで近代社会における地域間の人口移動といえば、一種の経済適応運動として「農村の過剰労働力が就業機会を求めて都市へ移住する」ものとして考えられるのが通例であった。しかし１９７０年代以降、欧米先進工業国で人口が都市から農村へと逆流し始め、大都市の空洞化・衰退が指摘されるようになる。つまり脱都市傾向としての人口移動である。１９７５（昭和50）年には米国農務省のC. L. Baleによって「人口が都市から農村へと逆流している」との見解が発表され、「人口逆流現象（population turnaround, demographic reversal）」が社会現象として広く認知されることとなる［Bale 1975 : 1977］。しかも、この人口逆流現象は単なる郊外化ともまったく異なる現象であり、都市から、都市圏の影響をまったく受けない距離まで都市から離れた奥深い農村などへの移住を特徴としていた。その後、この人口逆流現象は、これまでの郊外化やUターン現象などとは異なる新たな社会現象として検証され、そのさまざまな要因が明らかにされる。都市の逃避要因（プッシュ要因）としては犯罪率の高さ、公害、ストレスなどが挙げられ、また農村の魅力要因（プル要因）としては、非大都市圏での社会的基盤の整備が充実しつつあったことともさることながら、とくに田園環境の快適性などが挙げられた［満田 １９８５］。

そしてこの人口逆流現象を特徴付けるのは、比較的に収入・地位の高いホワイトカラーの中年層の移住者達であるアメニティ・ムーバー（快適環境移住者）であった。満田久義は彼らに共通する志向はネオ・ルーラリズムであるとした。

ネオ・ルーラリズムとは、「物質的豊かさが充ちてきた先進工業国において、大都市が衰退し、都市から農村へと人口が逆流すること（人口移動パターンの転換）とともに、新しいライフスタイルとして、田園社会がもつ快適環境や牧歌的生活様式、あるいは農林業が持つ非経済的価値を再評価し、自然と人間とが共生できる田園に回帰しようとする価値観や行動様式」を意味する一つの仮説的概念である［満田　1999：32］。

これは、いわば近代社会が一つの目標としてきた都市の消費社会で、その恩恵をより多く受けていたはずの人びとが都市を脱出し、田園を目指し始めたということである。

1―3　「田舎暮らし」ブーム

日本の近代社会において現代のように大衆化されたルーラリズム（田園志向・田舎趣味）が人口移動として見られるようになったのは、高度経済成長の末期、1970（昭和45）年前後以降である。しかし、これらはヒッピーやカウンター・カルチャリストなどが担い手となった現象で、ある価値や理念、教条などを掲げる人びとがその理念や教条を実現するための行動としての移住であった。そして今日の「田舎暮らし」の端緒は1980年代初頭にみることができる。まずアメリカから輸入されたライフスタイルのイメージを反映した離都向村志向である「カントリー・ライフ」のブームが起こる。そして1980年代半ばには日本の農山村での生活をより現実的にとらえるスタイルが人気を集めるようになり、いわゆる「田舎暮らし」ブームへと移り変わってゆく。

脱都市志向の大衆化に着目する菅康弘は、それまで理念や教条が先行しがちだった脱都市志向にとっての転換点を「カントリー・ライフ」のスタイルにみる。このスタイルは居住環境の快適性の享受、快適さの消費そのものに価値を置く、居住環境への選好の変化であり、これは日本における消費型移住の端緒とすることができる。さらに1987

（昭和62）年には『田舎暮らしの本』が創刊される。「それまでの『田舎暮らし』というものの錦の御旗であった対抗文化の色彩を背後に退かせ」、物件の紹介やムラ社会の人間関係での具体的な注意など、現実に移住した（もしくは移住を決意した）場合に直面する諸問題に対するノウ・ハウの伝授が主な内容で、「田舎暮らし」という新しい脱都市移住の形の到来を象徴するものといえる［菅 1993］。脱都市移住者を指す「Iターン」という言葉がメディアにおいて流通しはじめるのも頃のころである。

そして提示されるイメージや物語もまた変化する。「カントリー・ライフ」のシンボルであったログハウスに取って替わってかやぶき屋根の民家が登場し、そこで語られるのは「日本のふるさと」の風景となった。この変化の要因には、たとえば移住先地域へ溶け込むことの重要さを強調する言説のように移住に際しての現実的な要請によるものが考えられる。そして、それまでアメリカのネオ・ルーラリズムをモデルとしていた日本の脱都市移住志向のこのような変容は、1970年代ごろから顕著となる農山村をめぐるイメージの変容とそれを求める声の高まりを受けたという側面もあるだろう。それが都市住民の「ふるさと」としての農山村である。

2　「ふるさと」という資源
――ポスト生産主義時代の農山村――

脱都市移住をめぐる「ふるさと」のイメージを考えるにあたっては、まず都市住民が農山村に何を求めてきたのか、また農山村の側がどのようなイメージを都市に発信してきたのかを確認する必要がある。ここではそのイメージの生産と消費の中心ともなった日本の農山村ツーリズムの歴史的経緯から考察する。

農山村地域におけるツーリズムが大きく注目される契機となったのは、農業の衰退と高度経済成長であるといわれる。国民の所得上昇と余暇時間の増加、そして農業の衰退が相まって、1970年代以降、観光業への依存度を高める農山村地域が増え始める。そしてそのようなかで1974（昭和49）年に福島県三島町がはじめた「特別町民制度」

に端を発し全国に広まった「ふるさと」の観光対象化の動きを、山田耕生は「ふるさと運動」とした［山田 2008］。これは都市住民と農山村住民の交流がもたらす社会的効果を重視するもので、新たな施設などいわゆる「箱モノ」を建設するのではなく農山村の持つ文化、風習、自然環境、産業などを観光資源と考え、都市住民に「ふるさと」を提供しようとするものであった。そしてさらに1980年代には、バブル景気によるリゾート開発ラッシュの恩恵にあずかれなかった農山村地域の多くが、この新たに特別な資源を必要としない「ふるさと」という観光資源へ目を向けることとなる。

そのような中で、1992（平成4）年、農林水産省は「新しい食料・農業・農村施策の方向」（通称「新施策」）を発表し、その中に「グリーン・ツーリズムの振興をはかる」という内容が盛り込まれる［農水省 1992］。農林水産省はグリーン・ツーリズムを「緑豊かな農村地域において、その自然・文化・人びととの交流を楽しむ、滞在型の余暇活動」と定義している。これはもちろん農村地域全体の所得の維持・確保を視野に入れたものでありながら、物的交流よりも人的交流に重点を置くこと、既存の地域資源を有効活用すること、社会的・文化的にも地域に貢献する可能性があるものであること、地域主導で取り組むべきこと等が示されている。さらに1998（平成13）年に閣議決定された「21世紀の国土のグランド・デザイン」や、1999（平成11）年に制定された「食糧・農業・基本法」（新農基法）では地域の伝統芸能や伝統文化などといった「伝統」による地域活性化が謳われている。このような行政の後押しもあり、農山村ツーリズムにおいては、地域の文化つまり「普通の農村のあるがままの姿が資源となる」という認識が全国的に共有されていくことになる［湯川 2010］。

このような農山村ツーリズム政策は、疲弊した農村の新たな開発が大きな目的であり、さらには地域農業の「切り捨て」政策と表裏を成すもので、これ以降の農村振興政策の柱として位置づけられることになった［大浦 2008］。つまり、都市農山村交流推進の政策的な流れは、農山村の機能や位置づけの再編成の一環ともいえるだろう。このように農村に対して農業生産の場として以外の多面的な観点から評価する需要を立川雅司はポスト生産主義であるとしている

［立川 2005］。こうして「農村らしさ」を求める都市の消費的まなざしが、農村社会に地域文化やアイデンティティの再構築を促すこととなる。それまで農山村の文化は繰り返し否定されてきた。「もっと文化的でなければならない」として、封建的な農村／農家を合理的な運営に基づく地域共同体／経営共同体へと移行させることを目的とした戦後の生活改善運動などがその顕著な例であろう［中村 2007］。しかし、ポスト生産主義はそのような農山村の文化の位置づけをめぐる大きな転換である。この転換によって、農山村には「豊かな文化」が残されており、それは継承し保持し続けなければならないものであるという評価がひろく共有されるようになった。

かつて、たとえば「文化的な暮らし」などといわれたとき、そこでいわれる「文化」とは、物質的な豊かさとほぼ同義であった。しかし、高度経済成長によって都市の主導する物質的・経済的な発展による「文化的地ならし」が一段落したあと、次に求められた豊かさは、「古いもの」がもたらしてくれる「精神的豊かさ」だった。そしてそれは「新しいもの」で埋め尽くされた中央・都市ではなく、周縁とされる地方にあると想定されたのである。たとえば1970年代、当時の国鉄は、ディカバー・ジャパンと題したキャンペーンを展開する。都市ではなく、おもに農山村地域や昔ながらの町並みへの旅行需要の拡大を目論んだこのキャンペーンのコンセプトは、「匿名の懐かしさ」とでもいうべきものだった。そのため、このキャンペーンに用いられたポスターはそれまでの旅行広告の常識に反し、あえて地名が特定できないような、また特定する必要のないような風景ばかりであった。これらの曖昧な風景は、自分の生まれ故郷でもなく、また足を運んだことがあるわけでもない場所ではあるが、「どこか懐かしい」という感情を喚起するものとして受け止められた。これはちょうど高度経済成長期にあった日本人の「ほっとしたい」という需要と合致し、その後もつづく日本のツーリズムにおける一つのスタイルを形成するきっかけとなる。つまり、現代の農山村ツーリズムのモデルとなっているものは、このようなノスタルジアを基調とした「ふるさと」のイメージといえるのである。

こうして地方・農山村は中央・都市との関係において「ふるさと」として位置づけ直された。このような地元におけるる地域おこしへの欲求と都市住民の抱くノスタルジアの感情が結びついて発生した観光の形態を川森博司は「ふるさと観光」と名付けた〔川森 2001、2007〕。また秋津は、観光をはじめ、居住、ツーリズム、レクリエーション、体験の場として農村が評価され、消費の対象となることを農村空間の商品化としている〔秋津 2007〕。そしてこのような農村空間や地域文化の商品化をめぐって、青木は次のような指摘をしている。

一見すると伝統的であるかのようにみえる文化も、一般には常に変化しつつある。それをあえて固定化して観光資源とする背景には、行政、観光業者、地域住民による人為的な経営戦略が働いている。つまり、観光資源を商品として売り出すときに、資源そのものとイメージの固定化が図られている。なぜならパッケージと中身が違ってしまっては。商品として成り立たないからである〔青木 2007：68―69〕。

そもそもマスメディアや観光のまなざしを向けられた地域社会の多くでは、高度経済成長期以降、そのまなざしに期待される「伝統」や「地域性」が急速に失われつつあるという危機感が共有されており、すでに「〈地域性〉の見直し」が要求されていた〔西野 2013〕。そのような状況での「地域文化」の保全や商品化の実践は、自分たちの文化を脱構築しながら操作可能な対象とするものであった。これは都市の人びとから、ただ一方的に意味や物語を押し付けられ、消費されるという構造に抵抗するものであったともいえる。太田好信は、観光現象の背景にある権力関係を分析するなかで、ホスト社会にその文化を客体化する傾向をみることができるとした〔太田 1998〕。太田は「真正な文化」とは実体として存在するわけではなく常に現在の解釈の結果であるとする立場から、人びとが自文化を操作の対象として認識し、新たに選択、創出し他者に提示してゆく現象に着目した。そして観光地とされる土地の人びとが、観光客のまなざしとの相互作用の過程で意識的に自文化を（観光向けに）作り変えてゆく傾向を指摘した。

そして、1980年代にはツーリズムを通した地域振興に取り組む各地域が、さらにその独自性や地域文化を積極的に都市の住人にアピールする必要に迫られるようになる。農村ツーリズム市場の拡大により、都市のプッシュ要因（都市での生活への不満など）に対応した避難場所を提供するだけでなく、他地域との差異化を図りながら、独自のプル要因

（魅力やメリットなど）をアピールしなくては市場の中で生き残っていくことができなくなったのである。つまり、ライバルである他地域と競いながら、場所の固有性としてのローカリティの構築を要請される事態である［松井 2013］。こうして市場に「商品」として参入した地域文化は、同様に陳列される他の商品との差別化を求められるようになった。このような地域文化を商品とするむらおこしの場では、文化の担い手自身の疎外や、文化の序列化などの危険を常に伴う。が、同時にそこでは数々の新たな資源、そして「ふるさと」が生産される場ともなっているといえよう。

3　Iターン者と「ふるさと」

3―1　美山町のIターン者

美山町の人口は約4000人であるが、そこには過去20年ほどの間に約600人のIターン移住があったといわれている。このような移住者の割合は、就業機会の少ない農山村地域としては注目すべきものであろう。

林業が盛んだった1950年代においては、林業に関わる専門的な職能を持った山林労働者が高知県から移住していたが、燃料革命と輸入外材の流通により林業が衰退してゆくにつれ、その数は減少していったと思われる。しかし、都市圏からの美山町への新たな移住者は1970年代から増え始め、1990年代に入ると10年間でじつに200人をこえる人びとが、美山町に新しく入居したと見られている。美山町ではこのようなIターン者の受け入れと定住促進について早い段階から独自の取り組みを行ってきた。その一つが1992（平成4）年に設立された第三セクター「美山ふるさと株式会社」である。これは、移住を希望する人たちに土地や住宅を斡旋することを主たる目的としているが、転入後の定住率を高めるために、「地域の人間関係や生活になじめるか」「収入の目処はあるのか」などを確かめることを目的に何度も美山に足を運んでもらい粘り強く美山の現状を知ってもらい、ある種の選別を行うというゲートキーパー的役割と、地域社会へ参入するための案内人の役割を兼ねている。近年では年間200件以上もの問い合わせがあるという。

美山町のIターン者の特徴としては、単身での移住は少なく、夫婦世帯、もしくは夫婦と子供からなる世帯が多く、年齢層としては30、40代が多い。住居費・食費などは都市よりも低く押さえることができるが、美山町では一年を通して安定した収入を得ることのできる職業は少ないので、移住者は一人で二つ、三つの仕事を掛け持ちしていることが多く（ツアー・ガイド、工場でのパート、農繁期の農作業、林業など）、もちろんほとんどが夫婦共働きである。

また比較的早い段階から移住しているIターン者には芸術家たちも含まれる。芸術家たちにとっての美山町の魅力とは、まず都市に比べると安価で広い土地の取得が可能であることや、創作活動に適した自然環境という農山村としての魅力がある。さらに、美山町固有の要因としては「原生林」や「かやぶきの里」を擁する美山町のイメージや、さらにこれらの理由から美山町が広く知られているというブランド性などが挙げられるようである。これらは農山村に農業生産以外の多面的価値を見出しているという点で、まさしくポスト生産主義的な移住者たちといえるかもしれない。

彼らにとっての美山町の魅力という点については、自然環境や景観などを別にしてIターン者一般にひろく聞かれた意見としては地理的要因がある。美山町は京阪神の大都市圏に比較的近い距離であり、たとえば京阪神の都市に住む親族に万が一のことがあった場合でも安心な位置にあるという。つまり「遠くにいたら親の死に目にも会えへん」（50代男性）ということである。

3―2　「ふるさと」へ辿りつくということ

すでに論じてきたように、1980年代以降の「田舎暮らし」ブームの特徴は、その「田舎」の既存のコミュニティや地域文化などを尊重するスタイルであるということができる。メディアや都市の人びとによって語られる場合だけでなく、町自身が「美しい日本の原風景を残すかやぶき民家と清流の里」（美山町広報より）であることを町の一つのキャッチ・フレーズとしてあげているように、美山町へ移住してきたIターン者の多くも、美山町の魅力としてかやぶき民家や里山の景観に象徴されるような「懐かしい風景」をあげている。ここでは、都市で暮してきた人びとが「ふるさと」を手に入れるための移住現象という視点からIターン移住現象を考察していきたい。

美山町で暮らすあるIターン者は、「田舎」へ憧れながらも都会に暮していた頃をこのように語る。

僕の祖父までは田舎やったんやけど、僕の父の頃には町へ移って来ていて。やっぱり町やから。それがまた僕には面白くなかった。都会にいると息がつまる思いがして（40代・男性）。

現在は農業などのいくつかの兼業で生活を支えているが、子供達に自然体験の場を提供できるような教室を開くことが目標であると彼は語った。都会で生まれ育ち、彼の祖父母もそのころには都市に暮らしていた。幼い頃から自然の中で遊ぶのが好きで「田舎」に憧れていたが、彼には「帰るべき田舎」がなかった。だから子どもの頃の夏休み、「田舎に帰る」といって出かけていく友人たちをうらやましく思っていたのを憶えているという。大学や就職も都会であったが、数年前に都会での暮らしに「とうとう我慢できなくなって」ついに美山町への移住を決意する。「ログハウスよりもかやぶき屋根が似合う」という「懐かしさ」を感じる風景を美山町の魅力の一つとして語る彼は、景観を守るための地域の活動にも積極的に参加している。

しかし、このような「田舎」への憧れが移住者の移住動機の一つにあったとしても、ブームといわれた頃から、「田舎暮らし」を取りあげる雑誌などのメディアにおいては「やすらぎ」や「あたたかさ」を都市の人間に供給するだけの場所という安易で一面的な「田舎」イメージが語られることは少なかった。そこでは農山村で暮らした場合に考えられる現実的な問題や具体的な苦労への覚悟を促すような内容も多く語られていたのである。

ただ実際にここで暮らすとなると家、仕事、交通の不便さ、冬の豪雪など、現実的な問題も出てくるだろう。それを承知の上で住むことが出来たなら、問題を補って余りある幸福を得られる（『夢田舎』２００１：67）。

月に一回の日曜、平日も３～４回はそうしたこと（村の寄り合いや日役など）で潰れます。正直しんどいですよ。僕らには目標があるからいいけど、何も目標がない人には厳しいかもしれませんね（『夢田舎』２００１：70）。

美山町のＩターン者たちの多くも、このような日役や近所づきあい、プライバシーの感覚の違い、職の問題や交通や生活の不便などのさまざまな苦労は「常識」として「覚悟のうえで来ている」と語る。このように「村人」として積極的に村の人間関係や生活文化に飛び込んでいく彼らの姿は、たとえば一般に想像されるような「田舎の生活になじむことのできない都会からの移住者」というようなイメージからは少し異なったもののようにもみえる。

3―3　ホストとしてのＩターン者

美山町に住むＩターン者や観光産業に従事する人びとに対してインタビューを行うなかで驚くことは、たとえばガイドや民宿経営など、都市から訪れる観光客をもてなすホストとしての役割を果たすＩターン者の多さである。時には山歩きをしながら、時には宿の炉辺で、この地域にまつわるさまざまな話を都市からの観光客に語って聞かせる。「美山町が好きだからこそ移住したのだから詳しくて当然」という声が聞かれるだけでなく、「Ｉターンの人たちの宿はどこか垢抜けている」といったようにホストとしての優位性に言及するような声も多い。観光客は、その土地を経験しに訪れる。そうであるならば、ホストとしての優位性はその土地で生まれ育った人びとにあるのではないのか。なぜ農山村の観光産業において、都市で生まれ育ったＩターン者たちがホストとして「村人」を演じ、時には旧来の住人以上にこの土地の価値を発掘し、提示してみせることが可能なのだろうか。

ツーリズムや「田舎暮らし」の文脈における「ふるさと」のまなざしを規定するものはメディアなどの情報を通して多くの人に共有されるノスタルジアである。その物語の舞台となる農村は、「ふるさと」の「懐かしさ」をどのように演出するかが競われる場である。このような状況の中で、日本全国の「ふるさと」の中から、その「懐かしさ」を吟味するのが現代の「ふるさと」市場であるとするならば、「田舎暮らし」の実践者であるIターン者たちは、その目利きともいうべき側面をもっている。

観光の主たる目的は「世界を経験する」ということであり、その経験をめぐるオーセンティシティ（本物らしさ）が常に問題とされる。それはツーリストとホスト（またはプロデューサー）と地域住民などとの間の相互作用のもとで、構成され、認識されるものであると考えられる。ブーアスティンは、パッケージ化され、整備された消費のシステムのうちにある現代の観光において、ツーリストが見聞きするものはすべて演出された擬似イベントに過ぎず、ツーリストがそこで経験することの多くもメディアによって事前に提示されていたイメージを確認するものであると指摘した［Boorstin 1962］。またマッカネルは、現代のツーリストは擬似的で人工的な「表舞台」と、オーセンティシティに満ちた「舞台裏」が交差するねじれた空間を旅しているのだと論じている［MacCannell 1976＝2012：103–104］。

しかし、あらかじめ演出されたものにせよ、またそうでないにせよ、ツーリストたちは観光において目にしたものや経験したことを自分なりに解釈し、それぞれオーセンティシティを見出していく。このように観光のオーセンティシティがツーリストの解釈によって成立するものであるならば、「ふるさと」を訪れたツーリストの期待に応えるためには、その土地で生まれ育った旧来の住人が「ふるさと」の物語を語ればそれで十分というわけではなく、ツーリストの解釈の文脈、つまりツーリストのまなざしに添った物語の提示が必要となる。そこに、かつてはツーリストであり、今でもある意味では「よそもの」であるIターン者たちがホストとして活躍する理由がある。

3―4　観光のまなざしとIターン者

あからさまに合理化、システム化されたマス・ツーリズムに対して多くの人びとが疑念を呈し、今では多くのツーリストがありふれた商品ではない多様な経験によって感じられるオーセンティシティを求めるようになっている。それはホストとなる人びとにとって、これまで以上に意識的な意味生産の重要性が増しているということでもある。そのような状況のなかでの「地域文化」をめぐる保全や商品化の実践は、自分たちの文化を脱構築しながら操作可能な対象とすることにより、ただ一方的に意味や物語を押しつけられ、消費されるという構造に抵抗する「文化の客体化」をめぐるものであるといえよう。

このように現代のツーリズムをめぐる構造は、自文化を客体化し、他者のまなざしを受けて意識的な再編成をホスト側に要請するものであるということができる。そこでは都市から向けられるまなざし、つまりゲストがどのようなものをホスト社会に求めているのかをいかに敏感に読み取るかが問われる。だからこそ日本の農山村における観光産業で、本来的な意味ではオーセンティシティにおいて旧来の住民たちにおくれをとるはずのIターン者たちが活躍できるのである。なぜなら「田舎暮らし」の実践者である彼らこそ、「ふるさと」の住人でありながら、また「ふるさと」の消費者でもあるからである。

3―5　「村人」としての葛藤

このように「ふるさと」のまなざしを持つIターン者は、農山村ツーリズムにおいてある種の優位性をもつ。しかし、彼らには「ふるさと」のまなざしを有するがゆえの葛藤も生じる。それは観光化が「ふるさと」の核である農山村の景観や地域生活を変えてしまうかもしれないというリスクに関するものである。

現在、美山町ではかやぶき民家の多く残る集落として重要伝統的建造物群の指定を受けた知井地区の北村（北集落）や美山自然文化村などへ多くの観光客が訪れている。しかし、これに伴い、たとえば50戸ほどの小さな集落である「かやぶきの里」である北村に、行楽シーズンともなれば何十台もの大型観光バスが乗りつけるといったようなマス・ツーリズムの弊害が大きな問題となった。つまり静かで素朴な風景をもとめる人びとが殺到することで、その風景そのものが破壊されてしまうというジレンマである。これについては「（昔ながらの風景を求めて通ってくれていた）リピーターは確実に減った」（観光施設従業員）というような、長期的に見た場合の美山町の観光産業への悪影響を懸念する声や、「（この観光ブームが去ったら）あとには田舎でも町でもないもんが残るだけや」（知井地区男性）というような観光産業そのものを疑問視する声も聞かれた。しかし、観光産業によるむらおこしは過疎が深刻な美山町では重要なものであり、なかでも北村のある知井地区は、もっとも少子高齢化・過疎の危惧された地区であった。長いあいだ村の存続という問題と向き合ってきた彼らからは、「白川郷のような行き過ぎた観光地にはしたくない」（知井地区男性）としながらも、「（観光産業のおかげで）残る人、戻る人が増えた」（知井地区男性）と観光産業によってもたらされたムラの活気を評価する意見が多く聞かれた。そして町行政では、団体客を受け入れるためのインフラ整備や修学旅行の誘致などを通して、観光産業の振興に取り組んでいる。

しかし「懐かしい」風景を慕って移住してきたIターン者たちにとってもこのような取り組みは重要な関心事でありながら、「観光バスが観光地を滅ぼす」（40代男性）というような言葉で、特にマス・ツーリズム的な観光産業の弊害を危惧する者が多い。美山町に地縁や血縁など固有名詞的な縁故があるわけではない多くのIターン者たちにとっては、彼らが美山町で暮す必然性は、そこが「ふるさと」として愛することのできる場所であるからということがもっとも大きいものである。したがってその景観や環境、生活文化の変容をめぐる問題に対する関心は地元住民のそれを上回るものであるともいえるだろう。彼らにとって美山町とは、生得的な故郷ではなく、多くの農山村の中から選び取り、ようやく辿りついた「ふるさと」なのである。もしその魅力が失われるようなことがあれば、たとえ村が経済的・物理的な豊かさを手に入れたとしても、彼らにとってはそこで暮す必然性が失われることになってしまう。彼らはまた「ふるさと」を失ってしまうのである。

もちろん地元住民たちにとってもIターン者たちの評価する諸価値は大切なものであると認識されているが、彼らにとっては、それ以上に「人の訪れる」場所であること、そして、さらにいえば、職を求めて多くの若者が離村していくのを見送ってきた彼らは「人が帰ってくる」村であることを望むことが多い。そして、多くの地域住民が、観光客やIターン者など、都市からの来訪者に評価されることを通して「田舎の良さ」を再認識したという。そうであるならば、彼らにとって「田舎の良さ」というものは自らとその土地を結びつける絶対的な理由ではなく、都市の人間にアピールしうる価値を持つという相対的な点から認識されたものであり、都市と田舎という二項対立の中で、どれだけ都市に対して「交換価値」を持ちうるかという側面、「都市にはない強み」という点で意識されてきたかといえるかもしれない。これと対照的に「田舎の良さ」を目指して移住してきたIターン者にとって、生活文化や景観などを含む「田舎の良さ」というものは、まさに彼らがこの場所に暮らす理由である。だからこそ、それが何らかの目的（たとえば観光開発によるむらおこしなど）のために消費され尽くしてしまうことには敏感なのである。それはある意味で、地元住民、つまり村人以上に「田舎の村人」であることに忠実であるともいえるだろう。

近年のメディアにおける「田舎暮らし」をめぐる言説においては、かつてよりも現実的な問題を踏まえたものが多い傾向があるということは前述したが、そのような「田舎の現実」という文脈には、意識的にせよ無意識にせよ、ある一つの語り落とされがちな点がある。それは、農山村もまた市場や都市の論理から完全に自由であるわけではなく、ある意味で都市と同じ論理を共有する人びとの生活の場であるという事実である。

　農家の人にとっての自然というのは、山菜とか作物とか、ほんとうに糧というだけだから（Iターン者　A氏）。

美山町の観光地化を憂慮するIターン者の声である。「田舎」に憧れてやってきたIターン者たちのなかには地域の自然や文化を資源としての観光開発に対して慎重な意見を述べる者も少なくない。これはある意味で、観光開発による地域振興の成功事例として知られる美山町ならではの葛藤だといえるかもしれない。

しかし「もうここ（美山町）も終わりってなったら、次を探す」というIターン者もいる中、前述の男性のように地域の活動に積極的にコミットし、地域社会と「ふるさと」の風景を維持するための道を率先して模索する人びともいる。彼らは、時には過疎を憂慮する地元住民たちと意見を異にしながらも、「ふるさと」の風景の価値を、また地域の人びとには都市的な経済的有益性に囚われない「村人であってほしい」と語る。

都市の人びとがもつ「ふるさと」のまなざしが描く農山村の像が正確または正当かの議論はさておき、いまや当の農山村に住む人びとにとって、都市の人びとからのまなざしとの出会いが地域アイデンティティの再発見の重要な契機となっていることは否めない。そこで発見されるのは彼らにとっては身近な自然環境や歴史的景観、有形・無形の地域文化などの価値である。そして、それはまた観光商品としての価値という側面も有する。今後も、過疎と開発による弊害というジレンマと向き合っていかなくてはならない農山村にとっては、Ｉターン者たちのような新しい「村人」たちのまなざしは重要な意味をもつことになるだろう。

おわりに

近代において日本の都市はつねに「都市に足りないもの」を農山村に求めてきた。時にはそれは人的資源であり、自然資源であり、また心のよりどころ、つまり「ふるさと」であった。競争・闘争の場である都市に住む人びとの寄る辺なさゆえに、それを癒すノスタルジアの物語が農山村に求められてきたのである。

しかし、都市に暮らし、「ふるさと」を「語る」のも人であれば、「ふるさと」とされる農山村に暮らし、「語られる」のもやはり人である。そこに展開される関係はただ二項対立的に「語る者」と「語られる者」が切り離されたものではない。それは両者のまなざしが複雑に交錯し、お互いの物語を語り合うせめぎあいである。農山村における「ふるさと観光」もまたそのようなせめぎあいの場といえるだろう。だからこそ、「ふるさと」の物語を「語る者」から「語られる者」の側へと飛び込み、自らが語るその物語の登場人物となることを選び、そしてその二者のはざまで葛藤するＩターン者たちは、「ふるさと」というノスタルジアの物語のこのうえない目利きといえるのである。

参考文献

秋津元輝［２００７］「カルチュラル・ターンする田舎――今どき農村社会研究ガイド」野田公夫編『生物資源問題と世界――世界資源から考える21世紀の農学　７』京都大学学術出版会。

青木隆浩［２００７］「グリーン・ツーリズム政策は地域を守れるか」岩本通弥編『ふるさと資源化と民俗学』吉川弘文館。

大浦由美［２００８］「１９９０年代以降における都市農山村交流の政策的展開とその方向性」『林業経済研究』54（１）。

太田好信［１９９３］「文化の客体化――観光をとおした文化とアイデンティティの創造」『民族学研究』57（４）。

川森博司［２００１］「現代日本における観光と地域社会――ふるさと観光の担い手たち」『民族学研究』66（１）。

川森博司［２００７］「観光の場における民俗体験――ふるさと観光とグリーン・ツーリズム」『神女大史学』24。

木原啓吉［１９９２］『ナショナル・トラスト』三省堂。

菅康弘［１９９３］「『ソロー』たち――都市から田舎へ」『ソシオロジ』（社会学研究会）38（１）。

立川雅司［２００５］「ポスト生産主義への移行と農村に対する〈まなざし〉の変容」日本村落研究学会編『消費される農村――ポスト生産主義下の「新たな農村問題」』農文協。

堂下恵［２００４］「グリーン・ツーリズムによる地域振興――京都府北桑田郡美山町の事例から」『農』２７７。

中村淳［２００７］「文化という名の下に――日本の地域社会に課せられた二つの課題」岩本通弥編『ふるさと資源化と民俗学』吉川弘文館。

農林水産省［１９９２］「新しい食料・農業・農村政策の方向」『農林統計調査』42。

松井圭介［２０１３］「農村空間の商品化の文化的背景」、田林明編『商品化する日本の農村空間』農林統計出版。

松田智子［２０１４］「Ｉターンという生き方――美山への移住者を事例として――」『佛教大学社会学部論集』58。

満田久義［１９８５］「米国における人口逆流現象――ネオ・ルーラリズムの台頭」『農業と経済』51（３）。

満田久義［１９９９］「ネオ・ルーラリズム論再考」『社会学部論集』32。

山田耕生［２００８］「日本の農山村地域における農村観光の変遷に関する一考察――〈グリーン・ツーリズム〉登場以前の１９９２年まで」『共栄大学研究論集』６。

湯川宗紀［２０１０］「京都府旧美山町の観光事業への取り組み――町職員・地域住民双方の立場から」『佛大社会学』（佛教大学）

35。

Beale, C. L.［1975］*The Revival of Population Growth in Nonmetropolitan America*, ERS, USDA, No.605, U. S. Printing Office.

Beale, C. L.［1977］"The Recent Shift of United State Population to Nonmetropolitan Area, 1970-75," *International Regional Science Review*, 2.

Boorstin, D. J.［1962］*The Image : or, What Happened to the American Dream, Aheneum*（星野郁美・後藤和彦訳『幻影（イメジ）の時代――マスコミが製造する事実』東京創元社、１９６４年）.

MacCannell, D.［1976］*The Tourist : A New Theory of the Leisure Class*, New York : University of California Press（安村克己・須藤廣・高橋雄一郎・堀野正人・遠藤英樹・寺岡伸悟訳『ザ・ツーリスト――高度近代社会の構造分析』学文社、２０１２年）.

（中井治郎）

第10章　「日本の原風景」と文化ナショナリズム
――故郷を消費する都市、故郷を創造する農山村――

はじめに

農林業の衰退、過疎、高齢化、多くの問題を抱えた農山村が行う観光事業について社会学では主に小さな共同体の実践、地域振興や環境保全を主題とした研究が多くなされてきた。そのような中でも京都府南丹市美山町（以下、美山町）の取り組みは農山村観光における地域経営型グリーン・ツーリズムのモデルとまで評されている。本章ではそのモデルとされる美山町が掲げた「日本の原風景」というフレーズに着目することにより、美山町が行った観光事業が現代社会でどのような意味を持つものか、町職員、地元住民へのインタビューから得られた知見を踏まえ、「日本の原風景」の成立構造を考察する。

1　農山村と観光

うさぎ追いし　かの山　小鮒釣りし　かの川
夢は今も　めぐりて　忘れがたき　故郷

文部省唱歌『故郷』

山があり、川があり、田畑が広がる場所としてイメージされる農山村。文部省唱歌『故郷』は近代の日本人の「故郷」観の共通の分母のようなところがあると内田隆三は指摘する［内田 2000：138］。

しかし、日本の農山村は『故郷』にうたわれるようなものを失い続けてきた。戦後の材木需要により建築材となる杉などの針葉樹ばかりが植林されモノカルチャラルな場所となった山は、安い輸入木材により木々の価格が暴落するともに、価値を失い放置され荒れ果てることになった。戦後の食糧難を解決するはずだった米の増産はライフスタイルの変化等により米余りの状況となり、今度はそれを解決するための減反施策により田には雑草が覆い茂っている。都市が消費する生活用水、工業用水、発電のための利水、また治水のため川はダムで堰き止められ、ある場所では「故郷」自体がダムの底に沈むこともあった。

戦後、経済構造が転換し農山村は、それまで以上にさまざまな資源を都市に供給する場所へと変容していった。社会状況の変化、そう言ってしまえばそれまでであるが、その変化を生み出した多くの要因は都市、都市生活者、そして猫の目農政と言われるほど方針を変え続けてきた政府によるものとも言える。

そして、農山村が次に求められたものは故郷の創造、供出であった。

1―1　政府による故郷の創造

失われていく故郷を新たに創出するかのように各自治体が「ふるさと」による町おこしを展開することになったのは、1989（平成元）年竹下内閣のふるさと創生一億円事業（正式名称「自ら考え自ら行う地域づくり事業」）によるところが大きい。これは政府が各自治体にふるさとづくりの理念・テーマに基づいた「ふるさとづくり事業計画」を策定させ、策定された計画に基づいて財政措置（一億円の交付）を行い、各自治体が自ら考え自ら行う地域づくりを実現させるというものであった。

このふるさと創生一億円事業は、1987（昭和62）年閣議決定された第四次全国総合開発計画の方針に沿ったものであり、この中では都市との交流による観光事業が農山村振興の目標の一つに位置づけられている。それ以後政府は観光事業を後押しするさまざまな方策をとることになる。[1]

バブル経済崩壊後の1992（平成3）年、農水省が発表した「新しい食料・農業・農村政策の方向」では「グリーン・ツーリズムの振興」が提示されている。農水省の定義によるとグリーン・ツーリズムとは「緑豊かな農村地域において、その自然・文化・人びととの交流を楽しむ、滞在型の余暇活動」とされている。この定義は農水省構造改善局が「新しい食料・農業・農村政策の方向」との関連で各界の有識者を集め組織したグリーン・ツーリズム研究会の中間報告書で述べられている［グリーン・ツーリズム研究会 1992：9］。

また、この研究会のメンバーであった宮崎猛によれば、グリーン・ツーリズムとは、人の交流であり、物や情報だけの交流ではない。これまでの農村観光は海水浴、スキー、有名な史跡など有力な観光資源に依存していたが、グリーン・ツーリズムでは普通の農村のあるがままの姿が資源となる［宮崎 1999：135―136］。この考えはこれまでこれといった観光資源のなかった地域も実践できる地域振興・観光事業として多くの地域で一筋の光明として受け入れられた。

政府は農山村での「グリーン・ツーリズムの振興」を推進するため、1994（平成6）年には農山村民家で民宿を行う場合、これまでの規制を緩和し、都市住民の受け入れ態勢を農山漁村側に整備させる「農山漁村滞在型余暇活動のための基盤整備促進法」を施行した。

以後、1998（平成10）年「21世紀の国土のグランドデザイン（新・全国総合開発計画）」では農山漁村の持つ地域の伝統芸能や伝統文化など、「伝統」により地域の活性化を目指すことが目標とされ、その翌年の1999（平成11）年に制定された食料・農業・農村基本法（新農基法）では農山村の「多面的な機能」として自然環境の保全、良好な景観の形成、文化の伝承等も謳われるようになる。これにより、農山村は政府方針として、文化、伝統をも体現する場として明確に規定されることになる。

そして２００７（平成19）年、政府は「観光立国推進基本法」を施行した。この法では有名な神社仏閣、史跡等の観光資源、また大型レジャー施設のある「観光地」だけではなく、日本国どの地域においても観光による地域活性化が望まれている。「観光立国推進基本法」の前文において観光とは、地域における創意工夫を活かした主体的な取組の尊重と地域の主体性による経済活性化を目的とするものとされている。

なんら観光資源のない農山村は、そこに豊かな自然、良好な景観、その地域に息づく文化、伝統が在る場所、文部省唱歌「故郷」のような場所であると政府に規定された。そして農山村はその「故郷」のあるがままの姿を用いて、自らが考え自らが行う主体性を持って観光事業に取り組むことを政府により課されることとなった。

1―2　故郷に対する需要

農山村に対する故郷幻想、その商品化はこれまで何度も繰り返し行われてきた[2]。たとえば、高度経済成長期の１９６０年代、ＮＨＫの「新日本紀行」、フジテレビ系列東海テレビの「ふるさと紀行」といったテレビ番組がなつかしさの溢れるものとしてふるさとを描くことによって人気を博し、１９７０年代には旧国鉄が「ディスカバー・ジャパン」キャンペーンを展開し、誰もがどこかわからないが、しかしどこかにあると信じて疑わないなつかしい場所が、訪れるべき旅先として紹介された。

テレビ番組、旧国鉄のキャンペーン、ともにそのなつかしい場所は、見るべき価値のあるもの、訪れるべき場所、都会の生活で忘れかけていたものを思い出させてくれるノスタルジックなふるさととして商品化されている。

１９８０年代以降もその傾向は続き、都市生活者の「自分探しブーム」から派生した自らのアイデンティティ獲得のための「ふるさと」探しが都市生活者主導で行われるようになった、と安井眞奈美は分析する。生まれながらにして故郷喪失者であることを自覚した人びと、都市生活者が消費の対象として、現実の煩わしさや、問題を抱えたふるさとではなく、自分の出身地に関係なく、個人の好みで新たに選べ、買える「ふるさと」、「消費型ふるさと」と呼べるような故郷が誕生することになった［安井 2000］。

そして1990年代以降スロー・ライフ、ロハスといった言葉がもて囃されるような時代状況の中で、現代の都市住民にとって「人間らしい暮らしをするには、自然のなかでゆったりやさしく生きていくことが大切であるというメッセージは、いまやなんの抵抗もなく多くの人に受け入れられるもの」［古川・松田 2003］になった。

その背景にはバブル崩壊により「これまでの社会のあり方、その社会で生きる自らのライフスタイルに疑問を持ち、その社会がもたらす環境破壊に対する恐怖」［古川・松田 2003］があった。その恐怖をもたらした近代的な生活ではないもの、自然との共生した生活が成立していたであろう場所としての故郷が求められるようになり、それを体現している場所として農山村が思い描かれるようになった(3)。

1―3　「観光」と農山村

政府は、経済構造の転換により基盤産業であった農林業が衰退し、労働人口の流出により過疎高齢社会となった経済的不採算地域とでもよべる農山村に対して、これまでの失策を補うように、新たな施策として「観光」による地域振興を推し進めてきた。そしてその「観光」を需要するのは、「ふるさと」、「自然」、「伝統」を自らが生活する都市ではない何処かに求めていた故郷喪失者としての都市住民であった。

政府の進める農山村による観光事業は、都市住民の望みに応えるように安らぎを与え、地盤沈下の激しい農山村には新しい産業と自主性によって活力を与え、その上、失われていきつつあると思われている「ふるさと」、「自然」、「伝統」をも守ることが出来る、魔法のような施策のように見える。

だが、当然のことながらこの観光は農山村がこれまでと異なる形で市場経済の荒波に巻き込まれることを意味している。しかし経済的にも人材的にも地域を維持、発展させていくのが困難な状況にあった農山村は、政府から差し出された提案に否を唱える状況にはなく、農山村は自らの存亡をかけ、挙って町おこしの中核として「観光」事業を立ち上げていった。そして農山村が行うことになった観光事業にはこれまでとは違い地域の自主性、主体性が担保されながらも、それに伴う自己責任も付随するものであった。

それではグリーン・ツーリズムによる町おこしの成功例として賞賛される美山町の実践を具体的に考察していきたい。

2　美山町と観光

美山町が全国から注目を集めるようになったのは「美しい日本の原風景を残すかやぶき民家と清流の里」をキャッチフレーズに、自らの町の景観を「日本の原風景」と称したグリーン・ツーリズム、農山村観光を展開したことにある。

美山町は1955（昭和30）年、町村合併促進法により知井村・平屋村・宮島村・鶴ヶ岡村・大野村の五カ村が合併して誕生した(4)。

その後、美山町では労働人口減少、高齢化が進み働き手を失った農地は荒廃が目立つようになった。加えて政府の減反施策に従い行った耕地への植林は結果として「山が里に下りてくる」といった現象を生み出した。

しかし、1993（平成5）年、政府により美山町内の知井地区にある北集落の茅葺き民家とその周辺の景観が「重要伝統建造物群保存地区」（以下伝健地区）に選定されると状況は一変する。「日本の原風景」を目当てに美山町を訪れる人は年々増え続け2002（平成14）年には55万8258人にもなり、その年の美山町の町民所得が90億円あまり［京都府総務部統計課 2002］であるのに対し、観光業による収入は、その約一割に当たる9億5000円にものぼった。

その結果、美山町を訪れる観光客を相手にする商売が雇用を生み出し、都市からのUターン・Iターン移住者を受入れられるようになり1990（平成2）年以降人口減少にも一応の歯止めがかかることになった。

外部資本に頼らず、地元の生活環境を活かし、行政と地域住民が一体となった取り組みを、先述した農水省構グリー

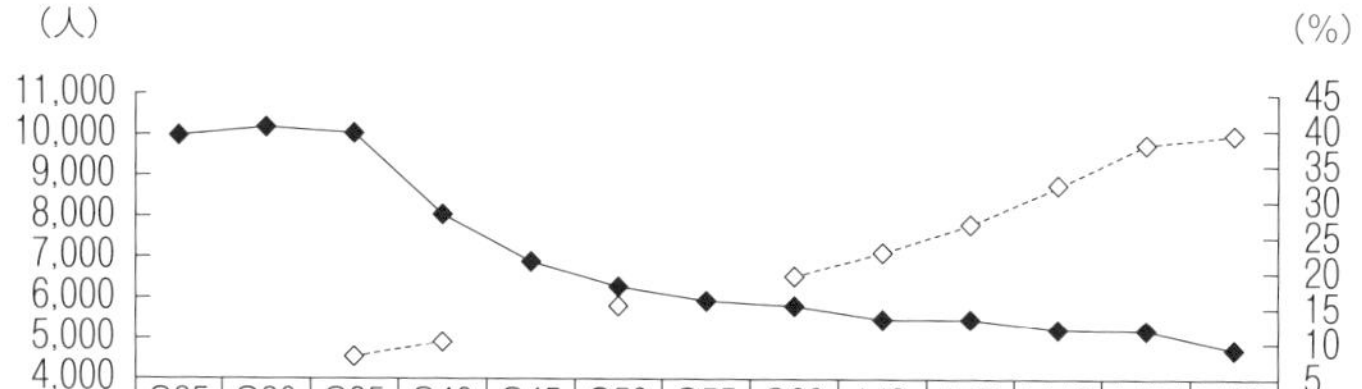

	S25	S30	S35	S40	S45	S50	S55	S60	H2	H7	H12	H17	H22
―◆― 人口	9,980	1,018	1,003	8,048	6,890	6,278	5,931	5,804	5,479	5,478	5,231	5,209	4,726
―◇― 高齢化率			8.1	10.2		15.3		19.5	22.8	26.8	32.3	38	39.3

図10－1　人口と高齢化率の推移

出所：美山町及び南丹市資料による.

ン・ツーリズム研究会の宮崎が、地域経営型グリーン・ツーリズムのモデルは「京都府美山町全体の取り組みにあると確信できた」［宮崎 1999：135―136］と高評するにまでに至った。

もちろん美山町行政がここまでたどり着くまでの間にはさまざまな試行錯誤が、時には同時に矛盾するような取り組みがなされていた。美山町の町おこしの取り組みは、「第一期村おこし・農林業の振興」1978（昭和53）年～1988（昭和63）年、「第二期村おこし・都市との交流と村おこしの推進」1989（平成元年）年～1992（平成4）年、「第三期村おこし・グリーン・ツーリズムと新産業おこし」1993（平成5）年～2000（平成12）年、「第四期村おこし・振興会の設立と住民主導の町おこし」2001（平成13）年から合併による消滅（2005年・平成17年）に至るまで四つの期間に分かれている［美山町 2002］。

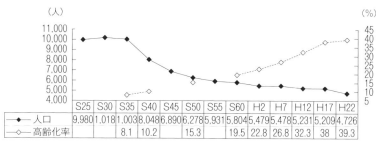

この取り組みは第一期、第二期、第三期とあらかじめ想定されていたわけではなく、「そりゃ下手な鉄砲も撃ちまくってまっせ。美山町に良かれと思うことはたいがいのことをやってます」（町職員A氏　男性・30歳代）、というほどさまざまな施策を行ってきた[5]。

美山町が行ったさまざまな町おこし施策の一つに観光についての取り組みがあり、1965（昭和40）年発表された『美山町総合開発計画』の「観光の振興」では美山町西部にある大野ダムを観光の中心ポイントとしたハイキングコースの整備、大野ダム近辺の丘陵地に国民宿舎、ゴルフ場、キャンプ場を兼ね備えた観光センターの建設が計画されている［美山町 1965］。だが実際は計画された大型観光

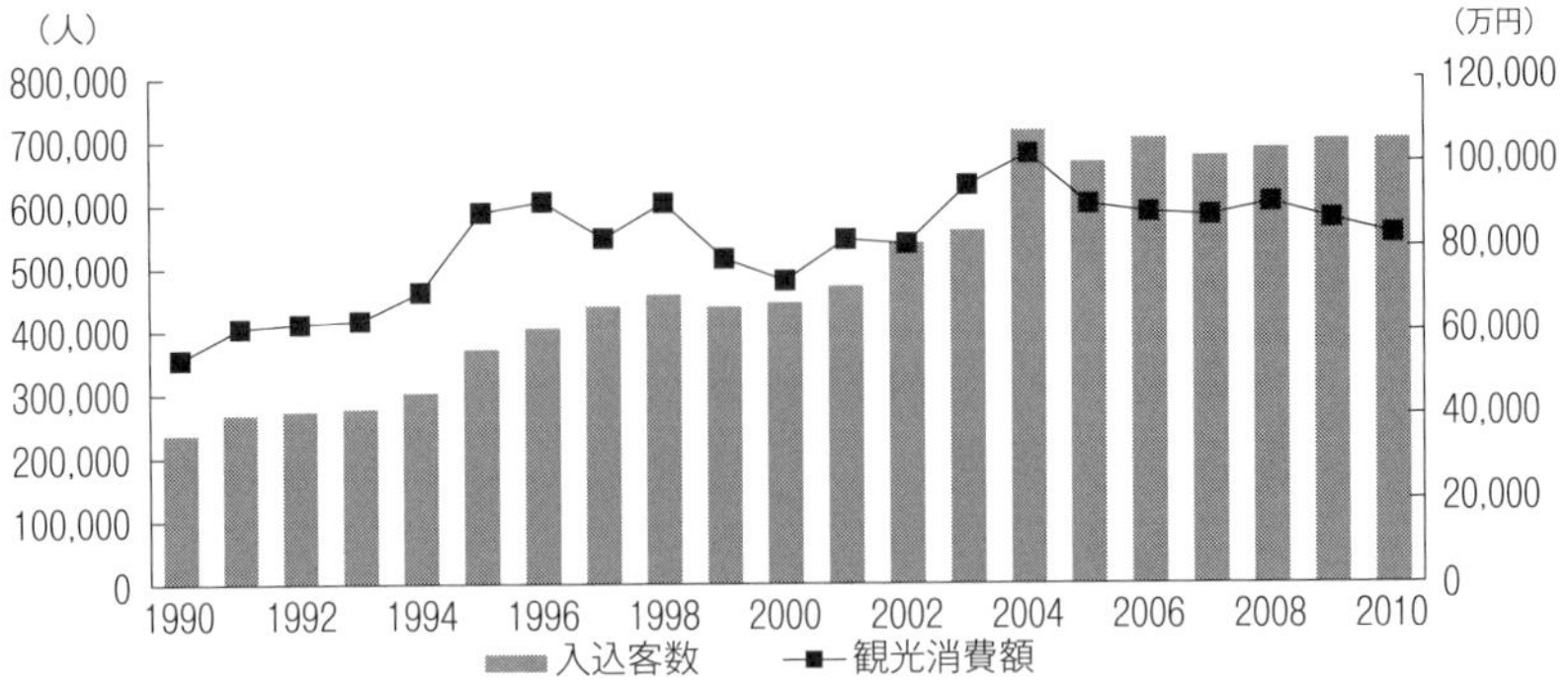

図10−2　入込客数と観光消費額

出所：南丹市資料による.

開発は行われず、観光事業のために開発されたものは1969（昭和44）年に開設された京都府の青少年芦生山の家、1976（昭和51）年に完成した知井地区佐々里のスキー場程度であった。

この20年後、1985（昭和60）年の『美山町総合計画』では四全総の「交流ネットワーク構想」に沿う形で「観光ネットワーク構想」が語られており具体的な「観光ルートの設定」がなされている。しかしそのルートには「中風寺→芦生→大野ダム」としか書かれておらず、現在の美山町観光の中心的存在である北集落の茅葺き民家群にはまったく触れられていない［美山町1985］。

この間、美山町には知井地区内に新たなダムを建設し、ダムによる山村振興が計画もなされており、観光面ではダムを中心としたサイクリングロード設置などの観光整備を町役場上層部では考えられており[6]、またバブル期には観光開発業者による観光開発も行われかけていた。

しかし、ダム建設は地元芦生集落住民による強い反対運動、美山町から借り受けた芦生演習林内（現京都大学森林ステーション・芦生研究林）にダム建設が計画された京都大学の有志らによる外部からの反対運動などもあり、結局ダム建設は為されなかった。さらに観光開発業者による観光開発がバブル崩壊前に観光開発業者が倒産してしまったため、開発途中で放置されていた土地を町が購入し現在では美山町観光の中心となっている「自然文化村河鹿荘」を1989（平成元）年に開設することになった。

このような経過を経て美山町は美しい山や川、そして懐かしい茅葺き民家群がのこる風景を中心とした観光事業に向かうことになっていく。

うちとしてはどのようなものが売りかということを考えるとね、売るもんちゅうたら自然くらいしかなかったということもあってね、その中に茅葺き民家があったんで、やっぱりこれでいかんとね、他に売るもんがないな、という思いはありましたね。このバブルの状況の時に既に美しい町で行こうとか、茅葺き民家を遺そうと言うことにはなってましたね（町職員B氏　男性・40歳代）。

そして「これからはゆとりを都市住民が求めとる、そういう意味で展開をしたいと思てる事業があるからやらへんか」と農水官僚から提案されたものが「その当時は全然わからんかった、名前も聞いたことなかったグリーン・ツーリズム」（町職員B氏）であった。

3　創られる故郷　日本の原風景

美山町職員C氏（男性・50歳代）は、町が掲げた「日本の原風景」について、「山があり、川があり、田んぼや畑の田園風景があり、豊かな自然があり、そこに茅葺きの民家があって、日本の原風景なんです」と語る。

美山町の茅葺き民家の保存にむけての動きは、１９７０年代前半から始まる。１９７３（昭和48）年前後、京都府文化財保護課が美山町内の複数の集落を保存地区の候補として予備調査を企画し一部で調査を行った。だが当時は住民も町行政も茅葺き民家の保存に関心が低く、保存地区への選定には至らなかった［美山民俗資料館１９９９］。

その後１９８７年に今度は美山町側から国の重要伝統建造物群保存地区調査を文化庁に申請し、１９８８年に美山町内７カ所の予備調査のあと調査受け入れ回答のあった北集落、南集落（知井地区）、下平屋集落（平屋地区）の三集落の住民代表を交えた保存対策調査協議会を設置することになった。三集落内では住民懇談会が行われ、その結果三集落で北集落だけが住民の１００％合意による伝建地区受け入れを決定し、１９９３（平成５）年に北集落の茅葺き民家群とその周辺の景観を政府が伝建地区として選定することになった。[7]

政府による伝建地区選定の影響は大きい。選定前にＤ氏（女性・60歳代　知井地区）は役場主催の観光イベントに請われて参加したが、集落で作った餅などがほとんど売れない状態が続いた。ところが伝建地区選定がなされた途端、「新聞、テレビとかの報道が大きく働いて」、観光客が「どっと来て、お餅作っても作っても足りない」状況へと変化していった。

「日本の原風景」を求めて多くの都市住民が訪れることになった美山町北集落では受け入れ体制を整えるため、それまで個別に行われていた小さな町おこし事業を一つにまとめ有限会社「かやぶきの里」を２０００年に立ち上げた。有限会社「かやぶきの里」には、観光客に昼食などを提供する「お食事処きたむら」、地元の加工品を販売する「きび工房」、宿泊施設「民宿またべ」、茅葺き民家の歴史や地域の文化を紹介する「美山民俗資料館」等があり、それぞれの建物は町の援助によって建てられ、それを会社が借り受け運営するという形を取っている。

Ｄ氏たち北集落の人びとは「かやぶきの里」では観光客に提供する商品の開発について何度も話し合いを持ち、「都会のどこにでもあるものを出しても仕方がない」、「なるべく田舎料理を出そう」等の意見を出し合った。この「都会にはないもの」、「田舎のモノ」という方針から「50〜60年前、私が子供の頃ね、キビ餅とか粟餅とかソバ餅も食べた思い出があったんで、昔作ってたキビとかアワを作ってやっていこう」という意見や、「かつてはこのあたりもソバを作っていたから蕎麦（麺の形状をしたもの）も出そう」（括弧内、筆者補足）という意見が採用され、粟餅、キビ餅は「きび工房」で売られ、「お食事処きたむら」では蕎麦をメインに出していくことになった。

都市住民の来訪は、事業以外にも集落住民の生活にも変化をもたらした。初めは訪れる人に生活空間を覗き見される不快感に戸惑ったものの、「今までやったらほんとに見向きもされなかった集落ですから、やっぱりこうして注目されるということについてはみんなもそんなに悪い気はしない」へと心境は変わり、現在では訪れる人の「観るに耐えられるように」家や庭や道、田畑の手入れに気を遣い、普段見られるのを憚るような洗濯物にも「田舎らしい干し方もあるんやで」と語るほど観られることを意識し、「らしさ」を演じ、演出することが「生き甲斐」となっている（D氏）。

美山町には「日本の原風景」を求め観光に訪れる人たちだけではなく、美山町に移住する人たちもいる。こうした美山町へのIターン移入者の多くは観光客を相手にした商売をする人たちが多い。

あるIターン移入者E氏（男性・50歳代　鶴ヶ岡地区）の店舗兼自宅には年季の入った和箪笥、階段箪笥等の骨董的な家具が備え付けられ、いろりには自在鉤が吊されていた。この地域ではいろりでの煮炊きの器具として自在鉤ではなく金輪と呼ばれるいろりの中に直接置く脚のある器具を使っていた。そのことについてE氏は「こっちの方が、それっぽいでしょ」と答える。

E氏に限らずIターン移住者の「それっぽい」改造は他にもみられる。たとえば、ある飲食店では食事客から見える庭に観賞用のための水車を設置したり、昔あったとされる生活を体験するツアーを企画提供する移住者はその体験プログラムを実行するために古民家の既に使われなくなった竈を新たに作り直すなど、「らしさ」を表す「それっぽい」改造が盛んに行われている。

鳴川・篠原・増井らが1997年から1998年にかけて美山町で行った「茅葺き民家の保存と活用についての調査」では、茅葺き民家に暮らすIターン移住者による伝統的な生活を再現するための「伝統的形態の復元」や、まだそのような改造が行われていなくとも、今後の復元予定者の存在、「民家の小屋組を意匠化するなど定住者には観られなかった機能面以外の改造」等の報告されている［鳴川・篠原・増井 2000：21―24］。

このような伝統復古の改造を行った家屋はメディアで取り上げられることが多く、都市住民に「伝統」、「日本の原風景」として流通し、また多くの都市住民を「日本の原風景」に誘うことになる。

もともとの住人やIターン移住者だけではなく美山町役場も積極的に観光事業に取り組み、その一つとして「田舎体験」修学旅行の企画運営を行っている。「田舎体験」修学旅行と銘打った修学旅行の中心となるのは当然「田舎体験」であり、「田舎っぽいモノ」をというコンセプトから田植えや、蕎麦打ち体験、わら細工の作成、昔の子供がそうして遊んだであろう自作の竿での魚釣りなど11種類の体験メニューが用意された。

これまで見てきたように、もともとの地元住人やIターン移住者、役場職員、彼らが自らの生活環境を、都市からの観光客に提供する商品として考える際に中心としたものは自らの町「美山町の」というものよりも、「田舎の」というものであることがわかる。

これは、貧しい農山村で生き、暮らしていくため住民たちが議論する過程で、都市のまなざしから自らの地域、文化を捉え直し、観光客（都市住民）にとって商品となり得るのは都市と対照的な場所として田舎、それも都市住民から見て理解しやすい「それっぽい」、「らしさ」を持つ田舎であるとの現実的な判断であった。

4 「日本の原風景」を現すモノ

志を　はたして　いつの日にか　帰らん
山は青き　故郷　水は清き　故郷

文部省唱歌『故郷』

美山町が掲げた「日本の原風景」とは、山があり、川があり、田んぼや畑の田園風景があり、豊かな自然があり、そこに茅葺きの民家がある風景であった。つまりそれは日本という地域の気候や地形といった自然環境だけではなく、そこに住む人の手が入った環境、そこに住む人の営みによって構成された景観、生活様式、文化としての「日本の原風景」のことである。

もちろんここで語られる「日本」は現在の日本という国に属するさまざまな地域の特色が捨象されたうえでの抽象化

された「日本」でしかない。しかし、その漠然とした曖昧な「日本」を冠することによって美山町の「日本の原風景」はより多くの人びとに支持されることになったのである。

日本のどこにでもあるような故郷の風景は、田舎と呼ばれる多くの地域でさえも既に失われてしまっており、現状では「どこにでもある」風景ではなくなってしまった。植林後放置され荒廃したモノカルチャラルな山、コンクリートの護岸で固められ、ダムによって堰き止められた川、均一規格大量生産に応えるために農薬、化学肥料の大量使用が推奨されトンボが飛ぶこともなくなった田畑、減反政策により田園風景は雑草の生い茂る風景へと変っていった。

経済性、利便性、快適性に代表されるような近代化を都市が求めたのと同じように、同じ時代、同じ世界の中で生きる農山村もまた近代化を求めた、あるいは求めさせられたことにより、多くの農山村の風景は幻想的な故郷の風景から過疎の町の実景へと変貌してしまったのである。

伝建指定を受ける以前の美山町には他の地域から際立たせるような特別な名勝や史実に残るような大きな史跡はなかった。だが美山町には逆にそれらがなく、ただ日本のどこにでもあるような（あったような）風景、地域の特色が捨象された、兎追いし彼の山があり、小鮒釣りし彼の川があり、父母や友がきの暮らす古き家々が建並んでいる唱歌「故郷」のような風景が遺ってしまったため[8]、近代日本人共通の「故郷」の風景、「日本の原風景」として具現化されることを可能とした。

美山町という過疎地の後進性が現代においては希少性に転じ、「宿場町とか武家屋敷とかそういうのはたくさんありますけども、こういう農村集落いうのを遺してたのは、うちと白川郷だけ」（A氏）といった状況が生まれることになった。その結果として、どこかにあるはずだが、他の地域のどこにもない風景を美山町は持つことが出来たのである。

5　「日本の原風景」の成立構造

美山町を訪れる多くの観光客達は「懐かしい」、「心が安らぐ」、「癒される」と口々に感想を漏らす。忙しない日常＝都市での生活から離れ、穏やかな時間が流れる非日常的な空間を訪れた人びとは豊かな自然と共に暮らす人びと、そしてその伝統的とされるライフスタイルに接することにより企図された「それっぽい」もの、「らしさ」をきちんと受け止めていく。

さらに、この非日常的空間を提供する「日本の原風景」は、都市からの来訪者を旅先の地での異邦人としての立場に留め置かない。「日本の原風景」はさまざまなしるしが捨象されることによって、誰か特定の、美山町住民、美山町に関わりのある者の故郷だけではなくなる。それ故誰もが実際の出身地、郷土の違いによる違和感や疎外感を感じることなく、共通の「故郷」観を持つ多くの者、日本に暮らす最も多くの者、「日本人」にとって共感、共有出来る故郷と成り得たのである。

来訪者はたとえ今現在の自分がどのような存在であろうとも、ただ日本人として生まれ「日本の原風景」を訪れ、感じ入ることが出来ればその風景の持つ物語の中に自らを位置づけることが可能となる、あるいは逆に、このすばらしい風景に感じ入ることが出来たからこそ、自らを「日本人」として確認することが出来るかもしれない。さまざまな状況に置かれた個々人に帰属先を確認させ、自らが何者かを確認させる働きを「日本の原風景」は持っている。

自らの帰属先、共同体に対する思いは、個人の自由と安定をうばう近代の荒波から逃避するために、自らが寄港できる「安全な港」を求める思いに他ならない。しかし、共同体を求める思いは共同体の一部でないことの裏返しであり、努めて想像力の翼をひろげなければならないことは、そうしなければ共同体の一部になれないことの裏返しである[Bauman 2000：169–171＝2001：219–21]。日々の安定を脅かす不安の波にさらされる者たちは、自らが暮らす都市にないものがある場所としての農山村、田舎、そこで「それっぽいもの」、「らしさ」を商品として自由に買うことにより、共同体の一部として「安全な港」に寄港することが可能となる。

多くの故郷喪失者たちに「安全な港」を想起させる「日本の原風景」、それには都市が経済的不採算地域という理由から切り捨てようとしている美山町（農山村）が都市住民にとって関わりのない、誰か知らない人が暮らす村ではなく、すべての「日本人」のアイデンティティの紐帯、日本の故郷である、ということも含意されている。

一農山村が自らを「日本の原風景」であると称したことは、ふるさと産業において経済的に成功したことにとどまらず、自らの町の風景を訪れる多くの「日本人」と「故郷」として共有すること、自らを、自らの町を切り捨てようとする「日本」と一体化し、切り捨てられることのない存在へと変貌することでもあった。

竹下内閣の「ふるさと創生事業」は「故郷」を再創造し、それを観光名所として過疎と貧困の村に新しい活力を与える計画であった。だが、国による地域での観光事業の展開は農山村救済政策と同時に、脱工業化した社会における都市住民のノスタルジアに対するノスタルジアにより農山村に「故郷」を創出し、その「故郷」による国の精神的統一が目的であるとロバートソンは指摘する［Robertson 1995：94–95］。

しかし、これまで見てきたように、恐ろしい力を持った政府が一方的に農山村を、そして人びとを強制的に国家・nationにつながる「故郷」に帰属させ、国家的精神の統一を図ったということではない。さまざまな行為者の多様な相互作用の結果として「故郷」が創り出されるに至ったのである。

一方において、好きなふるさとを自由に買えるほどの経済的余裕を持った都市がある。それほどの経済的余裕を持った状況とそれに至るまでの過程が、自分が何者かであるための証を喪失し続ける環境を作り出し、その喪失を埋めるようにさまざまな商品を市場に求め続けている。

他方、基幹産業が衰退、過疎と高齢化が集落維持をも困難にする生産性の乏しい農山村がある。これまでも多くの資源が収奪されてきた農山村は自らの存続のために都市の歪な需要に応えようと、「故郷」を商品化し供給する場所として市場に参加していった。

都市、農山村が、ともに自らの在り方を脅かす現代社会から避難できるかのように思える想像の共同体「日本」と、皮肉にも自らを脅かす要因でもある市場を介して、強い繋がりを持つことによって救われようとする、その思いが「故郷」をうみだしたのであった。

つまり「故郷」とは、国によって強制的に創り出されたわけではなく、市場を介した〈クニ〉をめぐる関係の中に成立しているのである。〈クニ〉には領土内を統治し統制する行政体・国家（クニ＝state）としての側面、自らの生まれ育った土地、故郷、ふるさと、郷（クニ＝patri）としての側面、そして想像の共同体、国民国家としての国（クニ＝nation）の側面がある。

これまで行政体としてのクニ（state）によって振り回され、立ち行かなくなった美山町（農山村）がクニ（state）の誘導に迎合しつつ、現在、国家（state）から切り捨てられようとしている農山村こそが想像の共同体としての「日本（nation）」であると名乗ることにより、故郷喪失者である都市住民の故郷（patri）に対する懐郷の念、いつの日にか帰ることが出来る、帰属先である想像の共同体としての国（nation）を喚起し、市場における三つのクニ（state, nation, patri）をめぐって「日本の原風景」は成立し、賞賛されることになったのである。

注

（1）四全総が閣議決定された同じ年、当時のバブル景気にも相応し、総合保養地域整備法（リゾート法）が施行され、各地でゴルフ場やスキー場、ホテル等の開発による大型リゾート観光開発が推し進められた。しかし、バブル経済崩壊とともに、「リゾート観光」による地域振興の目論見はほとんど失敗に終わった。

（2）昭和初期には当時流行した「新民謡」と相まって、地方や郷土、その文化が都会人の好みに迎合し、あるいはそれにあわせられるという形で、観光化、商品化がもう既に始まっていた［内田　2000］。

（3）たとえば1991年に公開されたスタジオジブリ制作の『おもひでぽろぽろ』。
（4）この五カ村内に小さな集落、たとえば知井地区ならば、南、北、中、河内谷、下、知見、江和、田歌、芦生、白石、佐々里の11集落あり、美山町は全部で57集落から成り立っていた。
　2006年1月1日、美山町は周辺の園部町・八木町・日吉町と合併し南丹市となった。
（5）地域間、住民と行政の葛藤については湯川［2006］が詳しい。
（6）ダム問題は、1965年には関西電力が若狭湾の原子力発電所の夜間余剰電力を有効利用する目的として挙原揚水発電所計画が計画され、幾度となくダム建設に関する交渉が持たれた。芦生地区住民はダム建設計画に反対運動を続け、町外との連携も保ち、最終的にダム建設計画を阻止したが、地元住人と町の間でしこりを残す形となった。ダム問題の経緯については芦生の自然を守り生かす会［1996］が詳しい。
（7）茅葺き民家群の伝建指定過程については湯川［2010］が詳しい。
（8）「茅葺き民家群」が残った理由として、北集落住民、また集落外の住民も異口同音に先ず経済的理由、つまり貧困から茅葺き民家が残ったことを挙げる。美山町の最寄り駅は西隣の町にあり、国道も町中西部を縦断しているだけである。そのため町西部は開発が進み発展したものの、北集落のある知井地区は町東部に位置していたため、他地域よりも開発が遅れていた。

参考文献

芦生の自然を守り生かす会［1996］『芦生の森から』かもがわ出版。

内田隆三［2000］「〔故郷〕というリアリティ」成田龍一・藤井淑禎・安井眞奈美・内田隆三・岩田重則『故郷の喪失と再生』青弓社。

京都府北桑田郡美山町［1965］『美山町総合開発計画（基本計画）昭和40年』京都府北桑田郡美山町。

京都府総務部統計課［2002］『京都府の地域別・市町村別所得　平成11年度』京都府総務部統計課。

京都府美山町［1985］『美山町総合計画　豊かな自然を生かした活力と健康のまち・美山をめざして！　昭和60年』京都府美山町。

グリーン・ツーリズム研究会［1992］『グリーン・ツーリズム研究会中間報告書』農林水産省構造改善局。

鳴川みどり・篠原曜子・増井正哉［２０００］「京都府美山町における茅葺き民家の保存と活用に関する研究」『家政学研究』47（1）。

農林水産省［１９９２］『新しい食料・農業・農村政策の方向』 農林水産省。

古川彰・松田素二［２００３］「観光という選択――観光・環境・地域おこし」古川彰・松田素二編『観光と環境の社会学』新曜社。

宮崎猛［１９９９］『地域経営型グリーン・ツーリズム』都市文化社。

美山民俗資料館［１９９９］視察・研修関係資料（改訂版）。

安井眞奈美［２０００］「消費される［ふるさと］」成田龍一・藤井淑禎・安井眞奈美・内田隆三・岩田重則『故郷の喪失と再生』青弓社。

湯川宗紀［２００６］「町職員達の目から見た町おこし――京都府美山町の事例から――」『佛大社会学』30。

湯川宗紀［２０１０］「京都府旧美山町の観光事業への取り組み――町職員・地域住民双方の立場から――」『佛大社会学』35。

Bauman, Z, [2000] *Liquid Modernity*, Polity Press（森田典正訳『リキッド・モダニティ：液状化する社会』大月書店、２００１年）.

Robertoson, J, [1995] “Hegemonic Nostalgia, Tourism, and Nation-Making in Japan,” Senri Ethnological Studies（国立民族学博物館）, 38.

（湯 川 宗 紀）

第Ⅲ部

「都市の論理」と記憶の中の美山町

「芦生の森」渓畔林
（撮影：田中滋）

第11章　平成の大合併
――美山町から南丹市へ――

はじめに

3000以上あった基礎自治体の数を1000に減らすことを目標とする平成の大合併の荒波に全国の市町村は翻弄され、のみ込まれていった。美山町とて例外ではなく、現在は合併し京都府南丹市美山町となり、自治体としての美山町は消滅した。南丹市は2006（平成18）年1月1日、京都府北桑田郡の美山町と隣接する、京都府船井郡の園部町、八木町、日吉町の三町、計四町が合併し誕生した。合併当初の人口は3万6402人（美山5209人、園部1万6368人、八木8734人、日吉6091人）であり、本来町村が市に移行する5万人以上の人口要件は満たしていないが、合併特例により合併時3万人という要件をなんとか満たし、南丹「市」となった。南丹市役所は旧園部町に設置され、美山町、八木町、日吉町の各町にはそれぞれ支所が置かれている。

本章では、合併推進の中心的存在であった元町議会議員、合併反対の中心的存在であった人物、そして合併という事業を職務として遂行した町職員のインタビューを行い、美山町が合併に向かう中、どのような未来を模索し、どのような選択を行ったのか、合併に至るまでどのような力が働き、どのような葛藤があったのか、美山町にとって合併はなにをもたらしたのかを考察する。

1　南丹市誕生の経緯

1―1　町村合併背景と類型

2000（平成12）年からはじまった平成の大合併（地方分権一括法施行）により、1999（平成11）年3月末には3232あった市町村の数は、合併特例の切れる2005（平成17）年3月末には1820にまで減少し、2013（平成23）年3月末の時点では1700あまりとほぼ半減した。

この様な合併が進められた背景として町村敬志［2004］は、1．地方分権のための基礎自治体の財政力強化、2．グローバリゼーション外圧の下で押し進める構造改革、3．行動圏や生活圏の大幅な拡大によるリスケーリングの問題、4．開発主義の後始末、人間生活領域の縮小から来る縮小社会をあげ、また合併が正当化される理由として、1．国家財政・地方財政の深刻な危機、2．地方分権化、3．構造改革、4．都市間競争をあげている。

その結果、市町村が行った合併を、1．国内・国際的都市間競争に対応出来る政令指定都市を目指す大規模合併、2．周辺市町村を取り込むことによって中核市を目指す合併、3．基礎自治体としての生き残りを目指す小規模町村同士の合併、と三つの類型にまとめている［町村　2004］。

ただ、この期間内での異常な数の合併は合併特例法による合併特例債発行等の特例、地方議会議員の定数確保、在任期間延長の特例、町村から市への移行緩和特例等の合併特例によるものが大きく、南丹市の場合も、政令指定都市や中核市を目指すような大きなものではなく、「3．基礎自治体としての生き残りを目指す小規模町村同士の合併」であり、「財政の深刻な危機との関係」により正当化されたものだといえる。

財政難から一緒になった、どこでも独自でやっていけない財政状況、過疎とか（旧美山町職員（現南丹市役所職員）A

図11－1　京都府地図

氏）。

１―２　美山町を取り巻く状況

美山町を取り巻く合併の動きは当初京都中部地域という範囲での合併が想定されていた。以前より美山町を含む広域行政の圏域として亀岡市を入れて一市八町という京都中部地域広域圏があったが、その広域圏から昭和の大合併（１９５６年）で巨大化した亀岡市を除いた船井郡六町（園部町・八木町・日吉町・丹波町・和知町・瑞穂町）、北桑田郡二町（美山町・京北町）が参加する、京都中部地域行政改革推進会議が２００１（平成13）年に設置される。

翌２００２年7月、北桑田・船井地域分科会が設置されるが、同年11月、京北町が京都市への編入を望み分科会を退会する。さらに２００３年1月26日和知町長選で園部町との合併を進めていた現職候補を新人候補が大接戦の末破り、合併の方向を転換する。同年12月その和知町と丹波町、瑞穂町が北桑田・船井地域分科会を離脱、その後

２００５年10月11日、三町で合併し京丹波町が誕生することになる。

元々和知町、丹波町、瑞穂町は財政規模、歴史、人口、面積が似通っており、地理的にも他の船井郡三町とは隔たりがあったことから船井六町の中でも北部三町と呼ばれ、強いつながりがあった。だが「内部協議をしているとの噂は聞いていたが、ある日突然私ら出て行きます、という感じで……」（合併問題担当の旧美山町職員・現南丹市職員B氏）と美山町職員にとっては突然の離脱であった。

しかし、この三町の離脱、三町での合併よりも、同じ北桑田郡の京北町が合併協議から離脱したことが美山町に大きな影響を与えることになった。

北桑田・船井地域分科会から京北町、和知町、丹波町、瑞穂町が抜け、残された形となった美山町、園部町、八木町、日吉町の四町の中でも合併をめぐりさまざまな思惑が交差した。

園部町と日吉町は生活圏も近く、両行政内では当初より合併の意思があったという。だが日吉町では２００４年11月16日に住民グループ「これからの日吉をみんなで考える会」が合併を巡り住民投票条例の制定を求め有権者の約27％に当たる１３７０人分の署名を当時の町長へ直接請求するなど住民の中には合併に対し懐疑的である者も少なくなかった。(2)

また八木町は美山町、園部町、八木町、日吉町の四町の合併ではなく、亀岡市との合併を想定している、という噂を他の自治体職員は耳にしていた。美山町、園部町、八木町、日吉町の四町の合併後の目玉である通信インフラ（光ファイバー）の整備にしても八木では既に民間が敷設しているためメリットが少なく、また隣り合う園部町とはライバル的な関係でもあった。そのため積極的に四町合併を推進する立場でもなかった。

しかし、園部町（1万６３６８人）と日吉町（６０９１人）だけでは5万人の要件が3万人に緩和される特例措置を利用した場合でも2万２４５９人と市にはなれず、八木町（８７３４人）を入れてなんとか3万１１９３人とギリギリのラインであった。

この様な状況の中、人口わずか5209人の一番人口規模の小さい美山町は具体的にどのように考え、どのような行動を取ったのか。

2　合併に対する町行政・町議会

2―1　縦の関係と横の関係

「グリーン・ツーリズムのモデル」とまで賞賛され地盤沈下に悩む全国の中山間地域の成功例と言われた美山町。2003（平成15）年まで美山町助役を務め、その後合併反対運動の中心人物となるC氏は美山町のネームバリュー、年間数十万人が訪れる観光資源、そしてそれらを生み出し育んだ地域の力、独自性によって美山町単独での存続、合併しないという考えがあったと語る。

町長と私が合併反対、ずっと京都府に取り付けて美山町でやっていこうとなっていた。知事も美山町はこんだけがんばってるからこれは大事にしていかなあかんと、それについては町がそう決めはったら協力しようと知事を含めて話は出来上がっていた（C氏）。

京都府としても国から数多くの表彰を受け、過疎地域のまちづくりの成功例として全国的に注目を集め、府の中部地域観光事業の一つの柱となり、京都府中部地域における一つのシンボルである美山町をそのままの形で残すことはやぶさかではない。国、府といった上部からの力により町村合併を推し進められた他地域と比べれば、美山町は特例的な場所であったのかもしれない。

しかし、国、府といった縦の関係からではなく、周辺地域とのつながり、横の関係から単独存続から合併へと流れが変っていくことになる。

美山町が単独存続を模索していた頃、京都府内では京都府、京都府市長会、京都府町村会の三者による府内市町村の合併を推進する方針が決められていた。当時の京都府町村会会長は全国町村会副会長も務めた野中一二三氏であった。野中氏は船井郡の町村会（船井郡町村会、北桑田町村会）の会長でもあり、後に美山町と合併し南丹市となる園部町の町長でもある。多くの肩書きを持つ野中氏は府内の町村合併を推進する立場にあり、当然地元での合併も円滑に進めたい意向を持っていた。

近隣地域との関係のなか当時の美山町長は、「板はさみになってしまって、立場上合併というものが避けて通れないという一つの流れの中で」（C氏）、２００３（平成15）年の町長選には立候補せず一期4年で町長を辞することになった。同時に共に美山町単独存続の考えを持っていた助役であるC氏も定年退職し、美山町の方針は揺らぐことになる。

2―2　行政計画と財政問題

「住民ニーズにあった安全安心の町・情報の整備計画」、なによりもこの計画が美山町行政の念頭にあった。これまで町の指針としてきた総合計画、過疎対策計画を実現するために「グリーン・ツーリズムのモデル」美山町でさえ財政的に困難な状況にあった。

どちらを取るかということで、ひっそりと暮らすんやったら合併せずにいけたかもしれませんけど、今の住民ニーズにあった安全安心の町とか情報のとか整備をしていこうと思えば、だんだんお金が無くなってきて、出来なくなってきて、それを首長が判断して、総合計画とか、過疎計画をするなら今のままでは無理だと。それで一応生きている計画を推進する方向やったら合併をするしかない、合併特例債でそれをしたんでね、そういうことで首長が判断されたと、消去法で合併判断。それが正しいか間違ってるかは別としまして（A氏）。

合併後すぐに美山町が目指してきた通信インフラが整備され、かつては「秘境」と言われた美山町の北西部に在る芦生にも光ファイバーが敷設された。このような合併後の恩恵については「園部より高度なのが行ってます、合併しなかったら出来てません」、合併してもしなくても「どうせ厳しい現状になるならアメくらいもらわないと」（A氏）という計画を遂行する官僚としての立場と、町村合併という外部からやって来たイッシューに振り回された者の現状に対する正直な思いが町行政内部にはあった。

一方美山町議会でも拮抗しながらも合併推進派が優勢を占めていた。その中でも合併を積極的に推進した町議会議員のD氏はその理由を「合併は目的じゃない、将来を見据えたら手段」だったからだという。

D氏によれば、美山町を一躍全国に知らしめることになった茅葺き民家群、特に国の重要伝統的建造物群保存地区となった旧知井村北地区の維持管理も昭和の大合併（1956年）により美山町が誕生し自治体の規模が大きくなったから出来たものであり、仮に知井村が合併せず単独で存続したならば補助金施策はとうてい出来るものではなかった。同じように今回合併せずに美山町が単独で残った場合、美山町が取り組もうとしている施策も実施出来ないかもしれないという、地域の将来の在り方を不安視する思いが議会を合併推進へと向かわせたと話す。

2―3　吸収合併か対等合併か

またD氏は「園部、日吉、八木は一つにまとまってスケールメリット活かしてまちづくりやっていくということで、その時美山が孤立してたら、最後、どうしても無理やということになったら今度は吸収になる、今やったら対等合併で行ける、そのあとやったら吸収になる」と吸収合併への不安の大きさも議会を動かした大きな要因であると話す。

町行政内部も「合併せずに残ってれば美山という独自性残ってたんかもしれませんけど、ハードの整備が出来なかったんと、だんだん苦しくなって、いまだに人間減ってますんで、それで頼みに行ったら吸収合併されてます」（B氏）と吸収合併への不安を同様に抱えていた。

議会、町行政の持つ吸収合併への懸念は市町村合併に先立って行われた農協合併の体験が大きく影響している。

２０００（平成12）年、美山町農協は周辺地域の農協と合併しＪＡ南丹となったが、この農協の大型合併に至る以前に美山町農協は地域の意見の出しやすさ、きめ細かなサービスを考え狭い範囲での合併を模索していた[3]。そのとき考えていた合併相手が同じ北桑田群の京北町であった。美山町側では京北町農協との合併を念頭に今後の農協の在り方などを考えつつ京北町農協に合併を働きかけていたが、京北町側は異なる考えを持っていた。

「一郡一町、北桑田高校があるから人間的には京北町とつながっている、だいぶラブコール送って、飲みながらやろうやろうと言ったが、京北町議員の大多数は美山と組むなら組合員やめて京都に入ると言った」（Ｄ氏）。その結果広域にわたる九つの農協が合併しＪＡ南丹が誕生することになる。

この時合併相手がいないという情況、遅れて合併に参加することへの不安を体験し、また他地域で合併せず単独で残った農協のその後の失敗例を知ることにより、「農協合併の経験が町村合併にも影響した」（Ｄ氏）。

2―4　望む合併相手

さまざまな思い、考えを持ちながら２００１（平成13）年8月、美山町は合併協議会の前身となる京都中部地域行政改革推進会議に参加する。ところが先述したようにその翌年２００２（平成14）年11月、京北町は8町の合併ではなく京都市への編入を望み京都市に編入申し入れを行い、２００３（平成15）年12月には丹波町、瑞穂町、和知町が3町での合併を表明する。

農協合併時の記憶が議会、町行政内部の合併に消極的なグループにもよみがえることになった。

合併反対の中心的人物であったC氏は当時、どうしても合併しないといけないのであれば京北町との小さな合併を次善の策と考えていた。しかし「美山町内で京北と美山が結託してせなあかんと話し合いをしていたら、その頃京北町の心はもう京都市に移ってしまっていた。美山と一緒にやる気が全然なかった」と落胆することになった。

それならばと同じ中山間地域の丹波町、瑞穂町、和知町（現京丹波町）が合併相手の選択肢の一つとして浮上した。

美山町の中心を流れる由良川、その水系との関連、森林組合での関係、また美山町の最寄り駅も和知町にあるJR和知駅であることから遠く離れた園部よりも和知町はつながりの深い地域であった。

しかし、和知町、丹波町、瑞穂町は等しく小さく、「財政、人口が一番しっかりしているのは園部。抜けた丹波、瑞穂、和知とひっついて行く状況はなかった」（B氏）。これは園部町との合併を進める議会側も同様の見解を持っていた。「京丹波との合併は選択としては消える、核になるものがない」（D氏）。

D氏の考える合併相手像は「中心的に引っ張ってくれるもんが必要」であるが、「政令指定都市は街のことしか考えていない、吸収になってしまう。吸収ではこっちの意見が通らない。核が欲しくてもでかすぎるのは困る」。その結果選んだ合併相手は京北町が合併した京都市でも同規模の小さな町が合併した京丹波町でもなく園部町を中心としたグループであった。

3　合併に対する美山町住民

3―1　美山町内の地域問題

先述したように美山町は昭和の大合併時、知井村・平屋村・宮島村・鶴ヶ岡村・大野村の五カ村が合併して誕生した町であった。合併反対派のC氏は「知井と平屋は合併反対が7割くらい、宮島はフィフティーフィフティー、鶴ヶ岡と大野が合併賛成」と旧村単位で合併への賛否が別れていたと言う。同様に合併推進派のD氏も合併の賛否は西と東では別れており、「知井は反対が多かった、まだ納得していない人はいる、今でも反対」であると言う。その理由を、大野は船井郡と接しており、鶴ヶ岡の場合は園部町に行くより知井の奥へ行く方が遠い、逆に平屋と知井の場合は京都市や滋賀県と接しているためそれぞれ生活圏が異なる、と地理的な要因をあげて地域の温度差を説明する。

美山町にはその名の通り山が多く、町内を大きな山、谷が分断した形となっている。そのためたとえば交通手段にしても隣の日吉町ではバス4路線でまかなえるものが、美山町ではその三倍の12路線が必要となる。それほど分断されていたため合併問題以外でも旧五カ村間の「感覚は五つとも違う」ものであったとA氏は語る。「たとえばよその町に負けても、宮島に負けるな」と言うくらい旧村間の「対抗心は想像以上に強く」、美山町以外の町村からは「いまだに美山やっとんのかとあきれられるくらい」のものであった。

そのような意識を美山町が誕生した1955（昭和30）年から半世紀もの間温存出来た理由を、他の町村は大きな谷や山で分断されていないため中心と周辺が出来上がり、それにより旧村間の明確な格差が生まれたが、美山町の場合山や谷によって地域が分断されていたため、はっきりとした中心と周辺の関係が出来ず、また旧村単位の人口も経済基盤も同じくらいで力が拮抗していたため競い合うことが出来たとB氏は語った。そしてこの「旧村の対抗心がエネルギーの大本、今の美山の力強さをつくっている、振興会どうし良い意味の対抗心持っている」と言う。

振興会とは美山町が2001（平成12）年、住民の利便性の向上、地域課題の掘り起こし、人材の発掘と育成を目的に住民自治を基礎とした地域活性化の拠点として旧五カ村に設置されたものである。地域振興会制度により、地域住民と行政がより身近になるよう町職員が各振興会に派遣され、各地域の在り方を住民自身が考え、それを実行するための予算も配分する制度であった。

3—2　新住民と旧住民

元々旧村単位の対抗心が強い土壌に振興会を作り、その振興会がさらに地域間の競争意識を醸成し、それが活力となり魅力ある町美山町がうまれ、都市からのIターン移住者を招くことに繋がった。これまで町の新産業でもあった観光事業の成功はIターンしてきた新住民の活躍に負うところも大きく、町の活性化に大きく貢献し、旧住民との目立った諍いも起っていなかった。しかし、町村合併の波が美山町を覆った頃、新住民と旧住民のすれ違いが見られるようになった。

たとえばA氏は、「悪かったら出て行くという人と悪かっても出て行けへんという人の意見が交錯」するような場面に出くわすことが度々あった。

合併の住民説明会で各地区をまわるA氏に対して、美山が好きで美山に移住して来た新住民たちは、もし合併で今の美山が無くなってしまうのならば美山から出て行くしかない、だから合併には反対だという意見を投げかけてくる。一方美山で生まれ育った人たちは、私たちは出て行きたくても出て行けない、家を守っていかなくてはならない、でもこのままでは町が潰れてしまう、それなら合併した方が良いのではないか、なんとか行政で手を打って欲しいと訴えかけてくる。

住民説明会では自らの意志で移住してきたアクティブで身軽な新住民に対して、ひょっとしたら今後いなくなってしまうかもしれない人をどこまで当てにしていいものかと不信感を持つようになった旧住民もいた。新住民と旧住民、見知った人たちの考え方の違いに複雑な心境でありながらもA氏は「我々事務方から言うと、すべての方に公平に」という対応を取るしかなかった。

3―3　町職員にとっての合併

町職員も美山町で暮らす一住民であり、小さな町の、ほとんどの人が顔見知りである町の住人である。当然合併賛成派、反対派の住民とも顔をつきあわせて生活している。町職員個々人の考えが合併賛成、反対であったとしても、合併を進めるという町の方針を忠実に履行して行くことをよしとする行政官として住民から恨みを買うこともあった。

ずっと説明に歩いたんですけど、合併を進めとんのや、理解してくれという説明なんです、判断してくださいということじゃなくて。それでOKもでるし、反発も出る、そういう役目でした（B氏）。

また美山町内の問題が、他の町との関係にも影響を及ぼすことになった。美山町の住民投票によって合併特例法適用期限の3月末までに合併の話がまとまらない可能性が出てきたのである。

他町との合併協議に参加していた町職員は、他の町からの「美山のせいで調整が遅れた」、「そこまで言うんやったらせんでええで。表だっては言われませんけど、無理に来てもらわんでもええ」という雰囲気に苛まれることもあった。それでも町職員は「すべての民意が集約されて合併されたわけではない」が、公務として合併を進めていくなかで、より悪くない選択、悪夢の選択として「美山の特色が損なわれないように」職務に向かうしかなかった。

すべての民意が集約されて合併されたわけではない。マチマチやと思います。自分の生活に即して良かったか悪かったか判断してもらうしか仕方がない。一概に合併が良いか悪いかは言えない（A氏）。

4　合併反対運動

4―1　合併反対運動

合併の流れが進むなか、合併反対派住民が「美山まちづくり研究会」をたちあげ、独自のまちづくり提言をまとめる等の活動が行われた。

「美山まちづくり研究会」の提言では、これまでの美山町の取り組みにより美山町は中山間地振興のモデルとして高い評価を受けるとともに、全国ブランドとして「美山ブランド」が確立されている点、押し付けられた合併に流されるとこれまでの努力と成果が台無しになる点、そして合併後「美山地域」が周辺部として取り残され過疎がいっそう進み、暮らしにくい、さびれた地域となる旨のことが訴えられている［美山まちづくり研究会 2004］。

合併反対派住民はこれらの活動の後、C氏を中心とした「美山住民投票ネット」を立ち上げ、2004（平成16）年10月4日、条例制定のための直接請求に必要な署名数である有権者の50分の1を大きく上回る2875人分（有権者の

65・9％）の署名簿を添え、合併の是非を問う住民投票条例の制定の直接請求を行った。

直接請求を受け中島三夫町長は「条例は制定すべきでない」と異例の意見書をつけて議会に住民投票条例を提案、美山町は臨時議会を開き投票の結果、賛成6、反対6、白票1となった。だが美山町議会規則では白票が反対票と見なされることから、住民投票条例案は1票差で否決された。

小さな美山町では身近な顔見知りの集落のまさに代表者が議員となり議会に選出される。この住民投票条例の制定の請求に関しても各集落で話し合いがもたれた。その集落の意志を受け議会に送り出された代表の一人が議会で白紙投票を行い、その結果条例案が否決された。これに納得のいかない住民達は議会解散を求める「美山を愛する２８７５ネット」を立ち上げ、２００５（平成17）年1月27日美山町議会の解散請求を、１６３４人分の署名簿と共に町選挙管理委員会に提出するまでに至った。２００５（平成17）年の3月末が合併特例を利用する申請期限となるため、3カ月の短い期間での投票となったが、その間、町を二分する運動が展開されることとなった。

この議会解散請求は京都府選挙管理委員会が「議会の解散請求は府内では過去に例がないのではないか」（『朝日新聞』２００４年12月8日）と戸惑うものであり、また全国的に市町村合併が社会的な関心事項でもあったため、新聞は連日のように美山町の議会解散請求について報道した。

合併反対派住民の行動に対し町議会は臨時議会を開き、「議会は正常に機能しているとして、解散請求に反対する弁明書を賛成多数で議決、町選管に提出」し対決姿勢を深めていくことになる（『朝日新聞』２００５年2月4日）。さらに解散反対派議員九人や合併を推進する住民グループ「美山の未来を拓く会」のメンバーら約30人は集会を開き、合併推進の町長も応援に駆けつけた（『朝日新聞』２００５年2月8日）。この時期の住民の様子を『朝日新聞』は「直接合併の賛否を問うものではないだけに住民には戸惑いも広がっている」と報じている（『朝日新聞』２００５年2月23日）。

4―2　住民投票

２００５（平成17）年2月27日、町議会解散の賛否を問う住民投票が行われ、即日開票の結果、町議会解散賛成は１３８２票で解散に必要な過半数に届かず、議会は解散されることはなかった。町の将来を左右する投票だけに投票率は85・42％と高いものであった。

この結果を受け、合併推進派の代表であったD氏は「合併に不安のある住民がいることを真摯に受け止め、しこりの残らないように合併への議論を進めたい」と話し（『朝日新聞』２００５年2月28日）、合併反対派の代表であったC氏は「こんなに差がつくとは。言葉にならない。と沈痛な面持ちで語った」（『京都新聞』２００５年2月28日）と報じられている。

D氏は住民投票当時を振り返り、「合併の時はほとんど寝てなかった」、「自分たちの意見が通った分は議員冥利に尽きる」、「俺らの提案したことを6割以上の人が承認してくれたわけやから、救われる」と合併を推進する自分たちの意見が支持されたことに対して誇りと達成感を持っていた。しかし、地域住民が本当に理解し、冷静に判断できたのかというと、「だいたい地域でそういう風に盛り上がったら中の人もそうなる、１００人いて70人がそうやって言うたら残りの人もそうかなって感じになる、逆は逆。ほんとによいのかどうか判断しにくい、みんなもそう思っていた」と住民投票、そしてその根本である合併問題が如何に住民として判断しづらいものであったかを感じ取っていた。

合併反対派であったC氏もD氏とほぼ同じような感想を持っていた。「住民にとってはわからんこと、合併は。3割がわかっていて、6～7割がわからんこと、ええことで煽られてしまう」。

合併賛成、合併反対、それぞれを推進した当事者として自らの思い、住民の意見を反映するため積極的に行動したC氏、D氏。その一方で定められた目標に向かって粛々と事務的に事を進める行政官、町職員A氏もC氏、D氏と似たような感想を持っていた。

ただ合併して五年十年先まで視野に入れたという方はどちらにしてもいなかったんちゃいますか。その時の自分の思いで入れたということで（A氏）。

5　その後の希望

平成の大合併で消滅した千数百の自治体、これまで見てきた美山町合併の経緯は大きな合併の流の中ではありふれたもの、小さなものだったかもしれない。

ただ、平成の大合併という荒波に対して美山町はそれまでの取り組みにより国や府からの力に抗いえる「グリーン・ツーリズムのモデル」という大きな財産があった。しかし、美山町にとって国や府という縦の力ではなく近隣自治体との関係、ローカルな横からの力の方が町の方針を変更させるほど強いものであった。また美山町がこれまで目指してきた住民ニーズにあった計画を実現するためには「グリーン・ツーリズムのモデル」美山町でさえ財政的に困難な状況にあり、合併しこれまでの計画を完遂するか、それを白紙に戻し限られた財源の中で住民の納得する新たな計画を模索するかの選択でもあった。

そして、生活圏、地理的要因だけではなく、旧村内での考え方の違いが合併の可否にも影響したことは間違いない。このことは、よく言えば多様性を持った美山の特徴であると言えるが、そもそも美山町というモノが昭和の大合併時に人工的に作られた行政単位としての自治体でしかなかったとも言える。

町村は、昭和の大合併は人為的な地域としての性格を強く持っていたが、平成の大合併ではローカルコミュニティ、地域自治組織が重視されることにより、旧村を覆っていたたかだか半世紀の歴史しかない人為的なヴェイルがはぎ取られ、旧村単位のアイデンティティが露出・再強化され、旧町村が再浮上する可能性を指摘する［町村 2004］。

美山町では以前から地域自治組織として振興会制度を作っていた。「振興会は、地域振興のために各地域の特徴を出していこう。それは他との差別化、この地域ならではの良さをアピールすることにつながる」とA氏は言う。つまり、振興会制度は同じ美山町内でありながら各地域の個別性、他地域との違いを、他地域の彼ら／彼女らではない我々をつくりあげる働きを持つ。美山町が蒔いたこの振興会制度という種が合併後芽を出し、サブシディアリティとして機能し始めている面もある。

住民としてそこに住んでる者は美山町はもうないから自分たちが中心でがんばろうと、自分ら地域をどないするか、それがやりがいになってる、ええ意味でとったらね。悪い意味で取ったら一つの地域根性やけどね（C氏）。

美山町が全国から注目を集めることとなったグリーン・ツーリズム、そこに至るまで美山町は行政、住民一体となって多くの努力を積み重ねながら町おこし事業を展開してきた。美山町は1988年、旧国土庁・（財）農村開発企画委員会主催による「第3回農村アメニティーコンクール」において優秀賞を受賞して以来数々の賞を受賞することになった。

このような町おこしの過程を共にしてきた人たち、美山町で生きたひとびとの中に否応なくその体験が積み重なっていく。

「ムラ」のとらえ方だけ、前は大字やったものが大きな市になって旧村単位になった。自分たちのアイデンティティじゃないですけど自分たちの存在単位として旧村をより強く意識されているのはあるかもしれません、ただ、旧村というのは地図にも載ってませんし、自分たちの考え方だけのものと思うんです、ただ強く誇りを持ってはるだけで（旧美山町職員・現南丹市職員E氏）。

1955年に誕生した京都府美山町は2005年12月31日、50年の歴史に幕を閉じた。それにより、「合併後美山の枠が外れて旧村単位の意識が立ち上がってきた」（A氏）としても、また美山町、それ自体は上部から押しつけられた「人為的な地域」であり、たかだか半世紀の歴史しか無いものであったとしても、そこで生きてきたひとびとにとってはそれこそが現実であり、その時間・空間を生きたことが人生であった。ひとびとが生活する「ムラ」と同じように美山町はひとびとの考えの中にあり続ける。

この合併により行政単位としての南丹市に属しつつも、美山での共通の体験、記憶を持ち、幾層にも文化や歴史が重なった地域に住む多層的なアイデンティティをもつ住民によるまちづくりの可能性が生まれるのかもしれない。

（湯川宗紀）

注

（1）宿泊施設の経営収支は美山町の調べによる。

（2）同月２００４年11月30日、日吉町臨時議会は住民投票条例を賛成２、反対13の大差で否決した。

（3）京北町農業協同組合、美山町農業協同組合、園部町農業協同組合、八木町農業協同組合、日吉町農業協同組合、丹波町農業協同組合、瑞穂町農業協同組合、和知町農業協同組合、南丹酪農農業協同組合の九つの団体が一つになりＪＡ南丹が誕生した。

参考文献

中田脩［２００１］「目指せ！　民官一体の感交」『観光』４１５。

町村敬志［２００４］「『平成の大合併』の地域的背景──都市間競争・『周辺部』再統合・幻視される広域圏──」『分権・合併・ローカルガバナンス──多様化する地域』地域社会学会。

宮崎猛［１９９８］「農村地域政策としてのグリーン・ツーリズム」21ふるさと京都塾編『人と地域をいかすグリーン・ツーリズム』学芸出版社。

美山町［２００２］『京都府美山町における村おこしの取り組みと課題　第７回改訂版』京都府美山町。

美山町誌編さん委員会［２００５］「重要伝統的建造物群保存地区北村」美山町誌編さん委員会『美山町誌　下巻』美山町役場。

美山まちづくり研究会［２００４］『「日本一の田舎づくりをめざして」自立のまちづくりへの提言』。

第12章　巧みな語りと記憶の力
――高齢者たちの日常世界を読み解く――

はじめに

日本が高齢化社会に突入[1]してからすでに30年余りが経過し、２００６年には65歳以上の高齢者人口比率が20％を超え、現在も少子高齢化は進行の一途をたどっている。とりわけ過疎地域での高齢化は著しく〔過疎対策研究会　２００７〕、美山町も例外ではない[2]。

急速な少子高齢化はさまざまな言説を誕生させてきた。たとえば、『恍惚の人』〔有吉　１９７２〕などの文学における言説や認知症患者や寝たきり老人のイメージをベースとして社会保障の必要性を説く言説〔岡本　１９８９〕である。このようにして、日本では高度経済成長期以降、「老人神話」といわれる否定的なイメージが流布した。老人神話とは、高齢者は魅力的でなく、病気がちで、非生産的などとするステレオタイプ化され、エイジズムに塗れた高齢者の物語である［Friedan 1993 : Osgood 1992］。

しかし、美山町の高齢者の様子は、このようなエイジズムが描く高齢者像とずいぶんと違ったものであった。美山町役場に勤務するA保健師と私でよく話題にしたのは、「美山町のお年寄りは何でこんなにお話が上手なんだろうね」という疑問である。

彼らの話の巧みさとはいかなる意味をもつのであろうか。高齢者たちの語りの多くには、彼らの日常生活上の記憶がたびたび登場する。彼らの記憶は、これまでのステレオタイプ化された高齢者像を私たちに再確認させるものだろうか。それとも、高齢者を元気づけるような記憶の新たな働きをそこに見出すことができるのであろうか。本章では、彼らの記憶と巧みな語りの生成を明らかにすることにより、これまで記憶研究が看過してきた「記憶の力」を見出すと同時に、美山町の高齢者たちの元気の源泉を探りたい。

以下では、記憶に関する先行研究を概観した上で、美山町の高齢者の実際の語りから記憶の生成と記憶を語ることの意味について検討し、上記の課題に応えて行きたい。

なお、本調査は2000年～2005年にかけて美山町住民および行政関係者に対して継続的に行ってきた聞き取り調査である。本文中のインフォーマントについての扱いは小さな集落の居住者であることを配慮し、仮名を用い、およその年齢を適宜表記するに止めることとする。

1　記憶と語り

まず、本章の中心概念である記憶についての先行研究をみておこう。記憶に関する研究は、社会学はもちろん心理学、歴史学、地理学、民俗学といった社会科学の分野で取り組まれてきた。たとえば、記憶研究に長らく取り組んできた心理学では、記憶を「過去の出来事や学習された知識が貯蔵され、必要なときにとりだされる」ものであると捉える見方、すなわち、記憶を「過去の客観的記録」とする見方が主流であった(3)。

しかし、社会学は心理学とは異なる立場をとってきた。社会学における記憶研究への関心の高まりは、1980年代以降といわれている［直野 2010］。代表的な研究者であるM・アルバックスは、記憶は個人の意識のなかに保持されるのではなく、個人が所属する集団において「外部」から呼び起こされるものであると考える［Halbwachs 1925：vi–

viii〕。これと関連して、片桐〔２００３〕は、K・J・ガーゲン〔１９９４〕に依拠しつつ、記憶やその想起が人びととの相互行為に密接に関係していると主張している。すなわち、想起という営みは、「他者を目の前にした相互行為において初めて考えられる」というわけである〔片桐 ２００３：91〕。

アルバックスは記憶と「場所」の結びつきを重視する。彼の理論に依拠して日本でも１９９０年代後半以降、場所の記憶に関する研究が増加している〔浜 ２０１０〕。それらは視覚的なイメージが形成する記憶に着目したものであり、その多くが文化財や景観などを研究対象としている。たとえば米山らの広島平和記念公園の研究［米山・小沢 ２００５〕がある。これに関連して、写真という視覚的な媒体を用いた記憶研究もあり〔嘉田 １９９７〕、また聴覚的なイメージ（サウンドスケープ）と記憶の関係についての研究も取り組まれている〔鳥越 １９８７、大野 １９９４〕。

アルバックスの記憶論は、現在によって過去が書き換えられるという構築主義的な「現在主義」によって特徴づけられてきた。「現在主義」は、「過去は保存されるのではなく、現在の基盤のうえで再構成される」がゆえに、記憶は「可変的」〔Halbwachs 1950〕という考え方である。すなわち、過去は現在に対して劣位にあるという主張であるとも言える。「現在主義」は、記憶研究において常識となった感さえあるが、その逆の見方はほとんど提示されていない〔金 ２０１０〕。

本章では、記憶を〈過去―現在〉システムとして理解する。過去と現在は、どちらか一方が他方を因果的に規定するのではなく、そのときどき両者は結合し、連鎖を起こすという相互関係にあると考える。そうすれば、われわれは「現在主義」にみられるような過去と現在を優劣の関係の下で捉える発想から解放される。そして、現在主義からの解放は、現在による過去の改変ばかりではなく、過去による現在の改変という見方を可能にする。

以下では、記憶と視覚（場所）や聴覚（音）あるいは味覚（食べ物）などとの関係、そして記憶とそれを生成させる相互行為という二つの観点から、記憶が生成されていく過程を美山町の高齢者たちの三つの事例にもとづいて明らかにしていきたい。最初の事例は、視覚や味覚から記憶を再構成する人びとの語りであり、次の事例は音の記憶を語った女性の語りである。最後の事例は、現在による過去の改変のみならず過去が現在を改変するとはどういうことなのかを示した語りである。

2　記憶の再構成

美山町では、兼業農家（第1種、第2種）が多く、耕作面積こそ少ないが自家消費用の作物を栽培している家がほとんどである。村おこし事業が始まって以降、それらの農作物などを直売するコーナーが町内の道路わきや小さな空き地などのそここに見受けられるようになった。観光客が訪れる販売所「北村」にも自家栽培の農作物やさまざまな特産品が集められている。陳列された商品には生産者の名前が書かれており、これから紹介する木村きぬさん（仮名）の名前もその中に見つけることができる。

木村きぬさんは60歳代後半の女性で、きび餅づくりを同年配の女性たちと取り組み、現在もきび餅の製造・販売所「きび工房」[4]で働く。彼女は美山町北村地区の村おこし推進委員会（以下、村おこし委員会と略記）に設立当初から関わり、その後の事業拡大を支えた中心メンバーの一人である。北村では1989（平成元）年から特産品づくりを始めており、それが他の集落へも波及し、いまでは、きび餅、とち餅といった加工品は美山町の特産品の主力となっている。

2―1　昔ばなしときび畑の記憶

きび工房はもちづくりの作業の音や木村さんたちの声で満ちている。彼女たちは自分たちのことをよく働き、よく話すという。木村さんによれば、彼女たちがよく話すのは昔の自分たちの暮らしについて語る「昔ばなし」である。それは、「何回しゃべっても飽きひん（飽きない）し、終わらないはなし」であるという。

木村さんは、きび餅づくりのきっかけから話し始めた。彼女は、茅葺き民家に魅せられて集落を訪れる人びとへの土産物を作りたいと思い、子どもの頃食べたきび餅を特産品として作りたいと考えたことがきっかけだという。彼女は作業の手を休めることなく、次のように話してくれた。

みんなでいろいろ考えました。そうしたら、昔、きび餅を作ってもらったなという話になって。みんな子供の頃、きび餅を食べた思い出があって、懐かしいなということになりました。きび餅だけではなくて、きび畑も昔みた風景でとっても懐かしいし、そのきびで村おこしができないかなと思いました。

木村さんは、きび餅の懐かしい味から、きび餅づくりを思いついたのである。彼女らのきび餅の記憶には、きび畑という風景も伴っていた。しかし、彼女たちは、小さい頃食べたきび餅の味を覚えてはいたが、きび餅を作ったことはなかった。彼女は同年輩の女性たちを募り、試行錯誤しながらきび餅を商品化した。木村さんは、きび餅づくりやきび栽培の昔の方法をみんなで思い出しながら作ったということをいかにも楽しそうに語る。

では、木村さんの言う飽きない「昔ばなし」とは、こうしたきび餅にまつわる話をいうのだろうか。朝早くからの作業が一段落した時、ちょうど彼女らの昔ばなしの場面を見ることができた。きび餅を蒸している竈を眺めながら、いつの間にか昔ばなしが始まった。ある女性が「こんな所やから、母親がきび餅だけでなく、いろいろ作ってくれたな」と話す。彼女らの話題は、昔の食べ物、作ってくれた母の記憶へと発展していく。すると、またある女性が「昔の台所はね、土間でね、寒かったな、暗くって。でも、私が一番安心できて、自分の思い通りになる唯一のとこ（場所）だった」と語る。ここで話されるのは、彼女の子どもの頃の記憶ではなく、婚家の台所のことである。次いで、「背中におぶった赤ん坊が退屈して泣くと、姑さんにわからんようにその子の足をつねった」と誰かが語れば、「それでも、昔の子は賢かったから、一緒に辛抱してくれたな」と言って彼女らは笑い合う。その語りは、自分の子どもの頃の記憶ではなく、自分の子どもに関する記憶であり、母としての記憶である。すると、またある女性が「昔は格別寒かったな」と頷き、「でも、もうその頃はきび餅やら作らんかったな」と言い、「きばらんならんさかいに（がんばって働かないといけないから）手間のかかるもん作らんかったし、そこまでせんでも他に食べるもんもあったし」と会話を結ぶ。

ここでは、懐かしい味の記憶、竈が置かれている土間の風景、背中の子どもの感触といった記憶が次々と再構成される過程を見出すことができる。ある人は、自分の母を、またある人は自らが母として台所に立った記憶を語り、それはまるで連想ゲームのようである。木村さんの言う「飽きひん昔ばなし」とは、きび工房という語りの場で生成されるユーモアを交えた過去についての語りである。

2―2　過去と現在を語りあう場

木村さんは、そろそろ帰ろうとする私たちに仕事仲間の女性たちとの会話について次のように紹介してくれた（下記の発話は第5章でも取り上げたが、分析上重要なので本章でも再録する）。

ちょっと2～3日用事で休んでいた人も、「ここへ来なあかんわ、おもしろいな」と言いながら仕事ができるプラスアルファが大きい。「お陰で健康や」とか……。みんな、いい方、いい方に取って。

ここでは、木村さんたちの特産品づくりの喜びがたんに特産物を生産するという喜びだけではなく、語りあう喜びであることが示されている。彼女が言うプラスアルファとは、彼女たちの飽きない「昔ばなし」に興じることであったり、みんなで現在の生活への満足を語りあったりすることである。そして、それは健康にもつながると言うのである。

彼女らの「みんないい方に取って」という語りは、彼女たちが農村の厳しい環境のなかで、辛いことでも肯定的な語りへと変えていく力をもっていること、すなわち自己の存在を肯定的に意味づけていることを示している。

3　音の記憶と物語

次に、地元の小学校で、小学校の「語り部」活動[5]で昔の生活を語るように依頼された女性の「音」の記憶と語りをみていこう。

現在90歳代半ばの鈴木せき（仮名）さんは幼少の頃に父親と死別し、母親、兄弟と極貧の生活を送り、十分に小学校に通えないまま、12歳の時、女中奉公のためN市内に転出した。その後、職人の夫と結婚して三人の子どもをもうけたが、30歳代後半で夫と死別したために、奉公に出てから帰ったことのない美山町に子どもたちを連れて戻った。ところが、彼女たち親子が帰郷した時期は戦争末期であり、田舎とは言え食糧事情の厳しい時代であった。それゆえ、母子家庭である彼女らの生活が厳しいものであったことは想像するに難くない。彼女によると、母子の生活は、とにかく目立たないように、「『はい、はい』と言って、手をついて生きてきた」ものであった。彼女は生計をたてるために30歳代後半からM小学校の用務員として働き始め60歳で定年退職した。

彼女は現在、自宅で娘夫婦と暮らしているが、腰、膝の痛みにより、一日の大半を自室で過ごす。3年前からは身体が不自由になってきたため、介護保険制度を利用して、デイサービスに週2回通っている。

3―1　氏神さんと物語

鈴木さんが子どもたちに語ることになったきっかけは、彼女がいつもどおり氏神さん[6]に参ろうとしていたところ、小学校の校長から小学校にまつわる昔の暮らしについて何か話して欲しいと依頼されたからである。

そこで、彼女は、何を話そうかと迷った末、これまで氏神さんに幾度も助けてもらってきたことを語った[7]。

あそこにね、氏神さんがあります。あの氏神さんのお陰です。どんなことでも、みな助けてくれはります。もったいないことだと思っています。今もずっとお参りさせてもらっています。

（中略）

わたしここへ帰って、何を頼りにしようかと思って。慣れないところに帰ってどうしようかなと思って。それで、やっぱり、神さんにおすがりしたらどうやろと思って、おまいりさせてもらったのが始まりです。ずっとおまいりさせてもらってます。

（中略）

昭和35年頃ね。小学校に泥棒が入ったり、何かちょっと危ないことは誰かが見つけてくれはります。給食室から火が出かけたこともあってね。「おばさん！　おばさん、煙が出ている」と氏神さんにおまいりしている人が教えてくれて。助かりました。これは、氏神さんを大切にせなあかんなと、へへ、なんにも知恵がないもんで。氏神さんばっかり世話にね、面白いですね。

鈴木さんは、このように過去の自分に起きた出来事と氏神を結びつけて語ってくれた。彼女が筆者たちに語ってくれた氏神さんをめぐる語りは断片的なものではなく、彼女の人生にとって重要な記憶を再構成し、ストーリー化したもの、すなわち物語となっている。彼女が語る記憶は、たんに地域の守り神に関する情報ではなく、「わたし（鈴木さん）と氏神」という筋書きをもった語りとして回収される。では、彼女はこれまでフォーマルな場で聴衆を前に昔話をするための教育や訓練を受けたり、経験をしたりしてきたのだろうか。すでに述べたように、彼女は小学校を中退しており、一般的な見方をすれば、第三者を聞き手として語るには十分な教育を受けてきたとは言いがたい。さらに、彼女はこの地域のなかで「目立たないように」生きてきたのである。高齢なことに加え、これらの理由から、彼女が子どもたちに話をするのは困難なことと推測できよう。

しかし、鈴木さんは、子どもたちに話した場面のみでなく、その後のエピソードも語ってくれた。彼女は、子どもたちから彼女の語りについての感想を集めた文集をもらったこと、そして子どもたちへの礼として、子どもたち全員のために亀の子のマスコットを作り、氏神に詣でて「どうぞ、子どもたちがよい子になりますように。どうぞ、子どもたちが道中安全にいけますように」と願をかけたことを語ってくれた。彼女は、後日、何人かの子どもたちのランドセルに亀細工がついているのをみたと語る。

さらに、彼女はこれからも機会があれば、子どもたちに話したいとも言う。実際、鈴木さんは、氏神さんの語りを小学生たちにすでに2回も語っている。

3―2　音の記憶の再構成

鈴木さんは退職前までは小学校に住み込みで働いていたが、退職後は小学校の近くに移り住んでいる。彼女の部屋には、いまでは使われなくなった双眼鏡が吊り下げられていた。退職後、彼女は、長年にわたり、それを使って子どもたちの様子をみてきたと言う。

彼女は、これまで欠かさず見守ってきた子どもの様子を見ることができなくなったこと、氏神さんに詣でることがしばしば困難になってきたことを語ったあとに、次のように語り始めた。彼女は「目が覚めたら、『キンコン』が聞こえます。子どもたちの声が聞こえます。こんな幸せはないです。（中略）そしたら、今日はどうして暮らそうかと、何をしようかと思います」と語る。ところが、彼女が話した「キンコン」は、すでにチャイムに変わっており、メロディーの音になっている。そうであるにもかかわらず、彼女は今でも学校の時間を告げる音を「キンコン」と記憶している。彼女は、その音を聞くと子どもの声が聞こえると言う。そして、「今日一日、何をしようかと考える」と言う。

ここで、鈴木さんの語りを整理すると、なぜメロディーの音を「キンコン」と表現するのだろうかという疑問が生じる。この疑問を、音風景がもたらす記憶という点から検討していこう。

鈴木さんの言う「キンコン」とは、小学校で始業等を知らせるために昔使っていた鐘の擬音である。鐘の音は、すり鉢状になった集落の底部に位置する小学校から集落全体に響き、小学生だけでなく、田畑で働く人びとにも時を告げるものである(8)。その音は集落の静けさのなかに溶け込むように、長年、鳴り続けてきた。

ある地域でいつも聴こえているはずだが、人びとがふだんはあまり意識していない音を基調音（keynote sound）(9)と言う。たとえば、川の音、雑踏などいつも聞こえていて意識されない音である。彼女は、長年にわたる用務員生活で鐘の音と大勢の子どもたちの声とを一緒に聞き続けてきたがゆえに、これらの音が基調音となってしまったのである。基調音は、人びとがそれを意識しないと過去の記憶のまま、現在も存在すると考えられる(10)。彼女の聞いていたキンコンも長年変わらず鳴り続ける基調音であり、現在の情報よりも過去の枠組みのままの音として記憶されているのである。

おそらく、彼女は小学校の鐘の音が変わっても今も「キンコン」と鳴り続けているように感じ、あたかも彼女が子どもたちのために働き続けていると感じているのであろう。退職後も彼女は小学校の近くに住み続けているために、基調音のもたらす記憶を保持し続け、過去の音認識が変更されにくい。すなわち、彼女の音の認識構造が、若い頃の子どもとともに存在していた記憶のなかにあり、過去の記憶が彼女にとっては現実となるのである。鈴木さんの言う「キンコン」とは彼女が音記憶の枠組みにとらわれているためにチャイムがそのように聞こえ、そのことが音風景を生み出しているのである。すなわち、いまだ彼女が過去の自分から抜け出せないことを意味する。

このことは彼女の現実認識と現在の状況が乖離しているとも言える。しかし、鈴木さんの過去の思い込みとも言える記憶は、彼女に現在の生活のはりや元気さをもたらしている。つまり、「キンコン」という音の記憶が音風景を作り出し、子どもたちとの楽しい記憶を蘇らせ「こんな幸せはない」と語らせるのである。

以上をまとめると、彼女がわたしたちに語ってくれたのは、彼女が過去も現在も子どもとともに存在し続け、いかに自分の人生にとって子どもという存在が大切であるかということである。換言すれば、わたしたちが彼女から聞いた話は、氏神にまつわる昔話ではなく、鈴木さんが子どもたちとの終わらない物語を、氏神や音の記憶をもとにして紡いだものであったと言えよう。そして、鈴木さんは、過去を語ることをとおして、自己を意味ある存在として再認識しているのである。

では、人は病んだとき、どのように記憶と語りを生成するのだろうか。次に、難病を病む人の記憶の語りをみていこう。

4　記憶による現在の改変

山中タエさん（仮名）は美山町で生まれ、幼なじみと結婚して、三人の子どもをもうけたが、現在は夫と二人で暮らす70歳代前半の女性である。彼女の夫はかつて町内の企業に勤務するかたわら田畑を耕作していた。彼女も、子育て、老親の介護などを担いながら、長年、夫の農作業を手伝ってきた。

ところが、山中さんは数年前から歩きづらくなり、いくつかの病院を転々としたのち、神経系の難病と診断された。彼女は現在、重い下肢障害により独力ではほとんど歩けない状態[11]であるため、夫の介助を要する。さらに、彼女は呼吸機能の低下と言語障害のため、日常生活の会話には福祉用具を使って話す。だからといって、彼女は記憶障害や認知症を患っているわけではない。

筆者は、以前に山中さんを訪ね、彼女が「病気が心配で楽しいと思えへん」と話しながらも、「おやまをここ[12]（縁側）から眺めるのが好き」と語ったことに心を引かれた。ところが、その時は、初対面でもあり、その詳細を彼女からお聞きすることができなかった。さらに詳しく聞かせていただくために、再度、A保健師と彼女を訪ねた。A保健師は彼女と同じ集落の出身者であるが、現在では美山町の他の集落に居住している。

4―1　記憶の再構成

私は、訪問して早々に前回訪問時で気になった「おやま」のことを、山中さんに尋ねた。私に答えるように山中さんとA保健師は語り始めた。

西田：あのおやまのこと。そのおやまっていうのが、それが私の中にすごい印象に残ってて、おやまっていうのは？

山中さん：ベンテンサン。

西田：あっ弁天さん。

A保健師：あー、あの、一番上に弁天さんを祀っているんですよ。近所のね、ちっさい時は一緒にいってたかもしれんね。近所のおともだち、登ったかも……登らしてもろた記憶もあるね。

西田：うん、そうか。みんなが。

A保健師：ねー。登ったね。

続いて、A保健師は「○○集落でかたまって、一緒に食べたね。ほうば飯とか」と言い、「あれいつでしたっけ」と山中さんに問いかける。さらに、A保健師は「ユキオ君とか、一緒に登ったかも」と山中さんの長男の名前をあげて語りかける。山中さんはゆっくりと「スイバージュ（杉林）のなか」と答える。わたしは「杉林のなかにあるんですか」と反復する。

ここで注目すべき点は、A保健師との二者関係をもとにした記憶が即興的に再構成されていることである。A保健師は、目前の山を眺めながら、弁天さん(13)の記憶を語り、A保健師は「登ったかも」という仮定から、「ね、登ったね」と彼女を誘導し、同意を求める。次に、A保健師は、集落の名前、郷土食、家族の名前といった記憶の手がかりになりそうなものを次々と語り、彼女に一緒に登ったことを思い出させようとする。それゆえ、会話が発展しなかった前回の訪問とは異なり、山中さんは「スイバージュのなか」と言葉を発する。山中さんの「スイバージュ（杉林）」という語りは、A保健師への返答というよりも、彼女が弁天さんに関する話題の新たな提供をしたことを示すものであり、筆者は、山中さんの記憶が鮮明であるように思え、彼女らの会話に聞き入る。

4―2　過去による現在の改変

少しの沈黙の間をおいて、会話を再開したのは、山中さんである。

山中さん：いまは、ようなってる。
A保健師：ようなってる、道が？　上が？　あー、そうですか、変わりました。ほー、変わってから、そんな最近登ったことないし、うん、昔のイメージしか。
山中さん：3年前に。
A保健師：3年前に？
山中さん：大工さんが入って、良くなった。
A保健師：大工さんが入って？
西田：そうですか、上がられたことあるんですか？
山中さん：はい。
西田：そうですか。
山中さん：まいとし、まいってる。
西田：まいとし、まいってる。あ、そうですか、そしたら、えー、ご主人が。
A保健師：（夫を見ながら）病気になってからは、行ってはらへんね。

夫：行ってません。

ここでは山中さんの「まいとし、まいっている」という語りに注目しよう。先述したように、彼女は、現在、歩行が困難なために弁天さんに詣でることは不可能であると私たちは推測していた。このことは、夫の「行っていません」という言葉ではっきりと確認できた。そうであるにもかかわらず、彼女は「まいっている」と語った。それは、彼女が「まいってる」と現在の自己を認識していることを示す。これは私たちにとっては意外な展開であった。それゆえ、A保健師は「行ってはらへんね」と確認したのである。ここで示されたのは、山中さんの「まいっている」とする自己認識と私たちの「まいれるはずがない」という彼女への認識とが全く異なっていることである。ということは、彼女が参ることが不可能という現在の状況を、「まいっている」という認識へと改変していることを意味する。では、山中さんの「まいとし、まいっている」という現在の改変は、なぜ生じたのだろうか。現在の改変は、相互作用によって想起される記憶の強い力によってもたらされたと考えられる。彼女は、弁天さんの祀られているお山を、毎日のように一人で眺めてはいたが、今回のように次々と記憶を想起していたかどうかは疑わしい。なぜなら、彼女はお山を眺めることが彼女の楽しみであると語ってはくれたが、前回の訪問ではそれ以上のことを語ってはいない。また、彼女の夫は、彼女と弁天さんの話をしたことはないと語っている。夫によると、山中さんが詣でることができなくなって数年余りが経つが、彼女がリアリティをもって記憶を想起しなければ、弁天さんの記憶は薄れていく。彼女は毎日お山を眺めていたとは言え、おそらく今回のように記憶を明瞭に語ることはなかったであろう。

ところが、二者関係において想起される記憶の力強さに刺激され、彼女は希薄化した記憶を明瞭に語り、さらに現在の認識までも改変してしまったのである。山中さんの記憶がいかに力強いものであったかは、語り手の中心の移動という形で表れている。山中さんは三年前の工事のことを新たな話題としてA保健師に語り始めている。この話題の転換により、記憶の語り手の中心はA保健師から山中さんに移行する。このことは、言語障害をもち、会話の中で受け身的な存在と思われた山中さんを語りの中心に据えさせるほどの力強さを示している。

　彼女は、爆発的に再構築された記憶により、彼女はつい「まいっている」と語ったのである。この「まいっている」という彼女の語りは、私たちの予想外の反応であった。山中さんは参ることのできない自己の身体状況を十分に理解しているはずであるにもかかわらず、その事実を自ら否定したことになるからである。彼女は記憶の即興的な再構成により、参っていないはずの弁天さんに「まいっている」と語ったと考えられる。山中さんは、過去のもつ力強さにより、現在を一時的であるにしろ改変させたのである。

　以前「お山を眺めるのが楽しみ」と彼女に語らせ、今も参っているという弁天さんの記憶は、かつて家族とともに弁天さんに登った元気な頃に彼女を回帰させるのである。おそらく、こうした現在の改変は、山中さんにとって、病の苦しみから解放するものとなっているのであろう。

まとめに代えて

　本章は、記憶が〈過去―現在〉システムにより再構成・改変されるという立場から、記憶と語りが生成される過程を検討し、そこで語られる巧みな語りを明らかにするために議論を展開してきた。社会学における記憶の研究は、過去の改変という「現在主義」の立場から主に取り組んできたために、過去による現在の改変に注目した研究はわずかである。しかも、たとえば直野［２０１０］のヒロシマの研究に示されているような「過去にとり憑かれた現在」［直野２０１０］という否定的な意味での「過去による現在の改変」についての研究が目立っている。彼女によれば、過去は、トラウマという不気味な時空間となって生き残った被爆者たちを襲うのである(14)。

　これまでの記憶の研究の多くは「現在主義」に立って過去による現在の改変を看過し、「過去による現在の改変」についてもその否定的な側面を強調してきたと言えよう。しかし、美山町では、現在による過去の改変のみならず過去による現在の改変も含めた多様な記憶と語りが見られ、しかも高齢者たちは記憶と語りによってみずからを肯定的に意味づけていた。A保健師や私が魅了された巧みな語りは、客観的な時間軸や「現在主義」に囚われない記憶と語りであったと言えよう。

これらの過去と現在に関する語りは多様な相互作用と場所の下で展開されていた。すなわち、それらは、特産品づくりの作業場、語り部活動、支援者との会話といった多様な場面で展開され、それらの場面は美山町に残された山村の昔ながらの風景（場所）の中に置かれていた。美山町では、その地理的条件に加えて、風景（場所）の保存のための条例の施行や町民たちみずからの取り組みにより、長年にわたり変わらぬ風景が保たれており、記憶が保持・想起されやすい環境が整っていた。美山町は高齢者の多様な語りと記憶を保持し、その中で語りと記憶を活性化させる多くの資源を有していたのである。

注

（1）国連の定義（1950年）では、65歳以上の人口が全人口の7％を超えた社会が「高齢化社会」である。

（2）1960（昭和35）年の美山町の高齢者人口比率は8・1％であり、過疎地域6・9％、全国5・7％であったが、2000（平成12）年には美山町は32・3％、過疎地域28・1％、全国17・3％となっている。

（3）最近では、実験によるデータ収集と分析に重点を置く量的研究に対して、自伝的記憶に注目した研究への取り組みも台頭している［太田 2006］。

（4）きび工房は北集落の集落センターにあり、町行政の補助金によって建設された。こうした集落センターの整備は、美山町57集落のうち30カ所の集落で行われている。

（5）鈴木せきさん（仮名）は小学校が主催する世代間交流事業の一つとして企画された授業の中で話した（2005年10月、C小学校の関係者からの聞き取り）。

（6）鈴木さんが「氏神さん」と呼ぶ神社は集落の中心にある諏訪神社である。諏訪神社は、彼女が住む集落だけでなく、近隣の集落を含めたこの学区の代表的な神社であり、30年に1回大祭が行われる。２００4年訪問時点では２００5年の大祭のための地域での寄付活動が活発になっていた。

（7）鈴木さんが語った内容は、彼女の話を聞いた小学生の感想文集からも窺い知れる。

（8）この学校では、集落の人びとに時間を告げるため休みの日でもチャイムがなるように長年セットしてきたという（２００5年10月、C小学校の関係者からの聞き取り）。

（9）Schafer［1977］は音について、基調音、信号音、標識音という区別をする。

（10）この事例では、小学校のチャイムが、「鐘が既に鳴らなくなってしまっていても、聞き手の心の中では今も鳴り響いていると解釈」（大野嘉章「鐘の音調査の周辺」http://umi-kaze.cocolog-nifty.com/blog/files/owatta.pdf）されるニコライ堂の鐘の音と同様に、この集落の人びとは音記憶を保持していると考えられる（ニコライ堂の鐘の音の分析については、鳥越［１９８7］を参照）。

（11）彼女が使っているのは、トーキングエイドというボタン操作により音声を発生させる用具である。

（12）弁財天の祀られている「おやま」は集落を見守るかのように里に近くあり、その姿も美しい神南備山である。神南備山とは、神の鎮座する山や森を言う。

（13）「弁天さん」のいわれははっきりしていないようである。昔は集落全体で毎年7月2日に、頂上の弁財天に参詣したようである。『知井村史』［知井村史編集委員会　１９９8］によれば、「苗の祭り（祀り）から村の祭りへの変化は早くからあった。日ごろのつつましい自給自足の暮らし、狭い村の中で複雑に絡み合う人間関係と苗や株、講や組を超え、御馳走と酒を前に、共に華やぎ喜び合うハレの日が村の祭りであった」。

近年では、高齢者の世帯が増えために各戸からではなく集落の役員が代参しており、集落を挙げて詣でることはないようである。しかし、山中さんが語るように参道が整備されたことは、集落の人びとにとって今も信仰の対象として重要な意味をもつことを示している。

（14）社会学以外の学問分野でも、高齢者の過去による現在の改変についての否定的な見方は、存在している。たとえば、心理学では、記憶による誤帰属として、過去が現在の情報の誤りを招くとしている［太田　２００6］。精神医学の領域においても、過去への執着や高齢者の繰言などと見なされやすい。

参考文献

有吉佐和子［１９７２］『恍惚の人』新潮社。

太田信夫［２００６］「『無意識』に踊らされるあなた」太田信夫編『記憶の心理学と現代社会』有斐閣。

大野嘉章「鐘の音調査の周辺」（http://umi-kaze.cocolog-nifty.com/blog/files/owatta.pdf）（２０１６年8月21日閲覧）。

大野嘉章［１９９４］「鐘の音に聞く環境」『環境システム研究』22。

岡本多喜子［１９８９］「社会問題としての痴呆性老人」副田義也編『社会問題の社会学――ライブラリ社会学8』サイエンス社。

過疎対策研究会編［２００７］『過疎対策データブック』東京官書普及株式会社。

嘉田由紀子［１９９７］『私とあなたの琵琶湖アルバム』滋賀県立琵琶湖博物館。

片桐雅隆［２００３］『過去と記憶の社会学――自己論からの展開』世界思想社。

金瑛［２０１０］「アルヴァックスの集合的記憶論における過去の実在性」『ソシオロゴス』34。

知井村史編集委員会［１９９８］『知井村史』。

鳥越けい子［１９８７］『神田のサウンドスケープ（中間報告）』神田サウンドスケープ研究会。

直野章子［２０１０］「ヒロシマの記憶風景――国民の創作と不気味な時空間」『社会学評論』60（4）。

浜日出夫［２０１０］「記憶と場所――近代的時間・空間の変容――」『社会学評論』60（4）。

米山リサ・小沢弘明［２００５］『広島――記憶のポリティックス』岩波書店。

Friedan, B. [1993] *The Fountain of Age*, New York: Simon & Schuster（山本博・寺崎恵美子訳『老いの泉』上下巻、西村書店、１９９５年）.

Gergen, K. J. [1994] "Mind, text and society: self memory in social context," in U. Neisser and R. Fivush eds., *The Remembering Self*. New York: Cambridge Univerisity Press.

Halbwachs, M. [1925] *Les cadres sociaux de la mémoire*, Paris: Albin Michel（reprinted 1994）.

Halbwachs, M. [1950] *La mémoire collective*, Presses Universitaires de France（小関藤一郎訳『集合的記憶』行路社、１９８９年）.

Osgood, N. J. [1992] *Suicide in Later Life: Recognizing the Warning Signs*, Maxwell Macmillan International（野坂秀雄訳『老人と自殺――老いを排除する社会』春秋社、１９９４年）.

Schafer, R. M. [1977] *The Tuning of the World*, Random House（鳥越けい子・庄野泰子・若尾裕・小川博司・田中直子訳『世界の調律』平凡社、1986年）.
Schwartz, B. [1991] "Social Change and Collective Memory : The Democratization of George Washington," *American Sociological Review*, 56 (2).

資 料

美山町［2000］『美山町行政実績報告書（平成11年度）』。

美山町［1997］『美山町総合計画温もりのあるふるさとの町――緑と水の郷構想――』。

美山町［2001］『京都府美山町における村おこしの取り組みと課題 第6回改訂版』。


（西田厚子）

あとがき

芦生との出会いは、私が大学生のときに受講した教養科目の実習にまで遡る。1970年代の初めである。教員はかの四手井綱英先生ではなかったかと思う。実は私にはそれ以前から京都大学農学部演習林に一度は行ってみたいという強い願望があった。この実習は、遠く不便で行くことのできなかった垂涎の地に向かう絶好のチャンスとなった。

そのときは、演習林事務所から美山川沿いに奥へと延びるトロッコ道をレクチャーを受けながら歩いた。さほどの行程ではないが、灰野の集落跡を過ぎ、少し開けた作業小屋のある場所へと辿り着いた。そこには植林されたダケカンバの林の中に古井戸があり、そこに無数のヘビが群がっていた。なんという場所だ。

見上げるばかりのミズナラやサワグルミ、トチなどの渓畔木、路傍に咲く可憐な花々、コバルトブルーの美山川とその織りなす瀬音、悠々と泳ぐヤマメ、鳥のさえずり、そしてなんと群れなすヘビ。芦生の森のこれが最初の印象である。憧れの地はまさにそこにあった。陳腐な表現ではあるが、私はまさに芦生の魅力の虜になってしまった。それ以来、芦生はいかにも遠いが、いつかもう一度、誰か芦生を知らない人を誘って訪れたい場所となった。

子供たちが生まれ、遠い芦生はいっそう遠くなった。ところが、排ガス公害の加害者になるのが嫌で一度は「二度と乗るものか」と免許証も捨てていた車にアメリカ留学を機に乗るようになった。子連れには車無しのアメリカは考えられない。帰国後、家族での芦生通いが始まった。芦生山の家の駐車場に車を止め、子供の手を引いていつもトロッコ道を歩いた。1990年代初めのことである。美山町そして芦生への当時の道はハラハラの連続で、なおかつ大阪からはあまりにも遠く、「芦生通い」と言えるほどには実は通えていない。

その少し前の1980年代末頃から、私は長良川河口堰反対運動を研究テーマとし、また天野礼子さんが牽引する反対運動のお手伝いをしていたことから郡上八幡町（岐阜県）に足繁く通っていた。郡上八幡も山と川が美しい。車で芦生を訪れるようになったのは、まさに河口堰研究が佳境に入っていた頃である。美山町内には道中ところどころにダム反対の少し古ぼけた看板が立てられていた。たしか魚が泣いている絵の看板である。反対運動の力添えになればと思ったが、体はそういくつもない。「いざというときは」とは心に決めたが、後ろめたさが脳裏に埋め込まれた。これが私の芦生の古い記憶である。

芦生をフィールドとして調査をすることになったのは、1990年代末のことである。私は龍谷大学の教員となり、大学院生と共に調査が行えるフィールドを探していた。そのときに頭に浮んだのが芦生である。社会学的なフィールド調査をすれば、それがどこであっても見たくないものも見てしまう可能性がある。だから芦生を本当はフィールドにはしたくなかった。憧れの地を調査することは、その憧れを私自身で台無しにするかもしれないからである。

しかし、そのときは特別な研究費がなかった。当時の芦生山の家はまさに山男が好きになる山小屋で、百円玉を入れて使うガスコンロが2台ほどあり、自炊であった。宿泊料金はたしか1泊700円だった。これなら何人もの大学院生と何日間か泊まってもさしたる金額にはならない。後は車を持ち寄ればよい。それで決まりだった(1)。

その当時の大学院生たちが、当然出入りはあったが、ほぼこの本の執筆者である。第5章と第12章を執筆している西田さんは後に調査に参加するようになった。年齢が彼らよりも上で、当時すでに大学教員であり、また彼女が色々なことに気づく人であったからか、いつの間にか彼らの母親的な存在になっていた。フィールドで他のメンバーを気づかう彼女の姿が今も思い出されるし、山の家を舞台に彼女を含め皆で雪合戦をしたことは忘れられない。

その彼女が亡くなった。2012年のことである。研究会メンバーの落胆は大きかった。本書に収載されている彼女の論文は、草稿段階のものにタイトルを含め私が手を入れたものである。彼女の力作である第12章「巧みな語りと記憶の力――高齢者たちの日常世界を読み解く――」を是非とも載せたかったからである。

芦生での私のテーマはダム問題であった。しかし、若い人たちはIターンや当時盛んになりつつあった美山町の観光を対象として調査を進めていった。この本の出版までには随分と時間が掛かってしまったが、それには諸般の事情がある。それに加えて美山町の合併劇もある。

それにしても地域調査はむずかしい。今、美山町のそして芦生の何が分かったのかと問われれば、本当に心もとない。美山町という一つの社会は、そこに住むそれぞれの人の心の中にもあり、それがそれぞれに違うからである。

私は神戸市の長田区で生まれた。少し高台にあるその家からは震災で焼け野原になる以前の長田を遠望できた。夕方、家々の明かりが一つまた一つと灯っていく。そこには明かりを点けた人が必ずいる。そう思うと、灯されたそれぞれの明かりの下でそれぞれの家族が喜びや悲しみを抱えながら泣き笑いを繰り広げているのだろうと想像が広がっていく。その家々における出来事の同時進行を思うとき、まさに不思議な気持ちに陥った。十代半ばの私には理解を越えていた。

それと同じような思いが今蘇って来る。美山町の家々でもそしてそれぞれの人びとの心の中でも同じことが繰り返されているはずだからである。ただ、ここに原稿を寄せたメンバーの関心が多方面に及んでいたことは、美山町をそして芦生を少しだけでも立体的・多面的に見ることに役立ったのではないだろうかとは思う。

美山町のことをそして芦生のことをこうして考えていると、渋い顔にも出合ったはずであるが、なぜかお話を聞かせていただいた人びとの笑顔だけが浮んでくる。美山町の人びとには本当にお世話になった(2)。本書の執筆メンバー、そして西田さんに代わって心からのお礼を申し上げたい。また誰か芦生や美山町を知らない人を連れてもう一度訪れたい。

2017年3月

田中　滋

注

（1）1999年度からは科学研究費補助金・基盤研究（C）「河川環境保全への『流域社会』論的アプローチ――現代的なネットワークにもとづく流域社会の再構築についての考察――」（1999年度～2001年度）によって調査を継続した。本書はその成果でもある。

（2）本書の作成段階でもお世話になった美山町在住の方が一人いる。芦生のエコツアーガイドを務めておられる帖地孝人さんである。帖地さんには本書の表紙（表裏二枚）の原画を作成していただいた。本書のタイトルだけをお知らせし、イメージを膨らませてもらい、作成していただいた力作である。本書の副題は最後まで決めかねていたが、彼の原画を元に今度はこちらがイメージを膨らませ、「美山町という『夢』」と付けさせていただいた。

〈ラ・ワ行〉

〈マ　行〉

〈ヤ　行〉

〈ナ　行〉

〈ハ　行〉

〈タ　行〉

〈サ　行〉

索　引

〈ア　行〉

〈カ　行〉

西田厚子（にしだ　あつこ）［第５章・第12章］

1958年　兵庫県生まれ

2010年　奈良女子大学大学院人間文化研究科博士後期課程修了

　　　　京都橘大学看護学部教授（2012年逝去）

主要業績

『看護師教育のための地域看護概説』（編著，ヌーヴェルヒロカワ，2012年）

「定年退職者研究再考：定年退職者差別とアイデンティティの危機の観点から」（『奈良女子大学社会学論集』18，奈良女子大学社会学研究会，2011年）

井戸　聡（いど　さとし）［第８章］

1971年　岐阜県生まれ

2001年　京都大学大学院文学研究科博士後期課程修了

現　在　愛知県立大学日本文化学部准教授

主要業績

「リゾート期における村の選択――湖西の事例から――」（古川彰・松田素二編『観光と環境の社会学』，新曜社，2003年）

「神仏分離と文化破壊――修験宗の現代的悲喜――」（洗建・田中滋編『国家と宗教――宗教から見る近現代日本　上』法蔵館，2008年）

「河川開発と社会的儀礼――河川の近代化と「筏の終焉」」（上川通夫・愛知県立大学日本文化学部歴史文化学科編『国境の歴史文化』清文堂出版，2012年）

「名古屋港の筏（名古屋港筏師一本乗り）」（愛知県立大学歴史文化の会編『大学的愛知ガイド』昭和堂，2014年）

中井治郎（なかい　じろう）［第９章］

1977年　大阪府生まれ

2006年　龍谷大学大学院社会学研究科博士課程単位取得退学

現　在　龍谷大学社会学部実習助手，滋賀県立大学非常勤講師

主要業績

「問い直される世界遺産――台風12号災害を契機とした熊野古道をめぐる語りの変容」（『フォーラム現代社会学』12，関西社会学会，2013年）

「『ふるさと』の文化遺産化と観光資源化――京都府南丹市美山町『かやぶきの里』をめぐって――」（『龍谷大学社会学部紀要』44，2014年）

《執筆者紹介》(執筆順，＊は編者)

＊田中　滋（たなか　しげる）［まえがき・序章・第１章・第６章・あとがき］
奥付参照.

湯川宗紀（ゆかわ　むねき）［序章補論・第２章・第10章・第11章］
1970年　和歌山県生まれ
2004年　龍谷大学大学院社会学研究科博士後期課程単位取得満期退学
現　在　甲南大学非常勤講師

主要業績

「観光立国「日本」と「宗教」――世界遺産熊野古道の柔らかなナショナリズム――」『国家と宗教』(法蔵館，2008年)

「「環境」の用途」（『フォーラム現代社会学』８，関西社会学会編，2009年)

寺田憲弘（てらだ　けんこう）［序章補論・第３章・第７章］
1969年　兵庫県生まれ
1999年　龍谷大学大学院文学研究科博士後期課程中退
現　在　龍谷大学大学非常勤講師

主要業績

「国会において『宗教』はいかに語られてきたか――宗教問題の脱宗教化？」『国家と宗教――宗教から見る近現代日本』(法蔵館，2008年)

「国会発言に見られる里山言説の変動」『里山のガバナンス』(晃洋書房，2012年)

『熊野の観光メディア言説の変動――ガイドブックと旅行雑誌における記述を対象として』(『観光研究』26（１)，2014年)

柴田和子（しばた　かずこ）［序章補論・第４章］
1969年　岡山県生まれ
1998年　龍谷大学大学院社会学研究科博士後期課程修了
現　在　龍谷大学社会学部非常勤講師

主要業績

「避難所の活動の展開――神戸市中央区春日野小学校の事例をもとに――」『阪神・淡路大震災と社会学　第２巻』(共著，昭和堂，1999年)

「大震災の中の高齢者と居場所」『MINERVA 福祉ライブラリー51 少子高齢時代の都市住宅学――家族と住まいの新しい関係――』(共著，ミネルヴァ書房，2002年)

「都心回帰」による大阪市の地域社会構造の変動（共著，『評論・社会科学』98，同志社大学社会学会，2011年)

「大学ボランティアセンターと NPO との連携」(共著，『龍谷大学国際社会文化研究所紀要』16，龍谷大学国際社会文化研究所，2014年)

《編著者紹介》
田中　滋（たなか　しげる）
1951年　兵庫県生まれ
1982年　京都大学大学院文学研究科博士課程単位取得満期退学
現　在　龍谷大学社会学部教授

主要業績
『国家と宗教——宗教から見る近現代日本』（編著，法蔵館，2008年）
『里山学講義』（共著，晃洋書房，2015年）
『国家を超える宗教』（編著，東方出版，2016年）

都市の憧れ、山村の戸惑い
——京都府美山町という「夢」——

2017年5月30日　初版第1刷発行　＊定価はカバーに表示してあります

編著者の了解により検印省略

編著者　田　中　　滋©
発行者　川　東　義　武
印刷者　藤　森　英　夫

発行所　株式会社　晃　洋　書　房
〒615-0026　京都市右京区西院北矢掛町7番地
電話　075（312）0788番㈹
振替口座　01040-6-32280

カバーデザイン　㈱クオリアデザイン事務所
印刷・製本　亜細亜印刷㈱
ISBN978-4-7710-2888-3